DIE DEUTSCHE REITLEHRE
DER REITER

Die Deutsche Reitlehre

DER REITER

FNverlag
der Deutschen
Reiterlichen Vereinigung
GmbH

Die Deutsche Bibliothek – CIP-Einheitsaufnahme
Die deutsche Reitlehre - der Reiter / Hrsg.: Deutsche Reiterliche Vereinigung - Warendorf: FN-Verl. der Dt. Reiterlichen Vereinigung, 2000
ISBN 3-88542-334-0

Herausgeber:
Deutsche Reiterliche Vereinigung e.V. – Bereich Sport –
Hauptverband für Zucht und Prüfung deutscher Pferde,
Fédération Equestre Nationale (FN), Warendorf.

1. Auflage 2000

Text:
Susanne Miesner,Warendorf; Michael Putz, Münster;
Martin Plewa, Warendorf; Eckart Meyners, Lüneburg;
Angelika Frömming, Sassenberg

Zitate:
S.20: Albert Stecken, S.24: Herbert Meyer, S.34: Michael Putz, S.75: Heinz Schütte, S.94: Klaus Balkenhol, S.95+159: Ingrid Klimke, S.108: Johann Hinnemann, S.145: Ludger Beerbaum, S.153: Martin Plewa, S.168: Karin Rehbein

Beratung:
Arbeitskreis Richtlinien

Korrektorat:
Stephanie Neve, Ahlen; Ingrid Wecker, Münster

Zeichnungen:
Silke Ehrenberger, Heidelberg: Seiten 127, 129, 138;
Jeanne Kloepfer, Heidelberg: Seite 151;
Barbara Wolfgram, Hannover: Seiten 30-31, 33, 35-37, 40, 42-43, 50-51, 58, 60, 64, 66-67, 74, 76, 78, 82-83, 87, 92-93, 106-107, 109-110, 116, 125, 131, 161;
Seiten 67-73: Entnommen aus „Bewegungsgefühl, das innere Auge des Reiters" von Eckart Meyners. Zeichnungen von Yvonne Erdmann, Düsseldorf
FN-Lehrtafeln: Seite 148

Fotos:
Thoms Lehmann, Warendorf: Seiten 21-23, 25, 28, 33, 37-38, 40-41, 44, 46, 48-49, 52-53, 55-58, 61-64, 67, 69, 78-82, 85-86, 90, 97 2x unten, 102, 104 unten + rechts, 105 unten + oben, 113 Mitte + links, 117-121, 123, 126, 128, 132, 135-136, 142-147, 165, 166;
Norbert Schamper, Telgte: Seiten 32, 104 oben, 105 Mitte, 113 oben rechts, 154-159 2x links;
Werner Ernst, Ganderkesee: Seiten 34, 75, 94, 95, 108, 145, 159 oben;
Foto Kaup, Warendorf: Seiten 88, 97 oben, 104 links, 153;
Seiten 163-164: Fotos entnommen aus „Handbuch Jagdreiten" von Hubert Stegmann und Günther Dörken
Archiv Angelika Frömming, Sassenberg: Seiten 9, 11-13, 15-16, 18;
Privat: Seiten 20, 24, 88-89, 105 rechts, 168

Layout und Gesamtgestaltung:
mf graphics, Marianne Fietzeck, Gütersloh

Lithographie:
MediaPrint, Paderborn

Digitale Bogenmontage, Druck und Verarbeitung:
MediaPrint, Paderborn

ISBN 3-88542-334-0

Inhalt

Einleitung

Reiten ist nicht nur ein Sport mit dem Pferd, sondern ein Kulturgut, dass es zu bewahren gilt. Die Ausbildung von Pferd und Reiter ist ein sich ständig fortentwickelnder Prozess, der aber nur dann erfolgreich sein kann, wenn bestimmte Grundsätze beachtet werden. Die Erfahrungen, die über Jahrhunderte gesammelt wurden, führten letztlich zu der klassischen Lehre.

Die Deutsche Reiterliche Vereinigung hat das Buch „Die Deutsche Reitlehre" wieder neu auflegen lassen, damit die Grundsätze der klassischen Reitausbildung weiterhin verbreitet werden und die richtige Ausbildung an der Basis wirkungsvoll unterstützt wird.

Der Inhalt dieses Buches entspricht den Richtlinien für Reiten und Fahren, ergänzt um die Grundzüge der Geschichte der Reitkunst sowie um neue Erkenntnisse im Bereich der Sitzschulung. Mit vielen Fotos und Zeichnungen wird die vielseitige Grundausbildung sehr anschaulich dargestellt. Diese ist die Grundlage für einen guten Sitz und eine einfühlsame Hilfengebung. Der bewährte Leitspruch: „Nur aus einem ausbalancierten und losgelassenen Sitz heraus können richtige Hilfen gegeben werden" zieht sich wie ein roter Faden durch dieses Buch.

Für jeden Reiter ist es eine Selbstverständlichkeit, ein Pferd sowohl dressurmäßig reiten zu können, als auch im leichten Sitz das gemeinsame Gleichgewicht mit dem Pferd zu finden. Das gilt für den Freizeitreiter, genauso wie für den Sportreiter. Werden solche Grundsätze nicht beachtet, kann der Reiter nicht allen Situationen im Sattel gerecht werden und echte Harmonie wird nie zustande kommen.

Aber nicht nur die Fähigkeiten im Sattel machen einen guten Reiter aus, sondern auch das Wissen rund ums Pferd. Nur wer die Verhaltensweisen des Pferdes kennt und einschätzen kann, wird sich im Umgang mit ihm richtig verhalten. Kenntnisse über Ausrüstung, Bahnordnung und Pflege des Pferdes gehören genauso dazu wie das Wissen um die Ausbildungsskala und deren Zusammenhänge.

Reiten bedeutet mehr als sich nur vom Pferd tragen zu lassen. Reiten ist ein dynamischer Prozess, in dem zwei Lebewesen zu einem harmonischen Gleichgewicht kommen müssen. Es gibt keine starren Formen, wie es auch die Fotos in diesem Buch deutlich zeigen. Jeder Moment ist anders; aber es gibt bestimmte Grundsätze, die das Erreichen der Harmonie im Sattel erst ermöglichen.

Während in den „Richtlinien für Reiten und Fahren: Band 1" die Grundausbildung für Reiter und Pferd zusammengefasst wurde, ist in diesem Teil 1: „Der Reiter" nur die Grundausbildung des Reiters dargestellt. Der Teil 2 der Deutschen Reitlehre: „Das Pferd" wird sich mit der Ausbildung des Pferdes befassen.

Deutsche Reiterliche Vereinigung e.V. (FN)
im März 2000

Vorwort

Mein ganzes Reiterleben war geprägt von der klassischen Reitlehre, und die daraus resultierenden Erfolge waren die Bestätigung für die Wirksamkeit unserer Schule. In meinem langen Reiterleben habe ich über Jahrzehnte hinweg mit verschiedenen Pferden auf internationaler Ebene Erfolg gehabt. Nicht zuletzt eine umfassende vielseitige Grundausbildung, die mir in meiner Jugend zuteil wurde, haben den Grundstein für diesen Erfolg gelegt.

Da ich nicht nur Reiter, sondern auch Ausbilder war, kann ich mir ein Urteil über die Effektivität dieser Ausbildung mit dem Pferde erlauben.

Die Basis der deutschen Reiterei ist die fundierte und vielseitige Grundausbildung für Reiter und Pferd. Der vorliegende erste Band des Standardwerks „Die Deutsche Reitlehre" widmet sich dem Reiter, in dessen Stundenplan neben den praktischen Fächern die Theorie eine wichtige Rolle spielt. So ist das Wissen um die historische Entwicklung der Reiterei von Bedeutung für das Verständnis des deutschen Systems. Voraussetzung für die reiterliche Praxis ist zudem ein umfassendes Know-How rund um das Pferd und um die Regeln für das Reiten in der Bahn sowie im Gelände.

Begleitend zur praktischen Ausbildung erhält der Reiter oder die Reiterin beim Studium des Werkes in allen theoretischen Punkten ausführliche Hinweise, die ihm zu jeder Zeit eine große Hilfe sein werden.

Der Dressurausbildung wird im vorliegenden Band viel Platz eingeräumt, da Sitz und Einwirkung eine elementare Voraussetzung für die gesamte spätere reiterliche Laufbahn sind. Nur ein gut sitzender Reiter kann in der Vorwärtsbewegung auf sein Pferd regulierend einwirken, ob nun in der Dressur, im Springen oder im Gelände. Das gilt für alle, seien es nun Turnierreiter in Leistungsprüfungen oder Freizeitreiter, die den Sport zu ihrem reinen Vergnügen ausüben.

Die jahrzehntelangen Erfolge deutscher Reiter und Reiterinnen bei olympischen Spielen, Welt- und Europameisterschaften sind ein Beweis für die Richtigkeit unseres Weges. In allen Disziplinen wird in konsequenter und pferdegerechter Arbeit eine Partnerschaft mit dem Sportkamerad Pferd entwickelt, die diese hervorragenden Ergebnisse mit unseren guten Zuchtprodukten ermöglicht.

Hans Günter Winkler

Halla
Stockholm 1956

„Die ethischen Grundsätze des Pferdefreundes"

1. *Wer auch immer sich mit dem Pferd beschäftigt, übernimmt die Verantwortung für das ihm anvertraute Lebewesen.*

2. *Die Haltung des Pferdes muss seinen natürlichen Bedürfnissen angepasst sein.*

3. *Der physischen wie psychischen Gesundheit des Pferdes ist unabhängig von seiner Nutzung oberste Bedeutung einzuräumen.*

4. *Der Mensch hat jedes Pferd gleich zu achten, unabhängig von dessen Rasse, Alter und Geschlecht sowie Einsatz in Zucht, Freizeit oder Sport.*

5. *Das Wissen um die Geschichte des Pferdes, um seine Bedürfnisse sowie die Kenntnisse im Umgang mit dem Pferd sind kulturgeschichtliche Güter. Diese gilt es zu wahren und zu vermitteln und nachfolgenden Generationen zu überliefern.*

6. *Der Umgang mit dem Pferd hat eine persönlichkeitsprägende Bedeutung gerade für junge Menschen. Diese Bedeutung ist stets zu beachten und zu fördern.*

7. *Der Mensch, der gemeinsam mit dem Pferd Sport betreibt, hat sich und das ihm anvertraute Pferd einer Ausbildung zu unterziehen. Ziel jeder Ausbildung ist die größtmögliche Harmonie zwischen Mensch und Pferd.*

8. *Die Nutzung des Pferdes im Leistungs- sowie im allgemeinen Reit-, Fahr- und Voltigiersport muss sich an seiner Veranlagung, seinem Leistungsvermögen und seiner Leistungsbereitschaft orientieren.*
   Die Beeinflussung des Leistungsvermögens durch medikamentöse sowie nicht pferdegerechte Einwirkung des Menschen ist abzulehnen und muss geahndet werden.

9. *Die Verantwortung des Menschen für das ihm anvertraute Pferd erstreckt sich auch auf das Lebensende des Pferdes. Dieser Verantwortung muss der Mensch stets im Sinne des Pferdes gerecht werden.*

Zu diesem Thema kann die Broschüre „Die ethischen Grundsätze des Pferdefreundes" mit ausführlichen Erläuterungen kostenlos bei der Deutschen Reiterlichen Vereinigung e.V. (FN), Warendorf, Telefon(0 25 81) 63 62-0, angefordert werden.

Für Kinder sind die ethischen Grundsätze in Form eines großen farbigen Wandposters in kindgemäßer Aufmachung von Text und Bild ebenfalls über die Abteilung Öffentlichkeitsarbeit der FN erhältlich!

KAPITEL 1

Geschichte der Reitkunst

Die Geschichte der Reitkunst ist die Geschichte einer dynamischen Ausbildungssystematik. Diese baut einerseits auf den Erfahrungen vieler Generationen auf und berücksichtigt andererseits neue wissenschaftliche Erkenntnisse.

Ausbildung des Pferdes in der griechischen Antike

Ein Rückblick auf den Weg, den die Geschichte der Reitkunst von ihren Anfängen bis zum jetzigen Zeitpunkt zurückgelegt hat, erleichtert das Verständnis für die Zusammenhänge in der Ausbildung von Reiter und Pferd.

So können wir aus der Geschichte lernen, Bewährtes in unserer Ausbildungssystematik zu erhalten und die Fehler zu vermeiden, die in der Vergangenheit bereits begangen worden sind.

Der Blick in die Geschichte zeigt uns aber auch, dass sich die Nutzung des Pferdes im Verlauf der Jahrhunderte zwar grundlegend gewandelt hat, die Funktionszusammenhänge seines Körpers sich aber nicht geändert haben. Der Zucht ist es durch gezielte Selektion zwar gelungen, grobe Gebäudemängel oder Verhaltensfehler größtenteils zu beseitigen – den „Schweinehals" gibt es zum Beispiel nicht mehr – die Funktionsweisen des Pferdeskörpers sind aber unverändert geblieben. Die Pferdezucht hat somit die Arbeit des Reiters erleichtert, indem er nicht mehr erhebliche Gebäudemängel durch reiterliche Einwirkung ausgleichen muss. Die Notwendigkeit einer gymnastizierenden Arbeit zum Wohle und zur Gesunderhaltung der Turnier- oder Freizeitpferde ist jedoch unverändert zwingend notwendig geblieben.

1.1 Vom Altertum bis zum Mittelalter

Die Beschäftigung mit dem Pferd begann mit der Domestizierung der Pferde rund 5000 Jahre vor unserer Zeitrechnung. Zunächst waren Zucht und Haltung die Hauptbetätigungsfelder. Ab 2000 v. Chr. gewannen die Streitwagenlenker, ein selbstständiger Berufsstand, höchstes Ansehen, da sie die Kriegstruppe der Frühantike waren und die Grundvoraussetzung für die erste Völkerwanderung bildeten.

In den Kikkuli-Texten (1400 – 1250 v. Chr.) sind Anweisungen über die Ausbildung, das detaillierte Training und die Zuchtselektionsprüfungen der Streitwagenpferde und Zuchthengste überliefert.

Der Übergang vom Streitwagenkrieger zum reitenden Krieger – zwischen 1250 und 880 v. Chr. – brachte neue Denkansätze. Die ersten, nur bruchstückhaft überlieferten Anweisungen über den Umgang mit dem Reitpferd stammen von Cimon von Athen.

Eine zusammenhängende Schrift über das Reiten des ausgebildeten Kriegs- und Paradepferdes ist von dem griechischen Feldherrn und Philosophen Xenophon (430-355 v. Chr.) überliefert. Xenophon erkannte auf seinen Feldzügen die Vorteile einer gut ausgebildeten Kavallerie und schrieb daher für den jungen griechischen Adligen das richtungsweisende Werk: „Peri Hipikes" („Über die Reitkunst"). In diesem Werk beschreibt Xenophon, wie der junge Adlige das fertig ausgebildete Pferd reiten soll, also ein Werk getreu dem Wahlspruch: „Junger Reiter – erfahrenes Pferd".

Die Erziehung und Ausbildung der jungen Pferde übernahmen bei den Griechen die Hypereten, ein eigenständiger Berufsstand. Mit diesen „Zureitern" wurde ein schriftlicher Vertrag aufgesetzt, welcher festlegt, mit welchen Kenntnissen die Lehrzeit als abgeschlossen gilt... wofür er bei der Ausbildung des Jungpferdes zu sorgen hat.

Neben ersten Hinweisen über die Hilfengebung und die Ausführung einzelner Lektionen gibt Xenophon genaue Anweisungen über die Behandlung des Pferdes. Er betrachtete das Pferd als Individuum. Für ihn war das Verstehen des Pferdes und das Eingehen auf dessen Mentalität der rohen Gewalt vorzuziehen. „Verliere beim Umgang mit Pferden nie die Beherrschung, dies ist die wichtigste Regel für jeden Reiter".

In den folgenden Jahrhunderten prägten kriegerische Auseinandersetzungen die Entwicklung der Reitkultur. Dabei unterschied sich die Reiterei der Mongolen und Hunnen wesentlich von der abendländischen Reiterei: Die Hunnen und Mongolen bevorzugten schnelle, ausdauernde und wendige Pferde, wobei sie die Kampftechnik – Angriff, scheinbare Flucht, Hinterhalt und Überfall – praktizierten. Die abendländischen Heere versuchten dagegen in geschlossener, breiter Front auf gewichtigen, eher schwerfälligen Pferden den Feind mit Hilfe langer Lanzen aus dem Sattel zu heben.

Aus dieser Zeit gibt es nur sporadische Hinweise und Schriften über die Ausbildung von Reiter und Pferd.

1.2 Die Renaissance – Wiederentdeckung der Reitkunst

Mit Beginn der Renaissance änderte sich dieser Zustand gänzlich. Es entstanden Reitschulen, insbesondere in Italien, wo die jungen Adligen lernten, Pferde nachzureiten und auszubilden.

Das neue Lebensgefühl der Renaissance führte zur Wiederentdeckung der Antike und damit auch zur Wiederentdeckung der Schriften Xenophons. Die Reiterei war nun nicht mehr nur kriegerische Ertüchtigung, sondern eine selbstständige Kunst. Sie galt als die Disziplin, bei der der Edelmann seine Intelligenz und Geschicklichkeit besonders gut unter Beweis stellen konnte.

Die Renaissance ist daher als Beginn einer methodischen Reiterei und damit der systematischen Ausbildung von Reiter und Pferd anzusehen.

Der Neapolitaner Grisone gründete eine der berühmtesten Reitakademien der damaligen Zeit. Sein Werk: „Ordini di Cavalcare" (1552) wurde ein Standardwerk und in mehrere Sprachen übersetzt. Aus ganz Europa reiste man nach Italien, um bei diesem Meister die schnellen Wendungen und gewaltigen Sprünge der Pferde zu erlernen.

Grisone

Um die Reitweise der Renaissance zu verstehen, muss man die damaligen politischen Umstände und den Zeitgeist kennen:

- Einerseits war der Machiavellismus die prägende Staatsform Italiens, eine Staatsform ohne moralische Bedenken.
- Andererseits ging man davon aus, dass das Pferd ein besonders intelligentes Tier ist, nur sehr widersetzlich. Bei der Ausbildung des Pferdes kam es darauf an, dem Pferd diese Widersetzlichkeit auszutreiben.

Folglich waren die Ausbildungsmethoden eher grob und wenig einfühlsam. Scharfe Gebisse, die Rute und der scharfe Sporn galten als die wesentlichen Hilfen des Reiters. Dazu kam, dass die Reiter in den Bügeln standen und die ausgeprägten Sattelpauschen ein Mitschwingen in der Mittelpositur verhinderten.

Die Wege zur Erarbeitung der Versammlung waren unter anderem das Levadieren am Hang, das Rückwärts-den-Hang-Hinaufreiten und das Vorne-Gegenhalten bei gleichzeitigem Treiben von hinten.

1.3 17. Jahrhundert – Aufklärung in der Pferdeausbildung

Einer der erfolgreichsten Schüler Grisones war Pignatelli. Er entwickelte Grisones Ausbildungssystematik weiter, indem er ihm einen Teil der Brutalität und Schärfe nahm. Damit steht Pignatelli an der Grenze zur Epoche der Aufklärung in der Pferdeausbildung, der die späteren französischen Meister angehörten.

Sein berühmtester Schüler wiederum wurde Pluvinel, dessen Leitspruch: „Lob statt Strafe" für die damalige Zeit ein völliges Novum war.

Er verbesserte die französische gegenüber der italienischen Schule durch drei neue Leitgedanken:

- individuelle Behandlung der Pferde,
- die Erarbeitung und Förderung der natürlichen Bewegungen,
- die Ablehnung grober Ausbildungsmethoden.

Völlig neu waren seine Ansichten über die Unterrichtserteilung. Da er selbst Lehrer späterer Könige war, kannte er sich in den Umgangsformen bestens aus. Er verlangte in seinem Werk: „La Manege royale", dass der Reitlehrer seinen Schüler weder anschreien noch bedrohen sollte. „Man kann einen Schüler viel besser unterrichten wann man wenig und nur wann es Zeit ist redet, denn wann man immer schreyet, wie der mehre theil, so diese Kunst lehren, im Brauch haben, so wird man lang mit ihm zu tun haben, ehe man einen geschickten Reuter aus ihm gemacht hat."

Seine Leitmaxime hieß: „Das Pferd muss selber Freude an der Reiterei haben, sonst gelingt dem Reiter nichts mit Anmut."

Pluvinel sorgte mit seinen neuen Ideen und seinen pädagogischen Fähigkeiten dafür, dass nach Italien nun Frankreich das Zentrum der Reitausbildung wurde.

Der englische Reitmeister Herzog von Newcastle betrieb die Schulreiterei als Selbstzweck. Für ihn war dies die Arbeit, die dem Wesen und dem Vermögen der Pferde vollkommen entsprach. Seine Reitakademie galt als das Non-Plus-Ultra der damaligen Zeit, er selbst als Genie. Seine Schüler kamen aus ganz Europa, insbesondere aber auch aus Deutschland und den skandinavischen Ländern.

Bei Newcastle gab es einen Widerspruch zwischen Theorie und Praxis. So verwarf er beispielsweise die Arbeit zwischen den Pilaren als zu zwanghaft, trainierte die Pferde aber auf kleinstem Kreis um einen Pfahl herum und übte die Schulsprünge durch rücksichtsloses Reiten gegen eine Mauer. Newcastle rühmte sich, den Pferden innerhalb von drei Monaten die Schulsprünge beibringen zu können, bedauerte aber, dass die Pferde anschließend häufig nicht mehr einsetzbar waren.

Im 17. Jahrhundert wurden zahlreiche Neuerungen angedacht und auch umgesetzt, die positive Signale für die Weiterentwicklung der Reiterei setzten; so entwickelte zum Beispiel Newcastle

den Vorläufer des ersten Seitengangs, die Lektion „Kopf in die Volte". Nur scheiterten alle Bemühungen an dem damals noch üblichen Dressursitz: auf dem Spalt, über dem Pferd und nach vorne weggestreckte Beine. Infolge der übertriebenen Pauschen konnte der Reiter nicht im Sattel sitzen.
Einige Meister erkannnten diesen Mangel bereits, so Pinter von der Aue, aber erst Guérinière, königlicher Reitlehrer und Stallmeister Ludwig XV., gelang es im 18. Jahrhundert, durch die Einführung eines neuen, pauschenlosen Sattels die Voraussetzung für einen tiefen Sitz im Sattel zu schaffen.

1.4 18. Jahrhundert – Beginn des klassischen Dressurreitens

Das 18. Jahrhundert wurde durch mehrere Entwicklungstendenzen geprägt:

- Guérinière führte den klassischen Dressursitz ein, den Gleichgewichts-, Dreipunkt- oder Balancesitz mit dem haarfühlenden, mitatmenden Schenkel.
  Er erkannte die Bedeutung der äußeren Hilfen und erklärte die Gewichts- und Schenkelhilfen als die dominierenden Hilfen. Von nun an konnten korrekte Seitengänge geritten werden.

François Robinchon de la Guérinière

- An den Universitäten war die Reiterei von zentraler Bedeutung. Die Universitätsreitlehrer, Stallmeister, arbeiteten im Rang eines Professors. Der Ruf einer Universität hing wesentlich vom Ruf des dort lehrenden Stallmeisters ab.
  Dass die Stallmeister gut reiten konnten war selbstverständlich. Sie mussten vor allen Dingen ihr Wissen auch in Vorlesungen weitergeben können.
- Die Kavallerieschulen wurden zur Pflegestätte der Reiterei und übernahmen zum Teil die Aufgaben der Adelshöfe der Renaissance und des Barock.
  Unter Friedrich dem Großen begann die gezielte dressurmäßige Ausbildung der Pferde innerhalb der Regimente, wobei Wendigkeit, Schnelligkeit, Versammlung und Gehorsam die Ausbildungsschwerpunkte bildeten.
  Verantwortlich für die Ausbildung war insbesondere General von Seydlitz. Allerdings gab es noch kein einheitliches Regelwerk, das für alle Regimente Gültigkeit besaß. Es überwogen individuelle Lehrmeinungen, die in der Verantwortung der jeweiligen Kommandeure lagen.
  So entwickelte zum Beispiel Plinzner, Stallmeister in Lippischen Diensten, einen neuen Seitengang, „Schulter-einwärts/Kruppe-auswärts", bei dem sämtliche Seitengänge im rechten Winkel zur Bande geritten wurden. Deutliche Taktunebenheiten waren die unvermeidliche Folge.
- Die Französische Revolution führte hinsichtlich der Schulreiterei zu einem Umdenken. Sie wurde als dekadenter Zeitvertreib des französischen Adels abgetan. Die napoleonischen Kriege und Folgekriege verlangten Massenheere, sodass es teilweise zwangsläufig zu einer Verwahrlosung der Reitkultur kam. Dem Kavallerienachwuchs wurde für die Reitkunst keine Zeit mehr gelassen. „...der Sporn in die Rippen und der Ruck ins Maul" wurden für eine gewisse Zeit zum Kennzeichen der Massenhaftigkeit.

1.5 19. Jahrhundert – Dominanz der Kavallerieschulen

Im Verlauf des 19. Jahrhunderts wurden die Kavallerieschulen die Zentren der Reiterei und damit auch die Zentren der Reitkultur. 1814 kam es zur Gründung der Kavallerieschule Saumur. Drei Jahre später, 1817, gab Friedrich Wilhelm II., König von Preußen, per Kabinettsbeschluss den Befehl „zur Errichtung von Reitinstituten für Offiziere, Unteroffiziere und Gemeine" und legte damit den Grundstock für die spätere Kavallerieeitschule Hannover (1867 Militärreitinstitut Hannover).

Während an den Universitäten weiterhin das Reiten um des Reitens Willen praktiziert wurde, ging es an den Kavallerieschulen zunächst im Wesentlichen um die Ausbildung dirigierbarer und gehorsamer Pferde, die von nur durchschnittlich begabten Reitern ausschließlich für militärische Zwecke sinnvoll eingesetzt werden sollten.

Gleichzeitig gewann die Jagdreiterei an Bedeutung. Der Vollblüter und das freie Galoppieren mit Trensenzäumung ohne jegliche Versammlung standen im Mittelpunkt des Interesses. Man ging sogar davon aus, dass ein Pferd, das durch dressurmäßiges Training auf die Hinterhand gebracht wurde, für das freie Reiten im Gelände unbrauchbar sei. Dementsprechend nahm die Vorhandlastigkeit der Pferde mit den entsprechenden negativen Begleiterscheinungen zu.

Bei der Frage nach dem richtigen Weg der Pferdeausbildung stießen zwei Weltanschauungen aufeinander: Die französischen Ausbilder Baucher und D'Aure waren die namenhaften Repräsentanten der gegenläufigen Strömungen und beeinflussten, jeder in seinem Wirkungskreis, den Reiternachwuchs des 19. Jahrhundert nachhaltig.

Während Baucher über die intensive Versammlung und das deutliche Biegen des Pferdehalses im Halten versuchte, jeden Pferdetyp zu einem Schulpferd zu formen, schwor D'Aure auf das Vorwärtsreiten der Pferde mit langem, tiefem Hals.

1.6 Die neuen Meister

Ein Schüler beider Kontrahenten war der spätere General Alexis L'Hotte, Ecuyer en Chef in Saumur, der von beiden Lehrmeinungen das Nützliche übernahm.

Ein Leitspruch hat auch heute noch Gültigkeit: „Gelassen – vorwärts – gerade".

Steinbrecht schuf mit seinen Aufsätzen, die nach seinem Tod von Plinzner unter Hinzufügung der Kapitel zum Galopp, zur Piaffe und zur Passage als Buch „Gymnasium des Pferdes" herausgebracht wurden, eine Grundlage, auf der unsere moderne Reitausbildung basiert.

Allerdings kam es auch hier zunächst wieder zu Verwirrungen. Plinzner, Leiter des kaiserlichen Marstalls, lieferte dem an einem Arm behinderten Kaiser sogenannte „durchgefasste", im Hals sehr enge Pferde.

Diese engen Hälse führten in den Manövern zu zahlreichen Unfällen. Die Situation änderte sich erst, als Lörke die Nachfolge von Plinzner übernahm und die Pferde mit weiterem Rahmen und deutlicher Bergauftendenz arbeitete.

Gustav Steinbrecht

Heydebreck überarbeitete die vierte Auflage des „Das Gymnasium des Pferdes", indem er klärende Anmerkungen einfügte. Er machte das Buch damit zum heute noch gültigen Standardwerk: „Die Hergabe des Genicks darf niemals auf direktem Wege, also durch das Herbeizäumen mit der Hand erzeugt und erreicht werden, sondern durch den von den Hinterbeinen erzeugten Schwung" und „Die richtig arbeitende Hinterhand erzeugt die Durchlässigkeit im Genick."

1912 entstand die Heeresdienstvorschrift, HDV 12, eine Neufassung der Reitinstruktion von 1882 und der Vorläufer unserer heutigen Richtlinien. 1928 erschien von Heydebreck die Broschüre „Die Deutsche Dressurprüfung", in der die Ausführung und die Beurteilung der bei einer Dressurprüfung geforderten Übungen eindeutig klar, verbindlich und auch für den Laien verständlich dargelegt wurden.

Bei der Würdigung der Verdienste um die Entwickung der Reitkultur, der soliden, vielseitigen Grundausbildung und der Gymnastizierung der Pferde hin bis zum Leistungssport sind nicht nur die Reiter und Ausbilder der Schulställe der Kavallerieschulen zu erwähnen. Besonders hervorzuheben sind die Zivilstallmeister, die am Schulstall der Kavallerieschule Hannover wirkten: Oskar Maria Stensbeck und Otto Lörke. Offiziere der Kavallerieschulen erlangten auf von diesen Ausbildern ausgebildeten Pferden höchste internationale Erfolge.

Für Stensbeck stand auf dem Gelände der Kavallerieschule Hannover eine separate Reitanlage inklusive Stallungen zur Verfügung, an der 1927 erstmalig die Ausbildung zum staatlich geprüften Reitlehrer auf ziviler Basis durchgeführt wurde.

Herausragende zivile Ausbilder waren außerdem Richard Wätjen und August Staek. Wätjen, Lörke, Bürkner und Staek erhielten 1929 als erste Reiter das Reiterabzeichen in Gold.

Der erfolgreichste Schüler Otto Lörkes wurde Willy Schultheiss, der mit Walter Günther nach dem 2. Weltkrieg als Ausbilder die Dressurreiterei in Deutschland prägte.

Harry Boldt und Reiner Klimke traten als Amateure erfolgreich das Erbe der erfolgreichen Ausbilder an. Liselott Schindling-Rheinberger gewann 1972 als erste Frau eine Einzelgoldmedaille in der Dressur. Ihrem Beispiel folgten überaus erfolgreich Nicole Uphoff und Isabell Werth.

1.7 Entwicklung des Springsports

Der Springsport ist eine vergleichsweise junge Disziplin. Die erste Springprüfung fand 1864 in Dublin als Eignungsprüfung für Jagdpferde statt. Schnell breitete sich der Springsport aus; zum einen war das Geschehen für die Zuschauer wesentlich einfacher zu beobachten als bei einer Jagd oder einem Rennen, zum anderen konnten hier auch Offiziere starten, die für den Rennsport weniger geeignet waren. 1900 fand das erste internationale Turnier in Paris statt.

Über den zweckmäßigen Springstil herrschte zunächst große Uneinigkeit. Alle Möglichkeiten wurden ausprobiert, wobei sich zunächst einige Varianten schwerpunktmäßig durchsetzten:

- Beim französischen Springstil blieb der Reiter im Sattel sitzen, der Unterschenkel lag am Gurt, der Reiter ließ dem Pferd über dem Sprung die erforderliche Halsfreiheit.
- Auch bei der englischen Variante gab der Reiter, im Sattel sitzen bleibend, dem Pferd die notwendige Halsfreiheit, allerdings wurde der Unterschenkel deutlich nach vorne weggestreckt.
- Beim deutschen Springstil blieb der Reiter dressurmäßig im Sattel sitzen und ließ das versammelt galoppierende Pferd in die Hand hineinspringen. Eine Halsdehnung wurde nicht gestattet.

Der Italiener *Frederico Caprilli* revolutionierte den Springsitz. Er erfand einen Sattel, in dem der Reiter bei festem Knieschluss und kurzen Bügeln das Gesäß aus dem Sattel nehmen konnte und dem Pferd über dem Sprung den Rücken freigab.

Frederico Caprilli

Außerdem propagierte er das freie Galoppieren zwischen den Hindernissen.
Der italienische Springstil wurde wegweisend für die Entwicklung des Springsports. Allerdings konnte sich dieser moderne Springstil in Deutschland zunächst nur im zivilen Bereich durchsetzen. Wegbereiter waren hier Paul Heil und Robert Koch. Dagegen hielt die militärische Führung noch rund zwei Jahrzehnte am traditionellen deutschen dressurmäßigen Springstil fest.

Erst Ende der 20er Jahre setzte sich auch an den Kavallerieschulen der moderne Springstil durch, 1928 wurde der erfolgreiche Springstall der Kavallerieschule Hannover gegründet.
Die Erfolge des Springstalls der Kavallerieschule Hannover beruhten in den Folgejahren nicht nur auf der Übernahme des italienischen Springstils. Entscheidend war vielmehr die Beibehaltung der dressurmäßigen Ausbildung von Reiter und Pferden nach einem einheitlichen Ausbildungsprinzip. So musste am Springstall der Kavallerieschule jeder Reiter in der Lage sein, jedes Pferd zu reiten.
Für die Benutzung der Schlaufzügel war eine Genehmigung einzuholen; wer ohne Genehmigung mit Schlaufzügeln ritt, musste mit einer Degradierung rechnen.

Unvergessen bleiben Namen wie Waldenfels, von Nagel, Momm, Hasse, von Barnekow, Brinkmann, Habel und Huck. Sie alle verkörperten den Springstil der Kavallerieschule Hannover und die solide dressurmäßige Ausbildung des Springpferdes.
Im zivilen Bereich wurden Freiherr von Langen, Irmgard von Opel und Käthe Franke zum Inbegriff des vielseitig erfolgreichen Reitens.

Nach dem 2. Weltkrieg und der Auflösung der Kavallerieschulen übernahmen erfolgreiche Kavalleristen die Ausbildung von Reiter und Pferd, insbesondere in den ländlichen Reitervereinen.
So konnten bereits in den 50er Jahren die Springreiter wieder an die Weltelite anknüpfen. Hans Günter Winkler mit seiner Wunderstute Halla, Fritz Thiedemann mit Meteor und Alfons Lütke-Westhues mit Ala wurden die Idole der damaligen Reiterjugend.

In den 60er Jahren begann die ausgeprägte Individualisierung der Reitstile. Wegbereiter wurde Alwin Schockemöhle, der den Schlaufzügel salonfähig machte.
In den 70er Jahren sorgte ein Gegentrend dafür, dass es nur wichtig war, dass die Pferde „zurückkamen", gleichgültig ob sie dabei über dem Zügel gingen oder nicht.

Für die Entwicklung des heutigen Springsports wurde Ende der 70er Jahre eine Initiative des damaligen Bundestrainers Hermann Schridde wegweisend. Er rief die Springreiter dazu auf, zu den Wurzeln einer soliden Grundausbildung zurückzukehren und zwar sowohl bei der Ausbildung der Reiter als auch bei der Ausbildung der jungen Pferde.
Diese Überlegungen wurden der Grundstein für die Einführung der Springpferdeprüfungen und der Stilspringen mit Standardanforderungen. Beide Prüfungsarten sind aus unserem heutigen Turniergeschehen nicht mehr wegzudenken.

1.8 Entwicklung der Vielseitigkeit

Der Ursprung der Vielseitigkeitsprüfungen oder Militarys liegt in Frankreich. Um die Jahrhundertwende entwickelten die Franzosen eine Prüfung, in der die unterschiedlichen Anforderungen an ein vielseitig verwendbares Pferd überprüft wurden:

- Das Pferd sollte während des Dienstes und bei allen Paraden gehorsam an den Hilfen stehen.
- Es sollte Meldungen zuverlässig und schnell über längere Distanzen durch wechselndes Gelände überbringen können.
- Es musste anschließend noch dienstbereit sein!

Vorläufer der Vielseitigkeitsprüfungen waren in Deutschland zunächst die so genannten Chausseeritte, bei denen es darum ging, eine Botschaft möglichst schnell zu überbringen, ohne Rücksicht auf das Wohl von Reiter und Pferd.
Ein berühmtes Chausseerennen fand 1892 von Berlin nach Wien und in umgekehrter Richtung statt. Der Sieger benötigte 71 Stunden und 27 Minuten; das Pferd erlag im Ziel einem Herzschlag, das zweite Pferd starb zwei Tage später.
Mit den Kaiserpreisritten kam es in Deutschland zu ersten Umdenkungsprozessen: Die Distanzen wurden wesentlich verringert und ein Teil der Stecke von der Straße ins freie Gelände verlegt, so dass das Galoppieren an Bedeutung gewann.
Das größte Problem dieser Wettbewerbe blieb aber ungenügende Vorbereitung und Konditionierung der Pferde.
Das Jahr 1902 kann als Meilenstein in der Geschichte der Vielseitigkeit gesehen werden. Nach dem Ritt Brüssel-Ostende über 132 km – von 60 gestarteten Pferden erreichten nur 29 das Ziel, 16 Pferde starben – wurden wesentliche Neuerungen diskutiert:

- Maximalzeiten für Teilstrecken,
- die Einführung einer Verfassungsprüfung,
- der Vorschlag, nach dem Rennen ein Steeplechase über 4000 m durchzuführen, damit die Pferde auf der Distanzstrecke nicht zu sehr gejagt wurden.

Im gleichen Jahr fanden die ersten umfassenden Vielseitigkeitsprüfungen in Frankreich und Belgien statt, bei denen Parcoursspringen und Dressur im Mittelpunkt standen. Rennbahngalopp und Dauerritte im Gelände waren lediglich zusätzliche Konditionstests.

1903 setzt sich der Franzose Paul Bausil für ein gezieltes Training und ein kontrolliertes Reiten der Pferde ein. Die Beachtung genauer Zeitpläne im Gelände und die Beobachtung der Atmung und des Kreislaufes wurden selbstverständlich.
1907 gewann Caprilli das erste italienische Military-Championat.

1911 setzt sich Freiherr von Maercken mit den Anforderungen der Vielseitigkeit in seinem Buch „Springprüfungen und Geländeritte" auseinander. So forderte er ein gezieltes Konditionstraining, zum Teil auch ohne die Reiterlast und eine fortwährende Kontrolle des Pferdeorganismus und der Gliedmaßen.

Über die Situation der Vielseitigkeit bei den Olympischen Spielen in Stockholm 1912 schrieb Gustav Rau:
„In der Geländekonkurrenz in Stockholm wurde alles, was von einem Soldatenpferd verlangt werden kann, geprüft:

- Die Fähigkeit, bei einem langen Ritt in jedem Terrain und über jede Art von Hindernis zu gehen (Dauerritt und Reiten im Gelände),
- die Fähigkeit, im schnellen Tempo rennmäßige Sprünge zu nehmen und das schnelle Tempo über einige 1000 m durchzuhalten (Steeplechase-Kurs),
- das Vermögen, jede Art von hohen und breiten Hindernissen sehr rasch und sicher zu bewältigen (Preisspringen).
- Schließlich eine Prüfung auf die Dressur der Pferde in Form eines Preisreitens."

Albert Stecken · Ehemaliger Bundestrainer der Dressurreiter

„Der grundlegende Wert, sich mit Leben und Werk der anerkannten Meister der Reitkunst zu befassen, liegt in dem Verständnis ihrer Erfahrungen und Lehren. Als Leitgedanken gelten immer mehr die Anforderungen für die Methodik des Reitens: eine auf unbedingte Losgelassenheit und Durchlässigkeit gegründete Versammlung, aus der das Pferd nach dem Grundsatz 'Reite Dein Pferd vorwärts und richte es gerade' bei ausgeprägter Hankenbeugung und leichtester Anlehnung mit dem Genick als höchsten Punkt, in weitem Rahmen und geschlossen ein Höchstmaß an Schwung und Ausdruck entwickelt und so mit größter Genauigkeit alle Anforderungen, ohne jeden Zwang, mit ausgeprägter Gehfreude und in voller Ruhe gehorsam ausführt. Die überlieferten Lehren erläutern damit Methoden, wie ein Pferd auf einfachste und leichteste Weise erfolgreich auszubilden ist."

In den folgenden Jahren ging es im Wesentlichen um die Frage der Gewichtung der Teilprüfungen und um die Einführung von Ruhetagen.
Die heutige Dreiteilung der Vielseitigkeitsprüfung wurde bei den Olympischen Spielen 1924 in Paris eingeführt. Die Olympischen Spiele 1936 in Berlin brachten eine weitere Neuerung: Eine für die damalige Zeit perfekte Information der Zuschauer. Stubbendorf, Lippert und von Wangenheim gewannen die Mannschaftsgoldmedaille.

Die Vielseitigkeitsreiterei galt lange Zeit schwerpunktmäßig als ein Sport für Offiziere. Trotzdem setzten sich Zivilreiter zunehmend erfolgreich durch: Freiherr von Langen, Prinz Friedrich Sigismund von Preußen und Irmgard von Opel, die 1932 als erste Frau eine internationale Military in Wien gewann.

Nach dem zweiten Weltkrieg waren Büsing, Wagner, Dehning, Lütke-Westhues und Pohlmann neben vielen anderen erfolgreichen Vielseitigkeitsreitern die Repräsentanten der deutschen Vielseitigkeit, zu denen in den 60er Jahren unter anderem auch Hans Günter Winkler und Reiner Klimke zählten!

Zur jungen Garde der Vielseitigkeitsreiter gehörten Ligges, Karsten, Schultz, Gössing, Feld und Mehrdorf. Zunehmend bestimmten auch Reiterinnen, insbesondere aus Großbritannien, die internationale Vielseitigkeitsszene.

Das internationale Reglement wurde fortlaufend verfeinert und führte zu einer Entschärfung der Anforderungen und einer verbesserten Kontrolle der Pferde.

1963 kam es zu einschneidenden Änderungen:

- Nach der zweiten Wegestrecke wurde eine Zwangspause mit tierärztlicher Kontrolle eingeführt,
- höchstens 50% der Hindernisse durften nur noch die maximale Höhe aufweisen,
- die Wegestrecken wurden verkürzt,
- der dritte Sturz von Reiter oder Pferd führte zum Ausschluss.

Ende der 60er und in den 70er Jahren kam es durch unvorhergesehene Witterungseinflüsse (Hitze, Überflutungen) zu besonderen Situationen, die ein fortwährendes Überdenken und Überprüfen der bestehenden Bestimmungen erforderten.
Besonders bewährt haben sich in jüngster Zeit die Sprungalternativen, bei denen der Reiter der Situation entsprechend entscheiden kann, welche Hindernisalternative er überwinden möchte. ■

KAPITEL 2

Allgemeines

2.1 Eigenschaften des Pferdes

Kenntnisse über die Eigenschaften der Pferde sind für das Reiten eine Grundvoraussetzung. Nur wer beständig versucht, das Wesen der Pferde zu verstehen, wird sich im Umgang mit ihnen richtig verhalten.

Pferde sind ***Herdentiere***. Der Herdenverband bietet ihnen Schutz und Sicherheit. Kein Pferd ist gern allein – an diese Situation muss es behutsam gewöhnt werden. In der Ausbildung kann der Herdentrieb genutzt werden, indem zum Beispiel ältere, erfahrene Pferde als Führpferde eingesetzt werden.

Pferde haben eine feste Rangordnung. Regeln im Umgang miteinander sichern die Überlebensfähigkeit in der Herde. Rangordnungskämpfe, besonders gut bei Fohlen, aber auch bei neuen Weidepartnern zu beobachten, gehören zum Instinktverhalten. Zur Verteidigung untereinander setzen Pferde ihre Hufe und Zähne ein. Sie sind dabei nicht immer zimperlich. Auf der anderen Seite zeigen Pferde aber auch einen sensiblen Umgang miteinander sowie ein ausgeprägtes Neugier- und Zuneigungsverhalten.

Jeder Reiter muss damit rechnen, dass Pferde auch innerhalb der Beziehung Mensch/Pferd ihre Rangordnung abklären. Nur ein ruhiger, bestimmt und konsequent wirkender Reiter wird vom Pferd als ranghöheres Lebewesen akzeptiert.

Pferde sind ***Fluchttiere***. Den Pflanzenfressern bietet sofortige Flucht den sichersten Schutz vor jeder Gefahr. Pferde haben allerdings unterschiedliche Reizschwellen; Unsicherheiten können zum Fluchtverhalten führen. Geraten Pferde in Panik, können sie jede Sinneswahrnehmung ausschalten und zur Gefahrenquelle werden.

Für den Reiter machen sich Meide- und Fluchtverhalten des Pferdes in der Neigung zum Scheuen unangenehm bemerkbar. Dabei ist es zwecklos, das Pferd für dieses Instinktverhalten zu strafen. Ruhiges, geduldiges Bekanntma-

Pferde sind Herdentiere

Pferde sind Fluchttiere

chen mit möglichst vielen neuen Situationen geben dem Pferd Sicherheit und Vertrauen. Das Pferd ist ein Lauftier. Wild lebende Pferde waren in ihrem ursprünglichen Lebensraum, der weitläufigen Steppe, viele Stunden am Tag in Bewegung, um ihr Futter aufzunehmen. Daher sind Bewegungen, Licht, Luft und Kontakt zu Artgenossen für das Wohlbefinden der Pferde wichtig. Bei der Stallhaltung und im täglichen Umgang müssen diese Kriterien besonders beachtet werden. Pferden sollte genügend und abwechslungsreiche Bewegung ermöglicht werden, wozu auch Auslauf oder Weidegang gehören.

Jedes Pferd unterscheidet sich vom anderen in Charakter und Temperament, in Vorlieben und Abneigungen. Stimmungen und Verhaltensneigungen der Pferde sind beispielsweise am Ohrenspiel, an den Augen oder der Schweifbewegung abzulesen.

Pferde sind von Natur aus im Umgang nicht aggressiv. Sie gehen zwar häufig robust miteinander um, insbesondere bemerkbar bei Hengsten. Probleme im Umgang lassen sich aber in der Regel auf unsachgemäße Behandlung und schlechte Erfahrungen zurückführen.

Der Reiter muss genügend Zeit, Geduld und Beobachtungsgabe aufbringen, um das Verhalten der Pferde richtig erkennen und deuten zu lernen. Nur so kann er Vertrauen und Zuneigung eines Pferdes erwerben, weiß im Zweifelsfall zwischen Angst und Widersetzlichkeit zu unterscheiden und wird sich in Erziehung und Ausbildung richtig verhalten. Jede gute Ausbildung lässt sich daran messen, dass Pferde nicht nur ihre Bewegung unter dem Reitergewicht vervollkommnen, sondern auch ihre Natürlichkeit und Individualität erhalten.

Pferde, die in der täglichen Arbeit Zufriedenheit und Leistungsbereitschaft zeigen, bieten die beste

Herbert Meyer · Bundestrainer Springen

„Echte Übereinstimmung zwischen Pferd und Reiter kommt nicht vom Ja-Sagen, sondern resultiert aus einer ehrlichen Auseinandersetzung zweier Individuen. Die Regeln des Miteinanders werden bestimmt durch die Gesetze der Pferdepsyche. Das Pferd kann unsere Sprache nicht lernen, also müssen wir uns bemühen, seine Sprache zu lernen, unser Pferd zu verstehen."

Voraussetzung für eine stabile, harmonische Partnerschaft zwischen Mensch und Tier. Durch Geduld, das Eingehen auf die Psyche eines Pferdes und durch häufiges Loben werden diese Grundlagen unterstützt und gefestigt.

2.2 Der Reiter

Der richtige Umgang mit dem Pferd und das Reiten erfordern bestimmte charakterliche Eigenschaften des Reiters, die im Verlauf der Ausbildung weiter geprägt und gefördert werden. Daher kann der Reitsport für die Persönlichkeitsentwicklung, insbesondere für Kinder und Jugendliche, sehr wertvoll sein. Neben Tierliebe und Einfühlungsvermögen müssen Geduld, Selbstbeherrschung, Fairness und Disziplin vorhanden sein. Der Reiter trägt die Verantwortung gegenüber dem Partner Pferd. Er muss bereit sein, ständig dazuzulernen und Fehler zunächst bei sich zu suchen und nicht beim Pferd.

Eine mittlere Statur und eine schlanke Gestalt werden als Idealmaße im Reitsport angesehen; sie sind aber keine unabdingbaren Voraussetzungen für den Erfolg. Ein Reiter muss über eine gute allgemeine „Fitness" verfügen, ohne jedoch besonders kräftig zu sein. Reiten erfordert keine außergewöhnliche Muskelkraft, sondern ein gut funktionierendes Zusammenspiel von Bewegungsabläufen des Körpers. Bewegungs- und Rhythmusgefühl sind daher vorteilhaft. Um höheren Ansprüchen im Sattel gerecht zu werden, müssen Geschicklichkeit, eine ausgeprägte Körperbeherrschung und Konzentrationsvermögen entwickelt sein.

Theoretische Kenntnisse unterstützen wesentlich die Fortschritte im Reitenlernen; Wissen über Eigenschaften und Verhalten der Pferde, Umgang und Haltung sowie Reitlehre und Ausbildungsprinzipien sind für einen interessierten und verantwortungsbewussten Reiter eine Selbstverständlichkeit.

Der Reitsport kann mit großem Gewinn für die Gesundheit, die Lebensfreude und das Wohlbefinden betrieben werden, wenn bestimmte Grundsätze Beachtung finden.

Neben der richtigen Bekleidung und Ausrüstung ist für die Sicherheit des Reiters der Kopfschutz besonders wichtig. Das Pferd muss mit intaktem Sattel- und Zaumzeug ausgerüstet sein, das einer häufigeren Überprüfung bedarf, um Unfälle zu vermeiden.

Nichtbeachten von festgelegten Regeln während der Ausbildung, im Training und in Wettbewerben (ebenso wie übertriebene Risikobereitschaft beziehungsweise Unterschätzung von Gefahren) ist leichtfertig und kann unfallträchtige Situationen hervorrufen.

2.3 Das Lehrpferd

Ein gut geeignetes Lehrpferd ist eine der wichtigsten Voraussetzungen in der Grundausbildung des Reiters.

Der Körperbau des Lehrpferdes sollte im Idealfall zum Reiter passen. Dabei spielt die Widerristhöhe des Pferdes nicht unbedingt eine Rolle. Schwerere

Reiter sollten auf einem entsprechend kräftigeren Pferd (auch Gewichtsträger genannt) lernen, während für leichtere Reiter, Jugendliche oder Kinder der Einsatz von Kleinpferden und Ponys sinnvoll sein kann.

Das Lehrpferd muss von ausgeglichenem und ruhigem Temperament sein. Zunächst soll die eventuell bestehende Angst des Reiters abgebaut werden, um im weiteren Verlauf die Losgelassenheit im Sitz erreichen zu können. Auf einem ruhigen Pferd ist dieses eher möglich als auf einem temperamentvollen Pferd. Der fortgeschrittene Reiter sollte auch Gelegenheit haben, gehfreudigere und feinfühligere Lehrpferde zu reiten, die Reiterfehler entsprechend quittieren. So kann der Lernende eigene Fehler am besten erkennen und abstellen.

Ein Lehrpferd muss eine solide, bereits gefestigte Grundausbildung erfahren haben. Es sollte losgelassen gehen und den Reiter gut zum Sitzen und Treiben kommen lassen. Das Pferd sollte leicht an die Hilfen zu stellen sein. Ein auf beiden Händen gleichmäßig gymnastiziertes Pferd, das vertrauensvoll am Zügel geht und lektionssicher ist, bietet die besten Voraussetzungen für erfolgreiches Reitenlernen.

Lehrpferde, die im Springen eingesetzt werden, müssen genügend Erfahrung im Taxieren von Sprüngen haben, also gewohnt sein, den Absprung selber zu finden. Sie sollten stets gelassen bleiben und nicht dazu neigen, heftig zu werden. Lehrpferde sollten an das Reiten im Gelände gewöhnt sein. Ausritte, insbesondere mit noch wenig erfahrenen Reitern werden nur auf sicheren und ruhigen Pferden durchgeführt.

Lehrpferde bewältigen oftmals ein großes Pensum an Arbeit. Sie sollten, auch aufgrund ihrer Leistungen unter ständig wechselnden Reitern, mit Achtung und Respekt behandelt werden und bedürfen einer sorgfältigen Behandlung und Pflege. Dazu gehört auch, dass Lehrpferde gelegentlich vom Reitlehrer oder einem anderen erfahrenen Reiter geritten werden, um die Losgelassenheit und Durchlässigkeit zu überprüfen und, falls notwendig, wieder zu verbessern. Durch den richtigen Umgang und den sinnvollen Einsatz können Lehrpferde lange leistungsfähig und gesund bleiben.

Ruf und Ansehen eines Reitbetriebes sind wesentlich von der Qualität seiner Lehrpferde abhängig.

Fachgerechter Reitunterricht und geeignete Lehrpferde sind eine wichtige Voraussetzung in der Grundausbildung des Reiters.

2.4 Der Reitlehrer

Reitlehrer, auch als Ausbilder bezeichnet, haben im Reitsport eine besonders verantwortungsvolle und vielfältige Aufgabe: Schüler und Pferde sollen nach den Grundsätzen der „klassischen Reitlehre" ihren individuellen Anlagen entsprechend ausgebildet und gefördert werden. Dabei muss auch der artgerechte und sichere Umgang mit dem Pferd gelehrt werden. Diese Aufgabe setzt besonders gute Fähigkeiten und Erfahrungen im praktischen Reiten voraus, die auf unterschiedlichen Pferden und in den verschiedenen Disziplinen erworben sein sollten. Weitere Eigenschaften und Voraussetzungen, die zur Ausbildung von Pferden vorhanden sein müssen, können den „Richtlinien für Reiten und Fahren, Band 1", Kapitel 4.1. entnommen werden.

Ein Reitlehrer muss fähig und bereit sein, sich in die jeweilige Situation des Schülers hineinzudenken, um aus Fachwissen und Einfühlungsvermögen heraus Fehler zu korrigieren und Fortschritte zu ermöglichen.

Neben der praktischen Erfahrung und der pädagogischen Eignung sind auch charakterliche Voraussetzungen für die Arbeit mitbestimmend, zum Beispiel wohlwollende Grundhaltung, Selbstbeherrschung, Korrektheit, Einsatzfreude und selbstverständlich Zuneigung zum Pferd.

Jeder Reitlehrer und Ausbilder muss sich seiner Vorbildfunktion bewusst sein. Dies gilt nicht nur im Sattel und im Umgang mit dem Pferd, sondern auch für die persönliche Haltung, für Lebensführung und Ausdrucksweise.

Für den Schüler ist eine feste Bezugsperson förderlich, bis erste Grundlagen des Reitens erlernt und gefestigt sind. Ein schneller und zu früher Wechsel des Reitlehrers kann beim Schüler Verwirrung hervorrufen.

Auch fortgeschrittene Reiter, ja sogar Spitzensportler, lassen sich immer wieder von erfahrenen Fachleuten korrigieren, um Fehler zu bekämpfen, die sich bei unbeobachteter Arbeit nur zu leicht einstellen.

2.5 Ort der Ausbildung

Zweckmäßigerweise sollte die Ausbildung zunächst in einer Reithalle stattfinden. Hier ist für den Anfänger ein hohes Maß an Sicherheit gegeben, da äußere Einflüsse, die das von ihm noch nicht voll beherrschte Pferd ablenken könnten, weitgehend ausgeschaltet sind.

Der Unterricht kann aber auch auf einem geeigneten, sicher abgegrenzten Außenplatz durchgeführt werden. Für die weiter fortschreitende Ausbildung sollte auf jeden Fall ein Reitplatz im Freien zur Verfügung stehen.

Wünschenswert ist neben dem Dressurviereck ein größerer Platz für die Galopparbeit, das Reiten im leichten Sitz und die Springausbildung. Es sollte ausreichend Hindernismaterial vorhanden sein, damit regelmäßig ein Springparcours aufgebaut werden kann. Ein Wassergraben von natürlichem Aussehen, Wälle und Tiefsprünge ergänzen idealerweise die Übungsmöglichkeiten.

Es ist anzustreben, dass die Reiter nach dem Erlernen des leichten Sitzes ihre Ausbildung im Gelände erweitern können. Wo diese Möglichkeiten nicht direkt am Stall gegeben sind, sollten Reiter und Ausbilder ihre Pferde verladen und ein geeignetes Gelände aufsuchen.

Der Reitplatz und die Stallgasse sind das Aushängeschild einer Ausbildungsstätte. Neben Sauberkeit und Ordnung ist die regelmäßige Instandhaltung unter anderem des Hufschlages, der Bande und des Hindernismaterials selbstverständlich.

Für den theoretischen Unterricht, der eine unerlässliche Ergänzung der praktischen Reitausbildung bedeutet, soll ein geeigneter Raum gewählt werden, soweit der Unterricht nicht im Stall am Pferd (zum Beispiel über Körperbau des Pferdes, Frisieren, Bandagieren, Satteln und Zäumen usw.) oder auf dem Reitplatz stattfindet. Von Anschauungsmaterial soll so viel wie möglich Gebrauch gemacht werden. Lehrfilme oder die Benutzung einer Video-Kamera werden den Unterricht beleben und intensivieren.

2.6 Bahnordnung

Bahnbezeichnung

Einheitliche Bahnbezeichnungen und Regeln dienen der allgemeinen Verständigung.
Ein Viereck zum Reiten von Dressurprüfungen kann zwei verschiedene Größen haben (20 x 40 m oder 20 x 60 m). Üblicherweise wird in der Grundausbildung und beim Reiten von Aufgaben der Klasse E/A/L auf einem 20 x 40 m Viereck geritten.
Die Markierungen sind wie folgt:
Die Buchstaben A und C kennzeichnen jeweils die Mitte der kurzen Seite, B und E (auch als H/B-Punkte = halbe Bahnpunkte bezeichnet) befinden sich Mitte der langen Seiten. D und G befinden sich auf der Mittellinie, jeweils zwischen den Wechselpunkten.
Die vier Wechselpunkte (M, F, K, H) sind jeweils 6 m von der kurzen Seite entfernt. Zusätzlich müssen die Zirkelpunkte mit einem Punkt (•) gekennzeichnet werden. Der Mittelpunkt wird mit „X" bezeichnet. Er ist auch der siebte Zirkelpunkt.
Die Bahnordnung gewährleistet, dass die Reiter auf Übungsplätzen und in Reithallen gemeinsam ohne gegenseitige Behinderung üben und trainieren können. Folgende Bahnregeln müssen jedem Reiter bekannt sein:

- Vor dem Betreten einer Reitbahn beziehungsweise vor dem Öffnen der Tür vergewissert sich der Eintretende mit dem Ruf „Tür frei" und durch Abwarten der Antwort des in der Bahn befindlichen Reitlehrers oder Reiters „Tür ist frei", dass die Tür gefahrlos geöffnet werden kann. Das Gleiche gilt für das Verlassen der Bahn.
- Auf- und Absitzen sowie Halten zum Nachgurten etc. erfolgt stets in der Mitte eines Zirkels oder auf der Mittellinie.
- Von anderen Pferden ist immer ein ausreichender Sicherheitsabstand nach vorne bzw. Zwischenraum zur Seite von mindestens drei Schritten (zirka 2,50 m) zu halten.
- Schritt reitende oder pausierende Reiter lassen trabenden oder galoppierenden Reitern den Hufschlag frei (Arbeitslinien). Es sollte erst auf dem 2. Hufschlag zum Schritt oder Halten durchpariert werden.

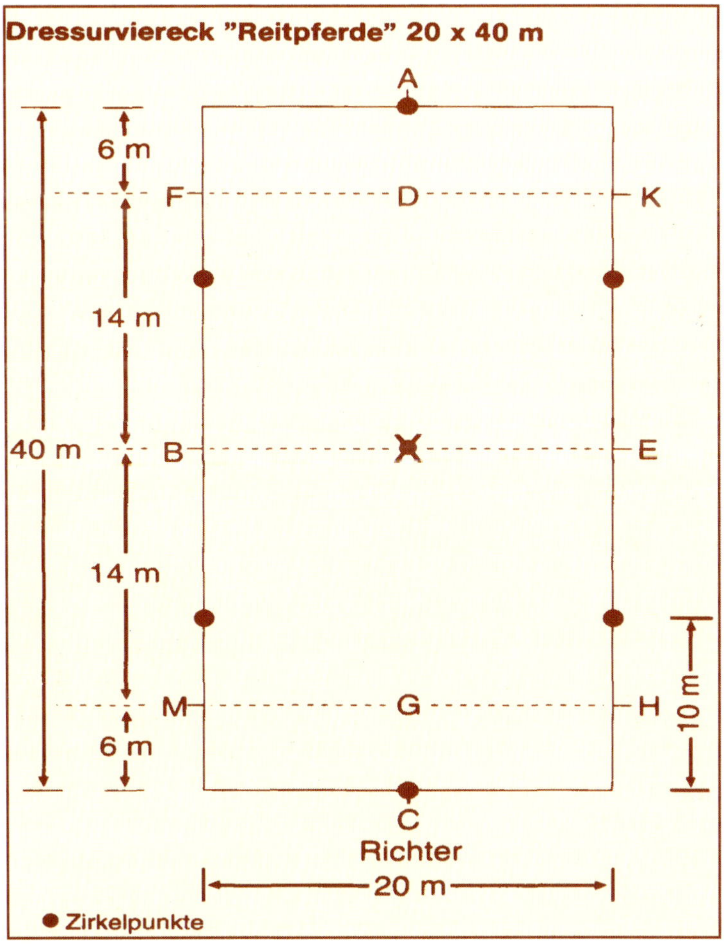

- Reiter auf dem Zirkel geben Reitern auf dem 1. Hufschlag das Vorrecht: „Ganze Bahn" geht vor „Zirkel". Dies gilt auch, wenn auf beiden Händen durcheinander geritten wird.
- Wird gleichzeitig auf beiden Händen geritten, ist rechts auszuweichen. Den auf der linken Hand befindlichen Reitern gehört der Hufschlag, nicht jedoch, wenn sie auf dem Zirkel reiten (siehe vorherige Regel).
- Wird auf einer Hand geritten und Handwechsel angeordnet, bleiben die Reiter, die bereits den neuen Hufschlag erreicht haben, auf dem Hufschlag. Reiter, die den Handwechsel noch durchführen, weichen ins Bahninnere aus.
- Longieren von Pferden auf dem Übungsplatz oder in der Reitbahn ist nur mit Einverständnis aller anwesenden Reiter gestattet. Während des Reitunterrichts sollte nicht longiert werden, ebenfalls nicht, wenn mehr als drei Reiter gleichzeitig trainieren.
- Hindernisse oder Hindernisteile werden außerhalb der Reitbahn oder des Dressurplatzes aufbewahrt, sofern sie nicht für gymnastische Zwecke in den Übungsstunden genutzt werden. Bleiben die Hindernisse ausnahmsweise in der Reitbahn, müssen sie sorgfältig in der Bahnmitte abgestellt werden.

2.7 Regeln für das Reiten im Gelände

Das Reiten im Gelände ist ein wichtiger Bestandteil der reiterlichen Grundausbildung. Voraussetzung dafür ist neben der Sattelfestigkeit des Reiters auch das Beherrschen der Grundregeln für das Verhalten im Gelände.

Als Gast in der Natur muss sich ein Reiter stets so verhalten, dass er sich keine Gegner schafft, son-

Das Reiten im Gelände macht Reitern und Pferden besonders viel Freude.

dern Freunde gewinnt. Nur wenige Reiter haben das Glück, das Reitgelände direkt vom Reitstall aus erreichen zu können, ohne belebte Straßen überqueren zu müssen. Im eigenen Interesse sollte man immer bemüht sein, Gefahren und Risiken so weit wie möglich zu mindern.

Pferde, die von weniger routinierten Reitern ins Gelände geritten werden, müssen täglich hinreichend Bewegung haben und an den Straßenverkehr gewöhnt sein, da es sonst zu unfallträchtigen Situationen kommen kann. Um Spannungen zu vermeiden und um nachzugurten, sollten die Pferde vor dem Ausritt in der Reitbahn einige Zeit gelöst werden.

Der Reiter muss eine Sturzkappe mit Drei- oder Vierpunktbefestigung sowie korrektes Schuhwerk (Stiefel oder Stiefeletten) tragen. Sattel und Zaumzeug müssen vor jedem Ausritt aus Sicherheitsgründen auf Zustand und Eignung kontrolliert werden.

Unerfahrene Reiter sollten niemals allein ins Gelände reiten. Die Begleitung einer erfahrenen Person oder eines „Berittführers" ist in jedem Falle notwendig.

Betonierte oder geteerte Straßen und Wege sollten wegen der Rutschgefahr und zur Schonung der Pferdebeine nur im Schritt beritten werden.

Zur Vermeidung von Schäden müssen Gräben, Böschungen, Fuß-, Wander- und Radwege gemieden werden, ebenso wie durch Regenfälle oder Frostaufbrüche weich gewordene Wege.

Das Tempo muss der Situation und den Geländegegebenheiten angepasst sein. Beim Begegnen mit Spaziergängern, Radfahrern, Reitern oder Kraftfahrern muss zum Schritt durchpariert werden.

Gangart und Tempo richten sich beim Ausritt auf Wegen in Feld und Wald nach folgenden Kriterien:

- Beschaffenheit der Wege,
- Witterungsverhältnisse,
- Übersichtlichkeit des Geländes,
- Ausbildungsstand der Reiter,
- Ausbildungsstand der Pferde.

Sollten durch das Reiten unvorhergesehene Schäden in der Natur entstanden sein, müssen diese sofort beim Grundeigentümer gemeldet werden, um einen entsprechenden Schadenersatz zu vereinbaren.

Für die Verständigung der Gruppe während eines Ausrittes und zur Orientierung für die übrigen Verkehrsteilnehmer werden folgende Handzeichen vom Anfangsreiter gegeben, die dann von den nachfolgenden Reitern weitergeleitet werden:

- Die für längere Zeit hocherhobene Hand bedeutet: Durchparieren zum Schritt beziehungsweise zum Halten.
- Mehrfaches kurzes Hochheben der Hand bedeutet: Aufschließen, Antraben oder Angaloppieren nach einer entsprechenden Vorankündigung des Berittführers.
- Richtungsänderungen auf öffentlichen Straßen und Wegen werden mit dem jeweils ausgestreckten linken oder rechten Arm gegeben.

Der Schlussreiter gibt das gleiche Zeichen zur Unterrichtung der übrigen Verkehrsteilnehmer.

Die Reiter können, wenn es die Wegbreite und der sonstige Verkehr zulassen, zu zweit nebeneinander mit Zwischenräumen von zirka zwei bis drei Schritt reiten. Nach mehreren Trab- und Schrittreprisen, in denen sich die Pferde vermehrt gelöst haben, wird der erste Galopp geritten.

Jeder Ausritt soll dem Training von Reiter und Pferd ebenso dienen wie der Erholung des Reiters in der Landschaft und dem Wohlbefinden des Pferdes in der freien Natur. An erster Stelle steht aber die Sicherheit für alle Beteiligten. Daher müssen sich die Anforderungen nach dem unerfahrensten Reiter richten. Besonders im Gelände gilt: „Eine Kette ist nur so stark wie ihr schwächstes Glied".

2.8 Ausrüstung

Ausrüstung des Reiters

Für die ersten Reitstunden ist dem Anfänger eine strapazierfähige und passende Reitkleidung zu empfehlen. Reitstiefel sind noch nicht notwendig, jedoch sollte beim Schuhwerk darauf geachtet werden, dass ein Absatz vorhanden ist, damit der Fuß nicht versehentlich durch den Bügel rutschen kann. Eine bruch- und splittersichere Reitkappe wird aus Sicherheitsgründen von Anfang an getragen. Später empfiehlt sich der Erwerb sachgemäßer Reitbekleidung.

Von besonderer Wichtigkeit ist eine gut passende Reithose, die über dem Knie nicht spannen und in der Sitzfläche keine Falten werfen darf, da dies zum Wundreiten führen kann. Sie soll so lang geschnitten sein, dass sie im „Schritt" bequem ist.
Die Reitstiefel müssen einen langen Schaft haben. Zu kurze Schäfte können unter dem Sattelblatt festhaken und den Reiter bei Sitz und Hilfengebung behindern. Die Sohlen der Stiefel müssen bis zum Absatz durchbesohlt sein. Andernfalls können beim Festhaken der Steigbügel an der Sohle gefährliche Situationen entstehen. Dies gilt auch für Stiefeletten, die zur Jodhpur-Hose getragen werden.

Das Tragen geeigneter Reithandschuhe ist empfehlenswert. Sie müssen über dem Handrücken genügend weit sein, da sonst das Gefühl der Reiterhand beeinträchtigt wird und sie im Winter nicht vor Kälte schützen. Bei gewirkten Woll- oder Zwirnhandschuhen erhöht eine Lederverstärkung zwischen Ringfinger und kleinem Finger sowie Daumen und Zeigefinger die Haltbarkeit und kann das Durchrutschen der Zügel verhindern.
Eine feste bruch- und splittersichere Reitkappe oder ein Reithelm mit einer Drei- oder Vierpunktbefestigung (nach den Sicherheitsvorschriften der

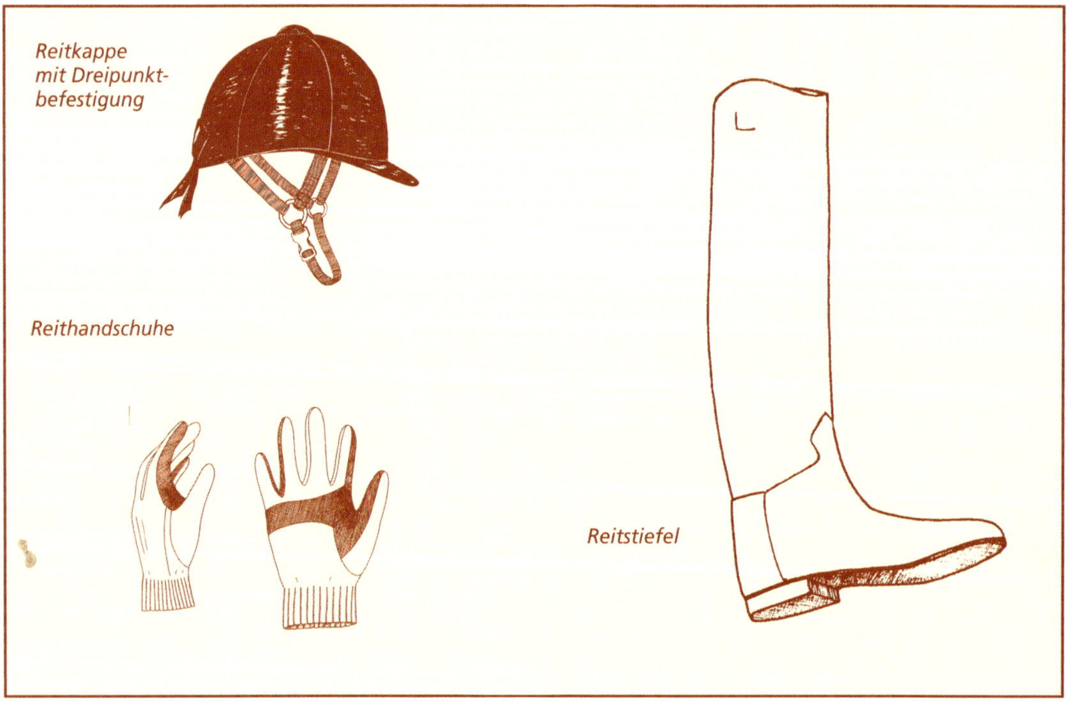

DIN 33951) ist für alle Reiter obligatorisch, auf jeden Fall bei Springübungen und beim Reiten im Gelände. In Turnierprüfungen müssen diese Kappen von Jugendlichen bis zum 18. Lebensjahr getragen werden.

Zur Unterstützung der besonders beim Reitanfänger noch nicht gefestigten Hilfengebung empfiehlt sich eine Gerte von 1,10 bis 1,20 m Länge. Sie darf nicht zu weich sein, damit sie nicht schon durch die Bewegung des Pferdes ständig im Takt wippt und den Pferdekörper berührt. Andererseits muss sie aber so elastisch sein, dass sie bereits durch kleinste Bewegungen der sie tragenden Hand gezielt und bestimmt eingesetzt werden kann. Zum Springen und Geländereiten empfiehlt sich eine kurze Springgerte, die nicht länger als 75 cm ist.

Ab wann der Reitanfänger Sporen benutzen darf, sollte ausschließlich der Ausbilder bestimmen.

Die Sporen werden zirka vier bis fünf Fingerbreit waagerecht über dem Absatz liegend fest angeschnallt. Bei Rädchensporen ist darauf zu achten, dass die Sporenräder sich leicht drehen lassen, um Risswunden zu vermeiden. Dieser Hinweis ist besonders in der Zeit des Haarwechsels von Bedeutung.
Eine Reitjacke braucht der Anfänger zunächst nicht. Beim späteren Kauf sollte man darauf achten, dass sie in der Schulterpartie weit genug ist, um dem Reiter in seiner Bewegungsfreiheit nicht zu beengen. Sie sollte kurz geschnitten sein, sodass der Reiter nicht auf den Rockschößen sitzt. Werden Pullover oder Hemden getragen, ist es gut, wenn diese nicht zu weit gewählt werden, damit sie den Sitz des Reiters erkennen lassen, und der Ausbilder den Sitz entsprechend korrigieren kann.*

* *Über die bei Wettbewerben und Leistungsprüfungen übliche Kleidung und Ausrüstung gibt die Leistungs-Prüfungs-Ordnung (LPO) Auskunft.*

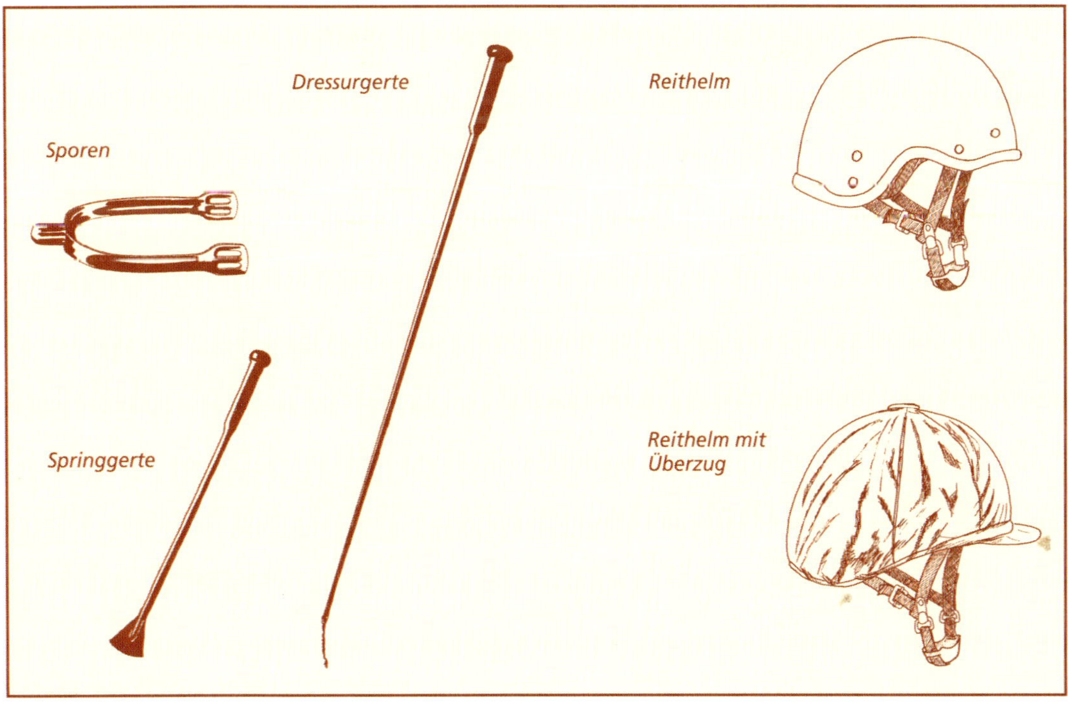

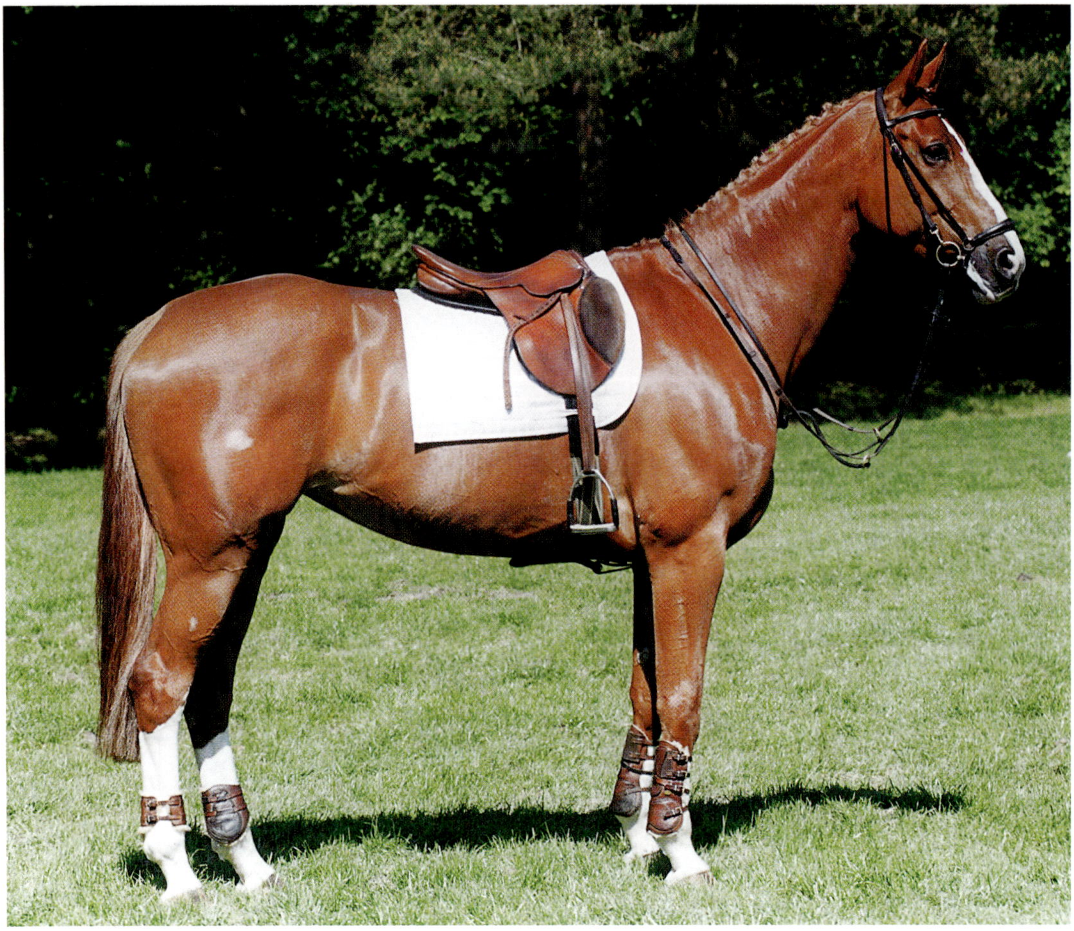

Grundausrüstung des Pferdes: hier als Beispiel mit Trense, Sattel, Martingal, Gamaschen und Streichkappen.

Ausrüstung des Pferdes

Zur Grundausrüstung des Reitpferdes gehören das Zaumzeug (Trense und Kandare) und der Sattel. Zubehör bilden gegebenenfalls Ausbindezügel, Martingal, sonstige Hilfszügel, Bandagen, Gamaschen, Vorderzeug und Vorgurt.

Trensenzäumung

Die Trense ist für die Grundausbildung die am besten geeignete Zäumung. Dies gilt gleichermaßen für die dressurmäßige Arbeit, das Springen und das Reiten im Gelände. Die Trensenzäumung besteht aus zwei Hauptteilen:

- dem Trensenzaum mit Gebiss und Zügeln,
- dem Reithalfter.

Der Trensenzaum setzt sich aus dem Genickstück, den Backenstücken, dem Kehlriemen und dem Stirnriemen zusammen. Die Länge des Zaumes wird durch eine Schnalle an einem oder an beiden Backenstücken variiert. Eine Verschnallungsmöglichkeit am Kopfstück (auf dem Genick des Pferdes) birgt Verletzungsgefahr für den Reiter in sich.

Trensengebisse wirken über die Zunge auf die Kinnladen des Pferdes. Allgemein gilt, dass ein Gebiss um so schärfer wirkt, je dünner es ist. Ein dickes Mundstück ist angenehm und wird, falls es nicht zu dick ist, um bequem im Mund zu liegen, von den meisten Pferden problemlos angenommen. Der Raum, der für das Gebiss (beziehungsweise die beiden Gebisse bei der Kandare) Platz bietet, sind die Laden, also der zahnlose Zwischenraum im Unterkiefer.

Trensengebisse unterscheiden sich nicht nur in der Dicke, sondern auch in der Form und im Querschnitt. Sie können einfach gebrochen, also mit einem Gelenk in der Mitte oder doppelt gebrochen, also mit zwei Gelenken, ausgestattet sein. Je besser sich das Gebiss im Maul anpasst, desto mehr veranlasst es das Pferd zum Kauen. Anatomisch angepasste Gebisse liegen besonders gut im Pferdemaul.

Die äußeren Ränder der Trensengebisse sollten eine Mindestdicke, am Maulwinkel gemessen, von 14 mm haben. Gebisse werden in der Regel in Längen von 12,5 bis 15 cm angeboten (für Ponys entsprechend kleiner). Innerhalb dieser Spanne gibt es alle 5 mm eine Zwischengröße. Die Länge muss in jedem Fall der Breite des Maules entsprechen. Ein zu schmales Gebiss klemmt die Maulwinkel ein. Ein zu breites Gebiss rutscht hin und her und liegt dadurch unruhig im Maul. Durch die zu langen Schenkel kann der Unterkiefer eingeklemmt werden, sodass der „Nussknackereffekt" entsteht. Zusätzlich besteht die Gefahr, dass die Zunge über das Gebiss genommen wird.

Gebisse dürfen nicht abgenutzt oder ausgeschlagen sein oder gar rostige Stellen aufweisen, da sonst Verletzungen am Pferdemaul auftreten können.

Trensenzaum mit kombiniertem Reithalfter

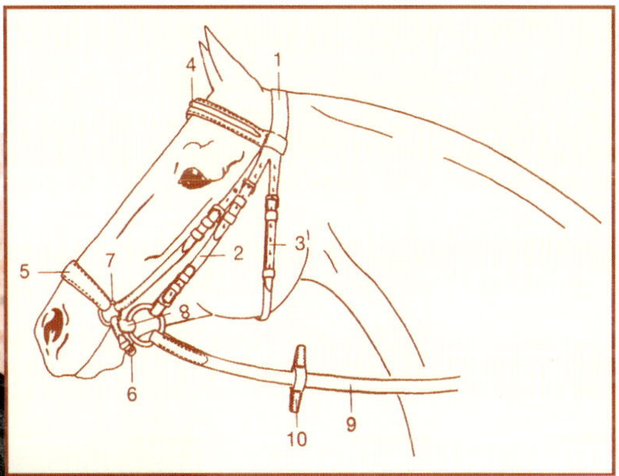

Trensenzaum mit hannoverschem Reithalfter

1 Genickstück
2 Backenstück
3 Kehlriemen
4 Stirnriemen
5 Nasenriemen
6 Kinnriemen
7 kleine Ringe
8 Trensengebiss
9 Zügel
10 Martingalschieber

Michael Putz · Leiter der Westf. Reit- und Fahrschule

„Aufgrund des Aufeinandertreffens zweier unterschiedlicher Lebewesen ist das Erlernen des Reitens nicht einfach. Die echte Freude am Umgang mit dem Pferd und am Reitsport kann erst aufkommen, wenn der Mensch eine harmonische Übereinstimmung mit seinem Pferd erzielt. Um dahin zu kommen, muss er sich möglichst früh – das heißt schon vor Beginn des eigentlichen Reitens – unter entsprechender sachverständiger Anleitung für Alles rund ums Pferd interessieren: Für die besonderen Eigenschaften des Pferdes, für seine Haltung und Pflege, für die Ausrüstung, aber auch für die notwendigen Regeln und Gebräuche innerhalb einer Stallgemeinschaft. Horsemanship zu erwerben, das heißt »Pferdefrau« beziehungsweise »Pferdemann« zu werden, muss von Anfang an das Ziel jeden Reiters sein."

Zum Reiten werden in der Regel folgende Gebisse benutzt:

Die *Wassertrense* ist das gebräuchlichste Gebiss und wird bei jungen Pferden, aber auch in der weiteren Ausbildung genommen, weil sie zwar weich wirkt, aber doch eine gute Kontrolle erlaubt. Das Mundstück kann hohl und leicht sein oder auch massiv und dadurch schwerer. Die schwereren Gebisse haben den Vorteil, dass sie etwas konstanter im Maul liegen und dadurch das Pferd nicht so leicht zum Spielen mit der Zunge veranlassen.

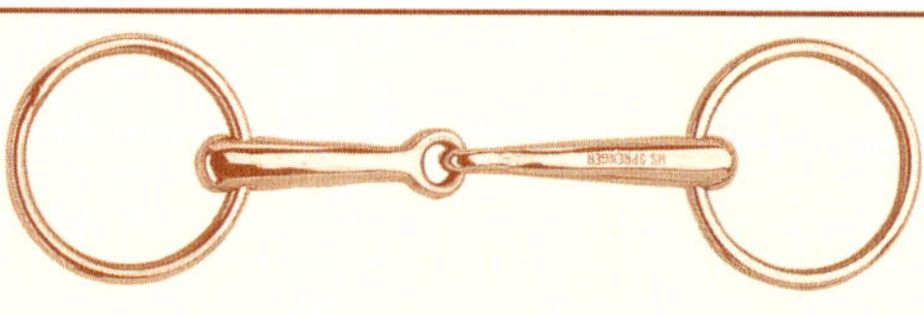

Wassertrense (einfach-gebrochen)

Wassertrensen können sowohl einfach als auch doppelt-gebrochen sein. Die ***einfach-gebrochene*** Wassertrense ist das am häufigsten verwandte Gebiss. Die ***doppelt-gebrochene*** Wassertrense hat sich bewährt, da sie sich durch die zwei Gelenke und das Mittelstück besonders gut dem Pferdemaul anpasst.

Wassertrense (doppelt-gebrochen)

Die *Olivenkopftrense* hat im Gegensatz zur Wassertrense d-förmige Ringe, die mit dem Gebiss durch Gelenke verbunden sind. Bei Pferden, die im Maul sensibel sind, hat sich der zeitweilige Einsatz dieser Gebissart als zweckmäßig erwiesen, da sie etwas ruhiger und stabiler im Maul liegt.

Olivenkopftrense

Die *Schenkeltrense* hat seitliche Stege und kann bei Pferden eingesetzt werden, die in Wendungen Probleme zeigen. Die Stege liegen seitlich am Pferdemaul und verhindern, dass das Gebiss durch das Maul gezogen werden kann, was dem Reiter die Kontrolle über das Pferd entziehen würde.

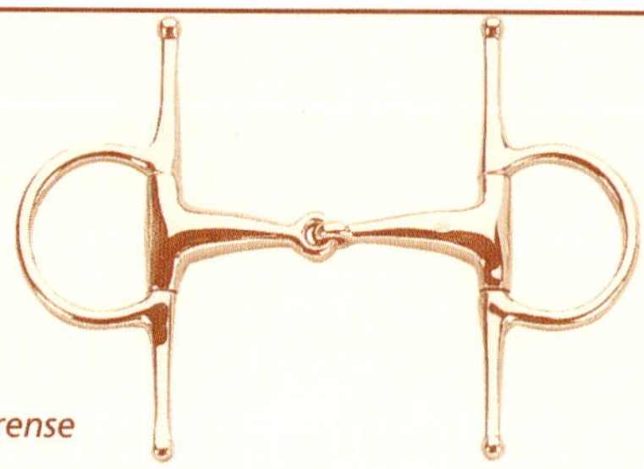

Schenkeltrense

Merke:
ür die Auswahl von Gebissen gilt grundsätzlich, dass n schärferes Gebiss die mangelnde urchlässigkeit nicht ausgleichen kann. ehler der Hand wirken sich um so deut-her aus, je schärfer das Gebiss ist.

Ein ähnlicher Effekt kann durch den Einsatz von ***Gummischeiben*** an einer Wassertrense erreicht werden. Die Wassertrense hat lose Trensenringe, die für die Beweglichkeit des gebrochenen Mundstückes sorgen.

Pferde, die beim Reiten die Zunge hochziehen, können vorübergehend mit einem *Zungenstrecker* geritten werden. Zungenprobleme sind jedoch fast immer auf eine zu starke Handeinwirkung beziehungsweise Verspannung des Pferdes zurückzuführen. Eine Verbesserung der Durchlässigkeit und eine entsprechend weiche Zügelführung schaffen hierbei die beste Abhilfe. Auf ein genau passendes Gebiss und eine richtige Verschnallung ist bei diesen Pferden besonders zu achten.

Gelegentlich kann es hilfreich sein, die Gebissart und das Gebissmaterial zu wechseln. Manche Pferde nehmen Gummi- oder Kunststoffgebisse besser an als Metallgebisse. Über die im Turniersport erlaubten Gebisse gibt die „LPO" Auskunft.

Die ***Trensenzügel***, meistens aus Leder oder Gurt hergestellt, werden in die Trensenringe eingeschnallt oder angenäht und sind an ihrem hinteren Ende zusammenschnallbar. Beide Zügelhälften zusammen sind zirka 2,75 m lang. Die Breite beträgt zirka 2 cm. Gurtzügel haben den Vorteil, besonders bei nassem Wetter rutschfest in der Hand des Reiters zu liegen. Zusätzlichen Halt können aufgenähte Lederstege bieten. Für die Sicherheit ist die Qualität des Materials, die Vernähung und die Qualität der Schnallen oder Haken wichtig.

Ein ***Reithalfter*** vervollständigt die Zäumung. Es koppelt die Stellung des Oberkiefers an die Stellung des Unterkiefers. Durch ein korrekt verschnalltes Reithalfter (nicht zu eng, aber auch nicht zu weit) werden die Laden des Pferdes bei der Einwirkung mit dem Gebiss entlastet, weil ein Teil des Druckes indirekt auf den Nasenrücken übertragen wird. Außerdem wird verhindert, dass sich das Pferd durch Aufsperren des Maules den Zügelhilfen entzieht. Welches Reithalfter genommen wird, ist vom Pferd abhängig und sollte mit Hilfe des Ausbilders entschieden werden:

Das ***hannoversche Reithalfter*** besteht aus einem Nasenriemen, der in der Mitte etwas breiter ist und sich nach den Seiten hin verjüngt.
An den beiden Enden sind kleine Ringe eingehängt, an denen sowohl die Kinnriemen als auch das Genickstück befestigt sind. Der Nasenriemen muss so kurz sein, dass die Ringe keinesfalls auf das Gebiss drücken können. Der Nasenriemen soll etwa vier Fingerbreit über dem oberen Nüsternrand auf dem knöchernen Teil der Nase liegen.

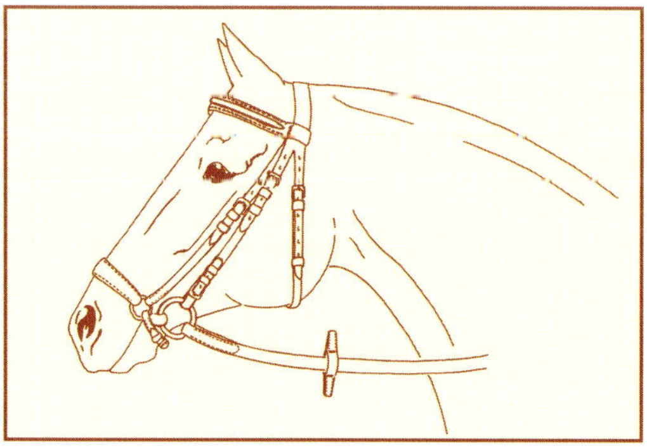

Hannoversches Reithalfter

Der Kinnriemen wird unterhalb des Trensengebisses so geschnallt, dass zwischen ihm und den Kieferästen des Pferdes etwa zwei Fingerbreit Platz ist. Die Atmung des Pferdes darf in keinem Fall eingeschränkt sein.

Das *englische Reithalfter* hat einen etwas breiter gehaltenen, stärkeren Nasenriemen. Es findet vorwiegend bei der Kandarenzäumung Anwendung. Der Nasenriemen wird so oberhalb des Trensengebisses geschnallt, dass er knapp unter dem Jochbein liegt und nicht auf dieses drückt. Weitere Arten von Reithalftern sind unter anderem die aus den oben aufgeführten Grundtypen entwickelten kombinierten Reithalfter und das Bügelreithalfter.

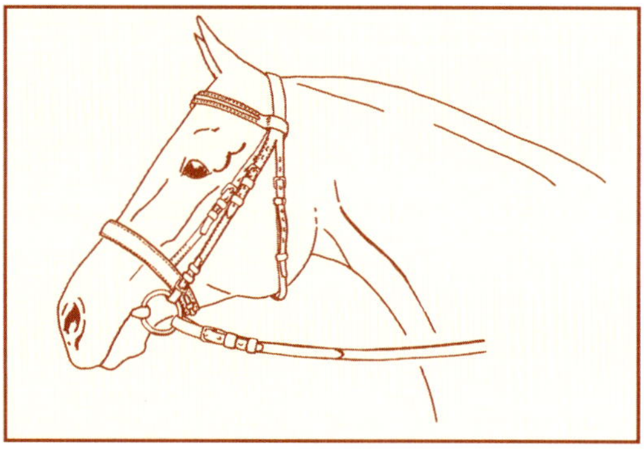

Englisches Reithalfter

Das *kombinierte Reithalfter* besteht aus dem englischen Halfter, an dessen vorderem Nasenteil ein dünnerer Riemen durch eine kleine Schlaufe geführt und unterhalb des Trensengebisses am Unterkiefer zugeschnallt wird. Der Nasenriemen sollte immer zuerst verschnallt werden und danach erst der Zusatzriemen. Durch Einhalten dieser Reihenfolge wird ein Herunterziehen des Nasenriemens verhindert.

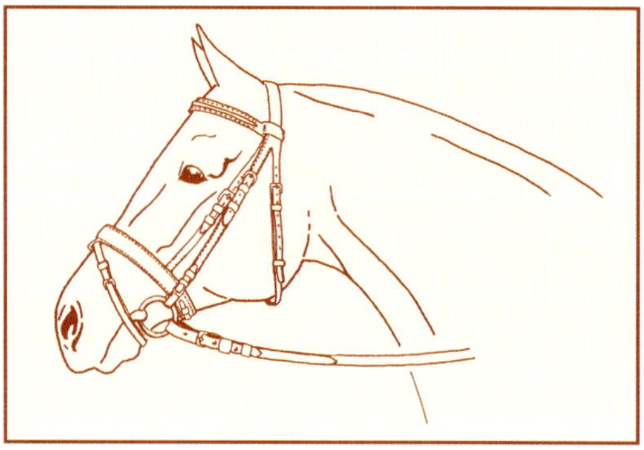

Kombiniertes Reithalfter

Für Pferde mit guter Maultätigkeit und genügender Durchlässigkeit ist dieses Reithalfter zweckmäßig.

Das *Bügel-Reithalfter* besteht aus einem Nasenriemen, an dessen Seiten jeweils ein runder Metallbügel befestigt ist. An den Enden sind ein oberer und ein unterer Kinnriemen eingenäht.

Ein seitliches Verschieben des Kiefers wird durch den Metallbügel eingeschränkt. Außerdem liegen,

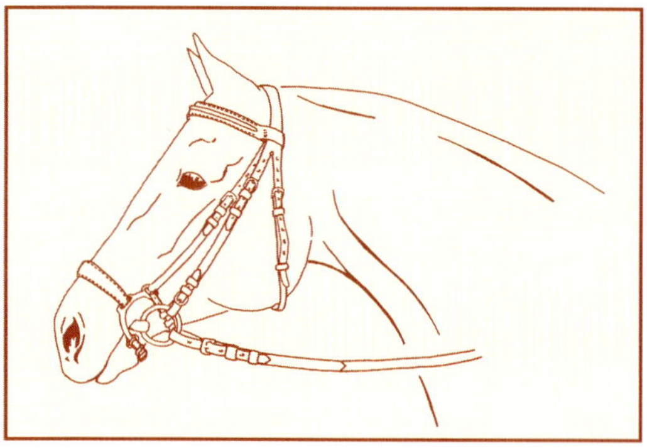

Bügel-Reithalfter

bei richtiger Verschnallung, die Gebissringe frei, was sich bei einigen Pferden günstig auf die Maultätigkeit auswirken kann.

Das *mexikanische Reithalfter* besteht aus zwei sich auf den Nasenrücken kreuzenden Riemen, die durch eine abgepolsterte Lederrosette auf dem Nasenrücken zusammengehalten werden. Es ähnelt in seiner Wirkungsweise dem kombinierten

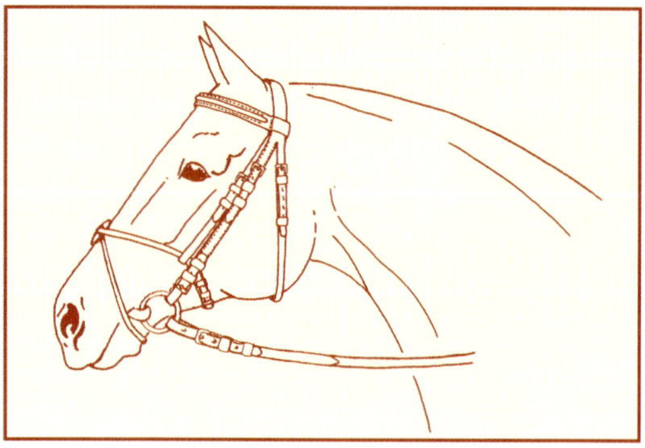

Mexikanisches Reithalfter

Reithalfter, hat jedoch bei richtiger Verschnallung den Vorteil, dass die Nüstern noch freier liegen und die Atmung keinesfalls behindert werden kann. Daher wird es auch in erster Linie bei Vielseitigkeitspferden angewandt. Eine richtige Verschnallung ist besonders wichtig, da die oberen Riemen auf die Jochbeinleiste drücken können.

Kandarenzäumung

Dem fortgeschrittenen Reiter ermöglicht die Kandarenzäumung, auf einem entsprechend ausgebildeten Pferd, eine feinere Hilfengebung.
In der Grundausbildung muss der Reiter zunächst lernen, die Lektionen der Klasse L mit Trensenzäumung korrekt zu reiten.
Die Kandare besteht bei der Zäumung von ausgebildeten Dressurpferden aus zwei Gebissen, sodass der Reiter zwei Zügelpaare gleichzeitig handhaben muss. Die zur Kandarenzäumung gehörende ***Unterlegtrense*** kann sowohl eine Ringtrense, einfach- oder doppelt-gebrochen als auch eine Olivenkopftrense sein. Sie ist dünner als die normale Trense (mindestens 10 mm) und wird in ein zusätzliches Genickstück unter das Kopfstück des Kandarenzaumes geschnallt.

Das ***Kandarengebiss*** ist ein ungebrochenes Mundstück mit seitlichen Hebeln. Die Länge der Hebel bestimmt, unter anderem in Verbindung mit einer Kinnkette, die Stärke der Wirkung. Je kürzer die Hebelarme sind, desto geringer ist die Hebelwirkung. Eine Kandare mit längeren Anzügen erzeugt zwar eine stärkere Kraft, wirkt aber langsamer ein.

Kandarenzäumung

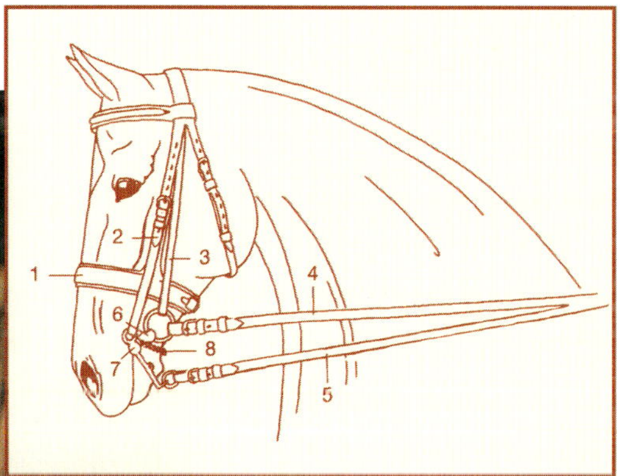

Kandare

1 englisches Reithalfter
2 Backenstück der Kandare
3 Backenstück der Unterlegtrense
4 Trensenzügel
5 Kandarenzügel
6 Unterlegtrense
7 Kandarengebiss
8 Kinnkette

Das Kandarengebiss ist in der Regel etwas schmaler (zirka 1/2 cm) als die Unterlegtrense, die im Maul durch das oder die Gelenke einen leichten Bogen beschreibt. Bei Pferden mit wulstigen Lippen kann allerdings eine etwas breitere Stange richtiger sein.

Einen weiteren Einfluss auf die Wirkung des Kandarengebisses haben die so genannte „Zungenfreiheit" und die Stärke des Gebisses. Als Zungenfreiheit wird eine mehr oder weniger starke Aufwölbung in der Mitte der „Stange" bezeichnet. Je höher die Aufwölbung ist, umso mehr wird die Zunge auf einen engen Raum fixiert, was zur Folge hat, dass die Seiten der Stange (die Ballen) vermehrt auf die Laden des Pferdes wirken.

Die Hebel, in den so genannten Ober- und Unterbaum unterteilt, sollen ein Längenverhältnis von 1:2,5 bis 1:2 haben.

Bei Wettbewerben und Leistungsprüfungen ist die Länge der Unterbäume, die auch als „Anzüge" bezeichnet werden, in der Dressur auf 5 bis 10 cm, in allen anderen Disziplinen, in denen Kandarenzäumung erlaubt ist, auf maximal 7 cm festgelegt.

Bei Leistungsprüfungen ist für das Kandarengebiss – am Maulwinkel gemessen – eine Mindestdicke von 14 mm gefordert.

An den Oberbäumen werden die Backenstücke des Zaumzeuges befestigt, an den beweglichen Ringen des Unterbaumes die Zügel. Die Kandarenzügel sollten etwas schmaler als die Trensenzügel sein.

Die *Kinnkette* besteht aus mehreren, sich zu den Enden hin verjüngenden und ineinander schmiegenden ovalen Ringen. Ein kleiner, runder, in der Mitte der Kinnkette befindlicher Ring, Scherriemenring genannt, dient zum Anschnallen des sogenannten *Scherriemens*. Dieser läuft durch die im unteren Drittel des Unterbaumes befindlichen Scherriemenlöcher und reguliert im Bedarfsfall die Lage (Höhe) der Kinnkette. Er verhindert, dass das Pferd mit dem Maul nach den Unterbäumen greift.

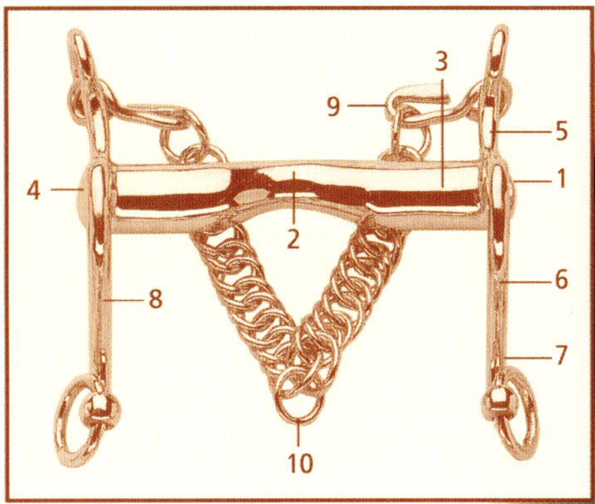

Kandarengebiss

1 Mundstück
2 Zungenfreiheit
3 Ballen
4 Kappe
5 Oberbaum
6 Unterbaum (Anzug)
7 Zügelring
8 Scherriemenlöcher
9 Kinnkettenhaken
10 Kinnkette

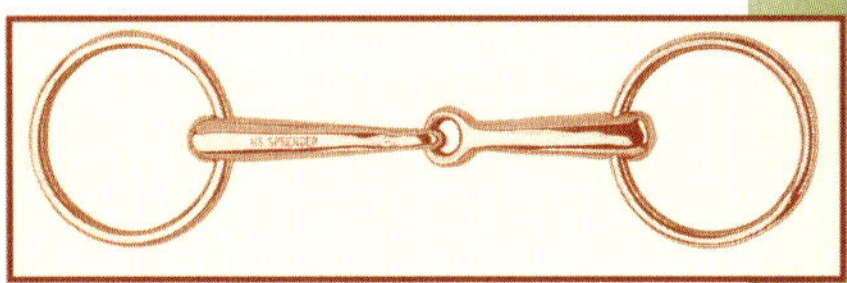

Unterlegtrense

Die ***Kinnkettenhaken*** sind nach außen gebogen – mit der Öffnung nach vorne. In diese wird die immer nach rechts auszudrehende Kinnkette von oben eingehängt und zwar auf der rechten Seite von innen und auf der linken Seite von außen. Ihre richtige Biegung ist von wesentlichem Einfluss auf eine gute Zäumung und Einwirkung. Verbogene Haken führen zu Verletzungen am Pferdemaul.

Als ***Reithalfter*** wird bei der Kandare das englische Reithalfter verwendet.

Weitere Zäumungen

Verschiedene ***Pelham-Arten*** sowie das ***Hackamore*** zählen zu den Spezialzäumungen und sollten auch nur in speziellen Fällen von fortgeschrittenen Reitern verwendet werden. Sie erfordern einen vollkommen ausbalancierten Sitz und eine feine Handeinwirkung.

Das ***Pelham*** ist ein gebrochenes Gebiss, das durch seitliche Stangen und einer Kinnkette eine Hebelwirkung ähnlich der Kandare erhält. Durch ein Verbindungsstück aus Leder, das die Trensen- und Kandarenringe einer Seite verbindet, wird nur ein Paar Zügel benötigt.

Das ***Hackamore*** ist eine gebisslose Zäumung, die eine Wirkung auf Nasenrücken, Kinngrube und Genick ausübt. Gebisslose Zäumungen werden in erster Linie beim Westernreiten eingesetzt.
Der Zweck besteht darin, das Maul des Pferdes zu schonen und auf andere Einwirkungsmöglichkeiten auszuweichen. Gebisslose Zäumungen sind jedoch nicht grundsätzlich angenehmer für die Pferde, da bei falscher Anwendung eine äußerst scharfe Wirkung entstehen kann. Daher sollte das Hackamore nur von erfahrenen Reitern benutzt werden, die mit besonders gefühlvoller Zügelführung reiten können. In Springprüfungen der Kategorie A ist das Hackamore zugelassen.

Sattel

Jeder Sattel besteht aus folgenden Teilen:
Der ***Sattelbaum*** bildet die Grundlage für die Form des Sattels. Er kann aus Stahl, Leder, Holz, Fischbein oder Kunststoff sein.
Der vordere, etwas hochgewölbte, manchmal auch zurückgezogene Bogen des Sattelbaumes bildet die ***Sattelkammer***. Sie muss so hoch sein, dass auch bei belastetem Sattel kein Druck auf die am Widerrist sehr langen und unmittelbar unter der Haut liegenden Dornfortsätze der Rückenwirbel des Pferdes ausgeübt wird.
Die Kammer des Sattels (Kopfeisen) muss in ihrer Größe zum Widerrist passen. Nach der Weite dieses Kopfeisens wird die genormte Größe des Sattels bestimmt.

Den hinteren Teil der Sitzfläche des Sattels bildet der ***Sattelkranz***.

Die ***Polsterung*** (Sattelkissen) bedeckt die Unterseite des Sattelbaumes und wird im Allgemeinen aus Pferdehaar oder Werg hergestellt. Sie muss gleichmäßig sein, darf sich nicht zusammendrücken und sollte nicht stärker als unbedingt nötig sein. Verdickungen, besonders unterhalb, manchmal auch am vorderen oberen Rand der Sattelblätter, werden als ***Pauschen*** bezeichnet.
Die ***Sitzfläche*** hat durch ihre Form großen Einfluss auf den Sitz des Reiters. Der tiefste Punkt der Sitzfläche muss in der Mitte des Sattels liegen.

Die ***Sattelblätter*** bilden die Seitenteile des Sattels. Ihre Form wird vom Spezialzweck des Sattels als Dressur-, Vielseitigkeits- oder Springsattel bestimmt. Das Material (Leder) der Sattelblätter muss eine gute „Ständigkeit" (Festigkeit) besitzen und deshalb von bester Qualität sein.

Die ***Sattelgurtstrupfen*** dienen zur Befestigung des Sattelgurtes. Aus Sicherheitsgründen ist Handvernähung und reißfestes Leder (Chromleder) zu empfehlen.

Der ***Sattelgurt*** muss breit genug sein, um genügend Auflagefläche zu haben. Eingearbeitete geschmiedete Schnallen sind gegossenen oder Messingschnallen vorzuziehen. Sattelgurte werden aus Schnurengarn, Leder oder Kunststoff hergestellt und können elastische Endstücke haben.

Die ***Steigbügelriemen*** sollen aus geschmeidigem, haltbarem Leder hergestellt werden. Der Umschlag an den Schnallen sollte etwa 7 cm betragen und handvernäht sein. Ovale Löcher erleichtern das Verschnallen.

Die ***Steigbügelfeder*** ist die Haltevorrichtung für den Bügelriemen. Sie ist mit einer Schnappfeder ausgerichtet, auch als ***Sturzfeder*** bezeichnet, die sich beim Stürzen öffnet und den Bügelriemen freigeben soll. Das Gelenk der Feder ist deshalb immer gut zu ölen, bleibt aber im Allgemeinen geöffnet.

Der ***Steigbügel*** muss genügend breit (für Erwachsene etwa 12 cm, für Kinder etwa 10 cm) und schwer sein, damit der Fuß ihn schnell aufnehmen und auch wieder loslassen kann. Gummieinlagen erleichtern den Halt des Fußes. Die Steigbügelöse muss gratfrei sein, sonst wird der Steigbügelriemen beschädigt.

Richtig liegender Sattel

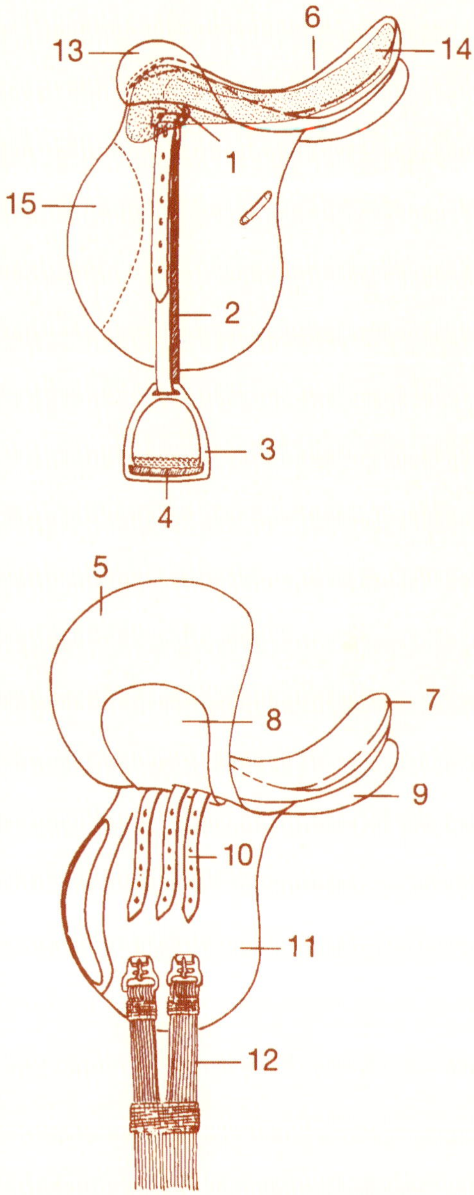

1 Steigbügelfeder
2 Steigbügelriemen
3 Steigbügel
4 Steigbügeleinlage
5 Sattelblatt
6 Sitzfläche
7 Sattelkranz
8 Deckblatt
9 Sattelkissen (Polster)
10 Sattelgurtstrupfen
11 Schweißblatt
12 Sattelgurt mit Schnallen
13 Sattelkammer
14 Sattelbaum
15 Sattelpauschen

Die ***Satteldecke*** hat den Zweck, den Schweiß des Pferdes von der Sattelpolsterung abzuhalten. Es gibt Satteldecken aus Baumwolle, Filz, Leder, Gummi, Kunststoff. Sie sind entweder entsprechend der Form des Sattels geschnitten oder viereckig (Schabracken). Wolldecken oder zusätzliche Sattelunterlagen sollten nur bei Problempferden verwandt werden, da sie sonst den Reiter zu weit vom Pferd entfernen. Auf Wanderritten oder bei Trachtensätteln können sie jedoch als Schutzdecke für den Rücken des Pferdes zweckmäßig sein.

Sattelarten und -formen

Nur auf einem richtig gebauten und gut liegenden Sattel kann der Reiter korrekt sitzen und einwirken. Nach der Bauart wird unterschieden zwischen

- *Pritschensattel (englischer Sportsattel) und*
- *Trachtensattel (Armee- oder Westernsattel).*

Charakteristisch für den Pritschensattel ist der durchgehende Sattelbaum, eine niedrige Höhe, die engen Kontakt des Reiters mit dem Pferderücken erlaubt sowie leichtes Gewicht.
Der Pritschensattel ist der bei der Reitausbildung und im Sport gebräuchliche Sattel.

Je nach Gebrauchszweck wird unterschieden in:

- ***Dressursattel:*** *dicht am Pferderücken, lange, seitliche Sattelblätter,*
- ***Springsattel:*** *länger im Sitz, weit vorgebaute Sattelblätter, gegebenenfalls zusätzliche Pauschen,*
- ***Vielseitigkeitssattel:*** *Zwischenform der beiden oben genannte Sättel,*

geeignet sowohl für die Grundanforderungen in der Dressur als auch im Springen und im Gelände (zweckmäßigster Sattel für den Reitanfänger und in der Grundausbildung des Pferdes).

Beim Verpassen des Sattels, das am besten ohne Unterlegdecke geschieht, ist besonders darauf zu achten, dass er überall gleichmäßig auf dem Pferderücken aufliegt. Der tiefste Punkt muss sich in der Mitte der Sitzfläche befinden. Die Sattelkammer muss so geformt sein, dass sie auch bei belastetem Sattel den Widerrist nicht berührt. Andernfalls ist es erforderlich, einen anderen Sattel auszuprobieren oder, falls möglich, den Sattel umzupolstern.

Ein nicht passender Sattel kann schwer heilende Scheuerstellen verursachen, die einen lang andauernden Ausfall des Pferdes als Reitpferd zur Folge haben.

Hilfszügel

Hilfszügel werden bei der Ausbildung des Reitanfängers benutzt, um die noch mangelnde Einwirkung auf das Pferd auszugleichen, und um das Verständnis und die Hilfengebung zu erleichtern. Durch richtig verschnallte Hilfszügel wird das Pferd veranlasst, den Hals fallen zu lassen und den Rücken herzugeben, sodass der junge Reiter das richtige und geschmeidige Sitzen erfühlen und erlernen kann. Die wesentlichsten im Gebrauch befindlichen Hilfszügel während der Grundausbildung sind:

- *einfache Ausbindezügel*
- *Dreieckszügel*
- *Stoßzügel*
- *Doppelte Ausbindezügel*
- *Martingal*

Die **einfachen Ausbindezügel** sind 2 schmale, etwa 1,20 m bis 1,50 m lange Riemen aus Leder oder Gurtband. An einem Ende befinden sich Schnallen oder Karabinerhaken zum Befestigen an den Trensenringen, am anderen Ende größere schnallbare Schlaufen zum Befestigen der Ausbindezügel am Sattel oder Longiergurt. Zweckmäßig ist eine ausreichende Anzahl von Schnall-Löchern, um jede erforderliche Länge einstellen zu können.

einfache Ausbindezügel

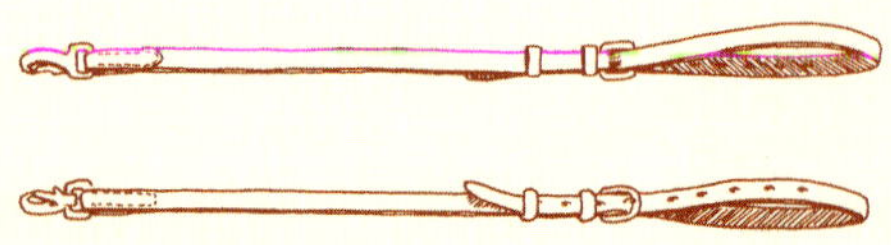

Dreieckszügel

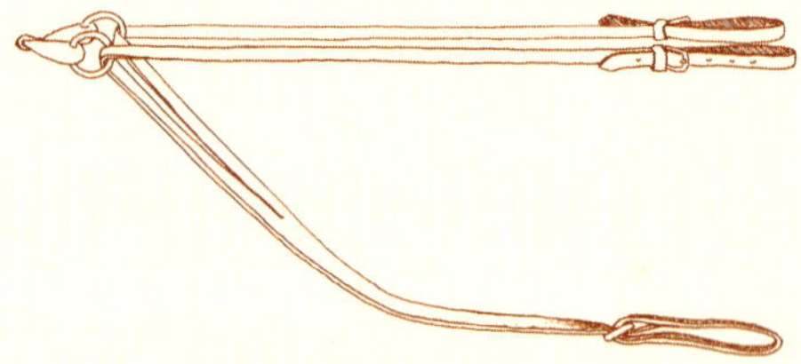

Stoßzügel

doppelte Ausbindezügel

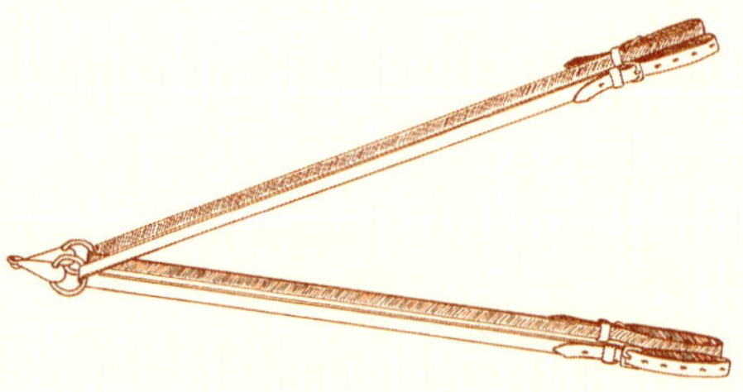

Der ***Dreieckszügel*** besteht aus einem 2,50 bis 2,75 m langen Zügel, der sich teilt und dessen beiden Enden schnallbare Schlaufen zum Befestigen am Gurt haben. Er wird am Gurt zwischen den Vorderbeinen angebracht. Die geteilten Enden laufen jeweils durch die Trensenringe (von innen nach außen) zurück zum Sattelgurt. Bei Ausbinde- und Dreieckszügeln wird die Verschnallung seitlich meistens direkt unter dem Sattelblatt vorgenommen. Ein Herunterrutschen hinter den Ellenbogen muss ausgeschlossen werden.

Der ***doppelte Ausbindezügel*** (auch Laufferzügel) ist in erster Linie für die Arbeit an der Longe geeignet und kann auch am besten am Longiergurt verschnallt werden.

Am Sattel wird der zirka 2,25 m lange Zügel an den seitlich der Sattelkammer angebrachten Ösen eingeschnallt. Er läuft dann von innen nach außen, durch die Trensenringe und wieder zurück zum Sattelgurt. Dort wird er mit den zweiten Schnallenenden etwa in Höhe des einfachen Ausbindezügels befestigt.

Das ***Martingal*** besteht aus einem mit einer Schlaufe am Sattelgurt zu befestigenden Riemen, dessen oberer Teil sich gabelt. Die beiden Enden sind mit jeweils einem Ring versehen. Durch diese Ringe werden die Zügel von der Trense zur Hand des Reiters geführt. Die sichere Lage des Martingals gewährleistet ein Halsriemen und der Martingalstopper. An den Zügeln befinden sich Martingalschieber, die verhindern, dass sich die Martingalringe an den Schnallstücken der Zügel festhaken. Das Martingal muss so lang geschnallt sein, dass bei normaler Kopf- und Halshaltung des Pferdes die Zügellinie ungebrochen verlaufen kann. Als ungefährer Anhalt für die Länge gilt: Ringe auf Höhe der Hüfthöcker.

Martingal

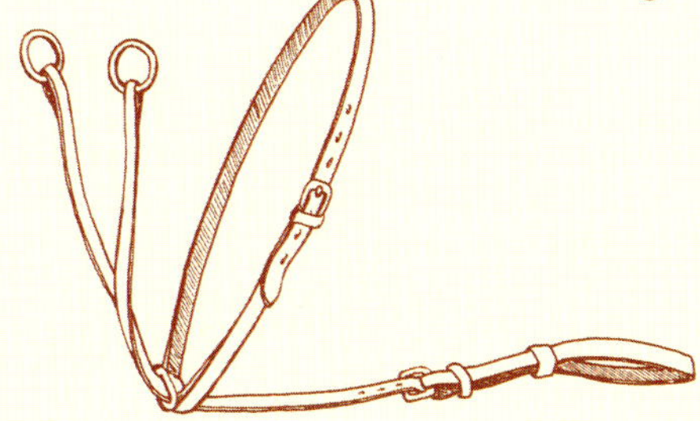

Der Gebrauch des ***Stoßzügels*** ist nur bedingt empfehlenswert, da die Unterhalsmuskulatur im stärkeren Maße tätig und dadurch unerwünscht gekräftigt wird. Wird der Stoßzügel eingesetzt, so läuft er als einzelner Ausbindezügel vom Sattelgurt aus zwischen den Vorderbeinen des Pferdes an einen Verbindungssteg der Trensenringe.
Durch das Verbindungsstück kann es passieren, dass sich das Trensengebiss im Maul aufstellt, gegen den Gaumen drückt und den Unterkiefer einklemmt.

Zubehör

Bandagen und Gamaschen schützen die Pferdebeine gegen äußere Verletzungen, zum Beispiel durch „Streichen" oder Anschlagen an Hindernisse. Sowohl bei jungen Pferden, die ihr Gleichgewicht noch nicht gefunden haben als auch bei der Longenarbeit, beim Freispringen, aber auch bei älteren Pferden können ***Bandagen*** und ***Gamaschen*** die Vorder- und auch die Hinterbeine schützen.
Bandagen sind zirka 1,80 bis 3 m lang und 10 bis 15 cm breit. Sie bestehen entweder aus Wollstoff, Baumwolle oder elastischem Material.

Das Anlegen von ***Bandagen*** muss sachgemäß erfolgen, um Blutstauungen, Druckschäden und Bewegungsstörungen zu vermeiden. Sandkörner, die beim Reiten durch tiefen Sand zwischen Bein und Bandage geraten, verursachen leicht Scheuerstellen und Entzündungen. Bandagen dürfen weder zu fest noch zu lose angelegt werden oder Falten schlagen.

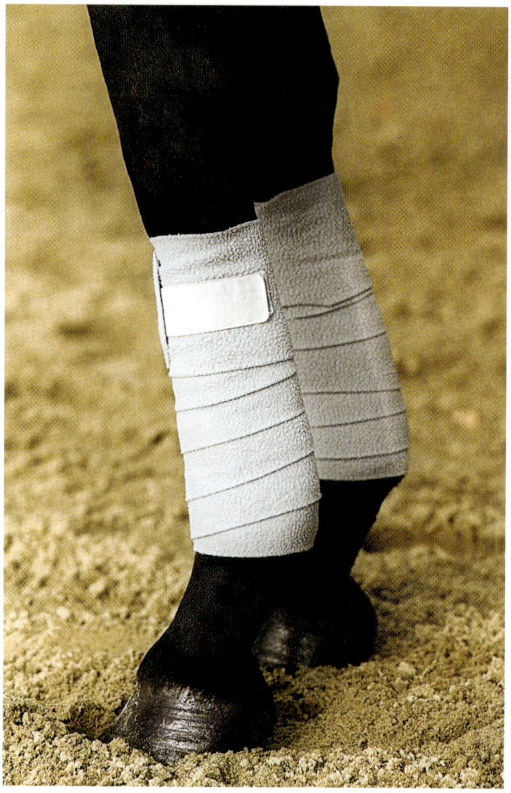

Bandagen

Gamaschen

Die zusätzliche Benutzung von ***Unterlegern*** kann diesem Problem vorbeugen. Bei Bandagen, die mit Bändern versehen sind, dürfen diese nicht straffer sitzen als die Bandage selber. Der Knoten muss jedoch in sich fest gezogen sein, damit er sich nicht löst. Die Enden der Schleife werden hinter die Bänder gesteckt. Bandagen mit Klettverschlüssen sind am einfachsten zu handhaben. Die Knoten beziehungsweise Verschlüsse sollten immer außen am Bein liegen.

Gamaschen, sowohl für die Vorder- als auch für die Hinterbeine, werden aus Filz, Leder oder gebräuchlicherweise aus Kunststoff hergestellt. Sie sind zweckmäßigerweise mit einer Schaumgummieinlage ausgestattet. Die Verschlüsse von Gamaschen schließen grundsätzlich auf der äußeren Seite der Beine von vorne nach hinten. ***Streichkappen*** werden insbesondere bei Spring- und Geländepferden benutzt. Sie schützen die hinteren Fesselköpfe und werden genauso angelegt wie Gamaschen.

Springglocken werden über die Hufe gestülpt und schützen die empfindlichen Kronränder und Ballen. Ein Hineingreifen der Hinterhufe in die vorderen Fesselbeugen kann so verhindert werden. Sie sollten jedoch nicht zu eng anliegen, um Scheuerstellen zu vermeiden.
Bei einer schlechten oder noch wenig ausgeprägten Sattellage des Pferdes kann ein ***Vorderzeug***, ein ***Vorgurt*** oder ein ***Schweifriemen*** Hilfe leisten.

Pflege der Ausrüstung

Ausrüstungsgegenstände guter Qualität sind recht kostspielig, haben aber eine lange Lebensdauer, wenn sie regelmäßig und sachgemäß gepflegt und richtig aufbewahrt werden.
Zur Pflege der Ausrüstungsgegenstände gehört:

- das Säubern nach jedem Gebrauch, Konservierung der Lederteile je nach Nutzung etwa alle 8 bis 14 Tage, besonders der Nähte,
- dabei gründliche Kontrolle auf Schäden bei beweglichen Teilen und Nähten,
- weiterhin etwa zweimal jährlich Generalreinigung aller Gegenstände.

Zur täglichen Reinigung nach dem Gebrauch werden Metallteile mit Wasser von grobem Schmutz befreit und anschließend mit einem Lappen abgetrocknet. Es muss darauf geachtet werden, dass angeschnallte Lederteile (Zügel etc.) nicht nass werden. Lederteile werden mit einem Lappen oder Schwamm vom Schmutz befreit und an der Oberfläche mit Sattelseife abgerieben.

Zur Konservierung der gründlich gereinigten Lederteile werden diese -- selbstverständlich völlig auseinandergeschnallt – eingefettet oder eingeölt. Lederteile, die nicht mit dem Pferd in Berührung kommen oder Teile, die eine gewisse Ständigkeit (Festigkeit) haben, wie zum Beispiel Sattelblätter, sollten nur mit einem Spezialfett dünn eingerieben und eingewalkt werden. Lederteile, die mit dem Pferd in Berührung kommen (Sattelkissen usw.), werden dünn mit einem speziellen Lederöl gepflegt. Leder braucht zum Erhalt seiner festen Faserstruktur Feuchtigkeit. Zweck des Einfettens ist es, diese Feuchtigkeit im Leder zu erhalten. Lederöl hält das Leder geschmeidig, führt aber bei zu starker Anwendung zu einer Aufweichung der Lederfaser und nimmt dem Leder die feste Konsistenz.

Chromlederne Sattelstrupfen und glatte Lederzügel sollten nicht gefettet werden. Schnallen oder Metallteile werden hauchdünn geölt. und sonstige äußere Metallteile können mit einem Metallputzmittel gereinigt werden. Gebissstücke sollten mit chemischen Reinigungsmitteln nicht in Berührung kommen.

Gummiteile und Wildleder werden feucht abgewischt. Woll- und Leinenbandagen wäscht man mit Waschmitteln.

Angerissene Nähte müssen sofort repariert, Metallteile mit Rissen oder scharfen Kanten (zum Beispiel bei der Trense) sofort ausgetauscht werden.

Zur Generalreinigung werden die auseinander geschnallten Lederteile mit lauwarmem Wasser und Pflegemitteln gründlich gereinigt und anschließend luftgetrocknet. Erst dann erfolgt das Einfetten und Einölen wie oben beschrieben.

Die Aufbewahrung von Ausrüstungsgegenständen, insbesondere von Lederteilen, sollte in einem staubfreien, nicht zu trockenen, im Winter beheizbaren Raum erfolgen. Zur Vermeidung von Schimmelbildung empfiehlt sich die Aufbewahrung an einem luftigen Ort sowie gelegentliches Abwischen.

Zaumzeuge werden aufgehängt, Sättel über spezielle Sattelblöcke oder Stangen gelegt. Besonderer Sorgfalt bedarf der Umgang mit Sätteln, damit der Sattelbaum keinen Schaden erleidet. Ausrüstungsgegenstände, die nur selten benutzt werden, können etwas stärker gefettet oder geölt und dann hängend aufbewahrt werden.

2.9 Vorbereitungen zum Reiten

Pferdepflege

Unterbringung, Fütterung und Pflege beeinflussen weitgehend die Leistungsfähigkeit und das Wohlbefinden des Pferdes. Die „Richtlinien für Reiten und Fahren, Band 4: Haltung, Fütterung, Gesundheit und Zucht", geben darüber Auskunft. Jeder Reiter muss wesentliche Grundkenntnisse hierzu erlernen.

Die tägliche Putzpflege bezweckt die Reinigung der Haare und Haut von Staub, Schmutz und Hautabsonderungen wie Schuppen und Schweiß. Zum anderen bewirkt die Reinigung eine Massage, die die Durchblutung der Haut und des Unterhautbindegewebes sowie die Hautatmung fördert. Das Putzen ist also nicht nur ein Reinigungsvorgang, sondern auch eine gesundheitliche Maßnahme, die eine bedeutende Rolle für das Wohlbefinden, die Leistungsfähigkeit und Widerstandskraft des Pferdes spielt.

Pferde genießen das tägliche Putzen.

In der Natur sorgen die Artgenossen durch Knabbern beziehungsweise das Pferd selbst durch Wälzen oder Schubbern dafür. Hier könnte tägliches Putzen sogar schädlich sein, denn eine gewisse Fett- und Staubschicht schützt das Pferd vor Witterungseinflüssen.

Bei der künstlichen Stallhaltung muss der Mensch diese Aufgabe übernehmen. Das Putzzeug besteht aus Kardätsche, Striegel, Wurzelbürste, Lappen aus Wolle oder Leinen, Schwämmen, Mähnenkamm und Hufkratzer. Elektrische Putzgeräte rentieren sich vor allem in größeren Ställen. Sie ermöglichen zeit- und kräftesparendes Putzen. Das Putzen erfolgt im Freien oder auf der Stallgasse. Das beidseitige Anbinden des Pferdes am Halfter verhindert Spielereien und Untugenden. Die Anbringung am Haltering und am Halfter muss leicht zu lösen sein. Dazu eignen sich Spezialhaken (Panikhaken) oder leicht lösbare Halteknoten, die auch bei Belastung, wenn das Pferd daran zieht, mit einem Handgriff zu lösen sind. Das Aufrauen des Felles und die Beseitigung stärkerer Schmutzkrusten erfolgt zunächst behutsam mit Hilfe eines Gummi- oder Kunststoffstriegels. Bei Benutzung eines Eisenstriegels werden die Körperteile ausgespart, an denen sich keine Fleischpolster befinden (zum Beispiel Kopf, Gliedmaßen und Hüftknochen).

Nach dem Durchstriegeln wird das Fell mit der Kardätsche vom Kopf aus in Haarrichtung geputzt. Die Kardätsche streift man jedesmal am Striegel ab. Der mit Staub gefüllte Striegel wird von Zeit zu Zeit am Boden ausgeklopft. Durch abschließendes Abwischen mit einem Lappen können letzte Staubreste aus dem Fell entfernt werden.

Augenwinkel, Nüstern, Maulspalte, Unterseite der Schweifrübe, Schlauch, Euter und After müssen nach Bedarf mit einem Schwamm ausgewaschen werden. Für Kopf und After sollten zwei verschiedene Schwämme vorhanden sein. Sie sollten häufig in heissem Wasser gründlich gespült werden. Auch das übrige Putzzeug sollte regelmäßig gründlich gereinigt werden.

Nach anstrengender Arbeit kann das Pferd bei entsprechenden Witterungsverhältnissen behutsam abgewaschen werden. Insbesondere das Auswischen der Sattellage mit einem angefeuchteten Schwamm erhöht das Wohlbefinden des Pferdes und erleichtert das Putzen.

Pflege der Langhaare

Der Schweif wird mit der Hand verlesen. In den Schweif selbst gehören weder Kamm noch Bürste, da man mit ihnen zu viele Haare ausreißt. Nach Bedarf kann der Schweif mit warmem Wasser oder auch mit Spezialshampoo gewaschen werden. Die Mähne wird mit dem Mähnenkamm gekämmt oder mit einer angefeuchteten Bürste angebürstet. Unter normalen Gegebenheiten führt das Eindecken im Stall zur Verweichlichung und zur Minderung der Widerstandskraft gegen Erkältungen. Bei Pferden mit dichtem Winterhaar und bei Pferden, die in der Arbeit stark schwitzen, kann jedoch das Scheren und entsprechendes Eindecken besser sein. Bei feuchtkalter Witterung trocknet sonst das Fell nur langsam, und die Gefahr der Erkältung vergrößert sich.

Aufzäumen

Frei in Boxen laufende Pferde werden vor dem Satteln aufgezäumt. Bei in Ständern stehenden Pferden, beziehungsweise in der Stallgasse angebundenen Pferden ist es zweckmäßig, zuerst den Sattel aufzulegen.

Zum ***Auftrensen*** wird das Zaumzeug geordnet in der linken Hand gehalten.

- Der Reiter tritt von links an das Pferd heran.
- Der rechte Unterarm umfasst den Pferdekopf.
- Steht das Pferd ruhig, wird zunächst mit dem rechten Arm der Zügel über den Pferdehals gestreift.
- Die rechte Hand liegt auf dem Nasenrücken, während das Sattelhalfter abgestreift wird.
- Die rechte Hand geht wieder auf den Nasenrücken zurück und übernimmt dann aus der linken Hand die Trense.
- Das Gebiss wird mit der flachen linken Hand vor das Maul geführt.
- Der Daumen öffnet durch leichten Druck an den Leftzen die Laden.
- Daraufhin wird mit der rechten Hand die Trense vorsichtig hochgenommen, sodass das Gebiss langsam ins Maul gleiten kann, ohne dabei die Zähne anzuschlagen.
- Die rechte Hand zieht dann das Kopfstück ganz hoch und streift es, eventuell unter Mithilfe der jetzt frei werdenden linken Hand, einzeln über die Ohren des Pferdes.
- Der Schopf wird über den Stirnriemen gelegt und die Mähne unter dem Genickstück geordnet.

Abschließend werden Kehlriemen und Reithalfter geschlossen.

Das Zaumzeug ist richtig verpasst, wenn das Gebiss dicht an den Maulwinkeln des Pferdes liegt und zwei Falten in den Leftzen entstehen. Das Kopfstück liegt dicht hinter den Ohren, ohne an

Das Aufzäumen: Nachdem das Halfter abgenommen w

t das Auflegen der Trense in folgenden Schritten:

diesen zu scheuern. Dabei ist auch auf einen genügend großen Stirnriemen zu achten. Der Kehlriemen wird so weit geschnallt, dass etwa eine aufrecht gestellte Hand zwischen dem Kehlgang des Pferdes und dem Riemen Platz hat.

Der Nasenriemen des hannoverschen Reithalfters liegt etwa vier Fingerbreit oberhalb der Nüsternränder und wird nur so eng geschnallt, dass das Pferd bequem auf dem Gebiss kaut, ohne jedoch das Maul aufsperren zu können. Die kleinen Ringe des Reithalfters müssen vor dem Gebissstück liegen, andernfalls ist der Nasenriemen zu lang. Die Schnalle des Reithalfter-Nasenriemens in der Kinngrube des Pferdes muss seitlich der Kieferäste liegen und darf nicht auf diese drücken. Der Nasenriemen des englischen oder kombinierten Reithalfters liegt mit seiner oberen Kante etwa ein Fingerbreit unterhalb der Jochbeinleiste und wird so geschnallt, dass mindestens ein Finger zwischen Nasenbein des Pferdes und Nasenriemen Platz hat.

Zum ***Aufzäumen der Kandare*** wird in der gleichen Art wie beim Aufzäumen mit Trense verfahren. Wegen des ungebrochenen Kandarengebisses ist besondere Sorgfalt beim Einschieben der Gebisse geboten.

- Die Unterlegtrense wird genauso verschnallt wie das Trensengebiss.
- Die Breite der Kandare muss so gewählt werden, dass an beiden Seiten der Maulwinkel noch etwa ein halber Zentimeter Platz ist. Zu breite Kandarenmundstücke verschieben sich im Pferdemaul und wirken dann nur einseitig auf eine Lade. Zu enge Kandaren scheuern an den Leftzen. Das Kandarenmundstück liegt unterhalb der Unterlegtrense, es darf aber nicht so tief geschnallt sein, dass bei Hengsten oder Wallachen die Hakenzähne berührt werden.
- Die Kinnkette muss nach rechts glatt ausgedreht sein und in der Kinngrube liegen, also in gleicher Höhe wie das Kandarenmundstück. Sie wird mit dem letzten Glied so in den rechten Kinnkettenhaken eingelegt, dass dieses Glied rechts ausgedreht verbleibt und ein eventuell übrig bleibendes Kettenglied auf der linken Seite außerhalb des linken Hakens herabhängt. Weitere übrig bleibende Glieder werden auf beide Seiten gleichmäßig verteilt. Bei ungerader Zahl kommt die Mehrzahl auf die linke Seite.

Die Kinnkette wird so eingehängt, dass bei angenommenem Kandarenzügel die Hebelwirkung eintritt, wobei die Unterbäume mit der Maulspalte

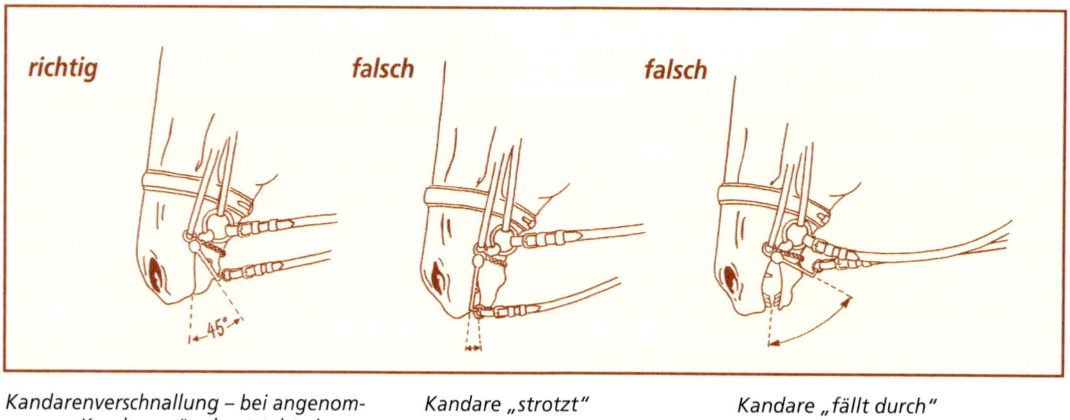

Kandarenverschnallung – bei angenommenem Kandarenzügel entsteht ein Winkel von etwa 45 Grad.

Kandare „strotzt"

Kandare „fällt durch"

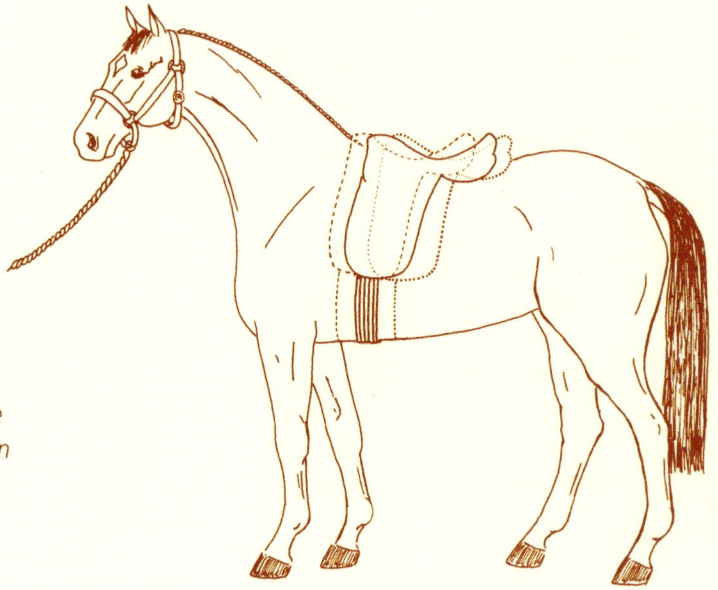

des Pferdes einen Winkel von etwa 45 Grad bilden. Erreichen die Unterbäume diese Winkelung nicht, sondern bleiben näher an der Maulspalte, so ist die Kinnkette zu stramm eingelegt, die Kandarenwirkung zu stark (die Kandare „strotzt"). Wird die Kinnkette zu lang eingelegt, so entsteht ein größerer Winkel, das heisst die Unterbäume gehen näher an die Kinngrube. Die Stange wirkt anstatt auf die Laden auf die Maulwinkel, also fehlerhaft (die Kandare „fällt durch"). Bei empfindlichen Pferden empfiehlt sich eine Kinnkettenunterlage aus Gummi oder Leder.

Satteln

Vor dem Satteln müssen die Steigbügel immer am unteren Riemen hochgezogen sein und der rechts eingeschnallte Sattelgurt über dem Sattel liegen. Der Sattel wird etwa in Höhe des Widerristes aufgelegt, von wo er dann in Fellrichtung in die „Sattellage" geschoben wird.

Besondere Aufmerksamkeit ist auf die richtige Lage der Satteldecke zu legen. Die Sattelunterlage kann je nach Zweck, Material und Befestigungsmöglichkeiten vorher am Sattel befestigt werden oder erst nach Auflegen auf dem Pferd. Es dürfen sich keine Falten unter dem Sattel befinden, und die Unterlage muss sich nach oben in die Sattelkammer schmiegen. Dieses „Einkammern" muss so geschehen, dass die Unterlage auch beim Nachgurten nicht wieder nach unten auf den Widerrist des Pferdes rutscht und dort eventuell einen Druck erzeugt.

Nach dem Auflegen des Sattels tritt der Reiter auf die rechte Seite des Pferdes, nimmt den Sattelgurt herunter und kontrolliert dessen glatte, unverdrehte Lage unter dem Sattelblatt. Dann wird der Sattelgurt – jetzt wieder von der linken Seite des Pferdes – zunächst nur leicht angegurtet. Bei richtiger Lage des Sattels liegt der Gurt etwa eine Handbreit hinter den Ellenbogenhöckern des Pferdes. Erst wenn der Sattel einige Minuten auf dem Pferderücken leicht angegurtet gelegen hat, wird er etwas fester angezogen.

Führen des Pferdes – vor dem Wenden nach rechts wird die linke Hand erhoben.

Führen des Pferdes an der Hand

Beim Führen eines gesattelten Pferdes werden die Steigbügel am unteren Riemen hochgezogen. Die Bügelriemen werden durch die Bügel gesteckt und so gegen ein Herunterrutschen gesichert. Das Pferd könnte sich sonst infolge baumelnder Steigbügel erschrecken oder herunterhängende Bügel könnten am Ellenbogen des Pferdes anschlagen beziehungsweise an Türklinken hängen bleiben.

Ein Pferd wird grundsätzlich von der linken Seite geführt. Die Zügel sind vom Hals heruntergenommen, die rechte Hand ergreift die durch den Zeige- und Mittelfinger geteilten Trensenzügel etwa eine Handbreit hinter den Trensenringen, der rechte Trensenzügel wird etwas kürzer gefasst. Die Zügelenden werden doppelt zusammengelegt, liegen in der vollen rechten Hand und werden vom Daumen festgehalten.

Soll das Pferd mit Hilfszügeln geritten werden, so sind diese erst in der Reitbahn zu befestigen. Beim Führen werden die Ausbinder in die seitlichen Ösen des Sattels gehakt; beim Martingal werden die Zügel noch nicht durch die Ringe geführt. Mit besonderer Sorgfalt muss verfahren werden, wenn mehrere Pferde hintereinander geführt werden. Ein Sicherheitsabstand von etwa zwei Pferdelängen (zirka 5 m) ist einzuhalten. Hierauf muss der Ausbilder immer wieder hinweisen. Sollen Pferde nur kurze Strecken geführt werden, beispielsweise von der Reitbahn in den nahe gelegenen Stall, können die Zügel auch über dem Hals des Pferdes liegen bleiben. Dieses gilt aber nur innerhalb eingegrenzter Plätze oder in Gebäuden, sonst muss der Zügel immer heruntergenommen werden.
Ist das Pferd auf Kandare gezäumt, werden die Trensenzügel vom Hals heruntergenommen, während die Kandarenzügel auf dem Hals liegen bleiben. Auf kurzen Strecken können eventuell beide Zügelpaare auf dem Hals verbleiben. Dann werden aber beide Trensenzügel zum Führen angefasst.

Beim Führen von Pferden – auch beim Vorführen, dem so genannten „Mustern" – werden Wendungen immer rechtsherum ausgeführt. Dadurch wird die Gefahr gemindert, dass das Pferd den Führenden überholt und ihm bei eventuellem Scheuen in die Beine läuft. Um das Pferd zu wenden, wird die linke Hand erhoben und mit der rechten Hand ein leichter Druck mit dem rechten Zügel ausgeübt. Bei einem erschreckenden Pferd darf der Führer die Zügel möglichst nicht durchgleiten lassen, sondern sollte mit beruhigender Stimme und erhobener linker Hand das Pferd wieder zur Ruhe bringen.

KAPITEL 3

Grundausbildung des Reiters

3.1 Einteilung der Ausbildung

Neben dem Vertrautmachen mit dem Pferd steht am Anfang der Reitausbildung die Sitzschulung an der Longe. Unter Aufsicht des Reitlehrers müssen die Anfänger zunächst das Gefühl für Gleichgewicht und eine losgelassene Körperhaltung in den drei Grundgangarten des Pferdes üben und erwerben, ohne mit der Lenkung und Beherrschung des Pferdes beschäftigt zu sein. Der mit der Sitzschulung verbundene relativ große Zeitaufwand wird durch erhöhte Sicherheit für den Reitanfänger und schnellere Fortschritte in der Ausbildung reichlich wettgemacht.

Für den Reitanfänger und seine Grundausbildung sollte am besten ein gut passender Vielseitigkeitssattel zur Verfügung stehen, in dem er sowohl den Grundsitz als auch den leichten Sitz erlernen kann. Eine frühzeitige Verwendung von Spezialsätteln ist nicht notwendig.

Sind die Grundlagen in Bezug auf Sitz und Hilfengebung nach einigen Unterrichtseinheiten erreicht, kann eine Einteilung in kleine Gruppen von zirka sechs bis acht Reitern etwa gleicher Ausbildungsstufe erfolgen. Jede Gruppe sollte durch einen erfahrenen Reiter angeführt werden (Tetenreiter); so wird das Erlernen der Kommandos und Hufschlagfiguren wesentlich erleichtert. Innerhalb der Gruppe kann sich manchmal ein vorübergehendes Umsitzen der besseren Reiter auf die schwierigen Pferde empfehlen.

Der Reitlehrer sollte gelegentlich die in der Ausbildung verwendeten Pferde selbst reiten, um über ihre Eigenarten informiert zu sein und sie gegebenenfalls auch zu korrigieren. Geeignete Lehrpferde müssen sowohl für den Reitanfänger als auch für die weitere Ausbildung zur Verfügung stehen.

Merke:
Das geschulte Pferd ist der beste Lehrmeister.

In der Abteilung reitet der Anfänger zunächst mit Steigbügeln, bis das Gefühl der Sicherheit und des Vertrauens gewonnen ist. Erst dann sollten die Steigbügel für einen Teil der Reitstunde hochgeschlagen werden. Solange ein Reiter noch nicht in der Lage ist, durch richtige Einwirkung das Pferd in Anlehnung zu reiten, empfiehlt sich der Gebrauch von Ausbindezügeln.

Die Vorführung gut gerittener Pferde unter bewährten Reitern mit erklärenden Worten des Reitlehrers kann – ebenso wie der gemeinsame Besuch eines Reitturniers – anregend wirken und das Allgemeinverständnis und die Motivation der „Reitneulinge" fördern.

Für Kinder sind Voltigierstunden besonders geeignet, um sie frühzeitig mit dem Pferd vertraut zu machen. Das Reiten auf Reitponys erleichtert dem jugendlichen Reitanfänger den Beginn erheblich. Voltigiergruppen und Ponyabteilungen sollten daher in jeder Reitschule und bei jedem Reitverein eine ständige Einrichtung sein.*

Hat der Reitanfänger in der Halle genügend Sicherheit gewonnen, so kann mit dem Erlernen des leichten Sitzes, mit ersten Springübungen und dem Reiten im Freien begonnen werden.

Eine vielseitige Grundausbildung und ein abwechslungsreicher Unterricht sind die besten Garanten, um dem Reitanfänger sowohl Fertigkeiten als auch Freude im Sattel zu vermitteln.

* *Über das Voltigieren und die Voltigierausbildung informiert aus der Reihe „Richtlinien für Reiten und Fahren" der Band 3: Voltigieren. Für das Reiten auf Ponys haben die im Folgenden zusammengestellten Ratschläge und Erläuterungen in vollem Umfang Gültigkeit.*

3.2 Sitz und Sitzschulung

Auf- und Absitzen

Zum Auf- und Absitzen in der Reitbahn oder auf dem Reitplatz sollte jeder Reiter sich angewöhnen, sein Pferd immer korrekt auf die Mittellinie beziehungsweise in die Zirkelmitte zu stellen. Er muss darauf achten, dass es ruhig stehen bleibt, bis er aufgesessen hat und zum Anreiten fertig ist.

Die an ihren Enden zusammengeschnallten Zügel liegen auf dem Hals des Pferdes. Bei allen vor dem eigentlichen Aufsitzen erforderlichen Verrichtungen wie Herunterziehen der Steigbügel, Verpassen der richtigen Bügellänge oder Nachgurten hält der Reiter immer einen Arm durch den Zügel gesteckt. Ein Pferd frei stehen zu lassen, ist sträflicher Leichtsinn, auch das ruhigste und besterzogene Pferd kann einmal erschrecken, weglaufen und dann sich selbst und anderen großen Schaden zufügen.

Die passende Bügellänge muss vor dem Aufsitzen eingestellt werden. Ein ungefähres Maß ist die Armlänge. Der Reiter berührt mit seinem Mittelfinger den Dorn der Bügelriemenschnalle an der Sturzfeder und hält dann den Steigbügel unter seinen ausgestreckten Arm. Berührt der Bügel bei straff gezogenem Bügelriemen die Achselhöhle, ist das Maß in etwa richtig.

Zum Aufsitzen stellt sich der Reiter auf die linke Seite des Pferdes, normalerweise den Rücken in Richtung Pferdekopf.

- Die linke Hand ergreift die Zügel über den Mähnenkamm, sodass der linke Zügel zwischen kleinem Finger und Ringfinger und der rechte Zügel in der vollen Hand liegen. Beide Zügel stehen leicht an, beziehungsweise bei unruhigen Pferden der rechte etwas mehr.
- Der Reiter tritt so viel rechts seitwärts zurück, dass er den linken Fuß in den Bügel setzen kann.

1

2

- Die Zügelhand greift in die Mähne, während die rechte Hand den Bügelriemen erfasst und quer zum Pferd dreht.

- Der linke Fuß wird bis hinter den Ballen in den Bügel gesetzt und das linke Knie an den Sattel angelehnt, damit die Fußspitze das Pferd nicht berührt.

- Der Reiter hebt sich auf den Ballen des rechten Fußes, ergreift mit der rechten Hand den Hinterzwiesel, hält sich an der Mähne oder in der Sattelkammer fest, tritt mit dem linken Fuß in den Bügel, drückt das linke Knie an den Sattel und federt mit einem kräftigen Schwung mit dem rechten Fuß, unter Vorneigen des Oberkörpers in die Höhe.

- Die rechte Hand wird als Stütze auf den Vorderzwiesel gesetzt, während das rechte Bein langsam über die Kruppe schwingt und das Gesäß vorsichtig in den Sattel gleitet.

- Der rechte Fuß wird in den Bügel gesetzt und die Zügel werden geordnet.

Das Aufsitzen kann auch von einem Holzklotz oder Schemel aus erfolgen. Dies ist gerade für ältere Reiter vorteilhaft, schont aber auch den Rücken des Pferdes. Ehe der Reiter anreitet, sollte er mit den Zügeln in beiden Händen das Pferd erst einige Zeit stillstehen lassen.

Ist das Pferd auf Kandare gezäumt, werden die Kandarenzügel durch den Ringfinger getrennt, während der linke Trensenzügel unter dem kleinen Finger durch die volle Hand und der rechte Trensenzügel zwischen Mittelfinger und Zeigefinger verlaufen. Alle vier Zügel werden durch den Daumen auf dem Zeigefinger gehalten.

Zum Nachgurten wird der Schenkel vor das Sattelblatt gelegt – der Fuß bleibt im Bügel.

Das nochmalige Nachgurten des Sattels sollte erst nach einiger Zeit im Schritt erfolgen, da das Pferd sich dabei weniger spannen kann und keine eventuellen Falten in der Haut eingeklemmt werden. Hierzu nimmt der Reiter im Schritt die Zügel in eine Hand, legt den Unterschenkel der Seite, an der der Gurt nachgezogen werden soll, über die Sattelpausche. Der Fuß bleibt im Steigbügel und mit der freien Hand werden die Sattelstrupfen einzeln verkürzt.

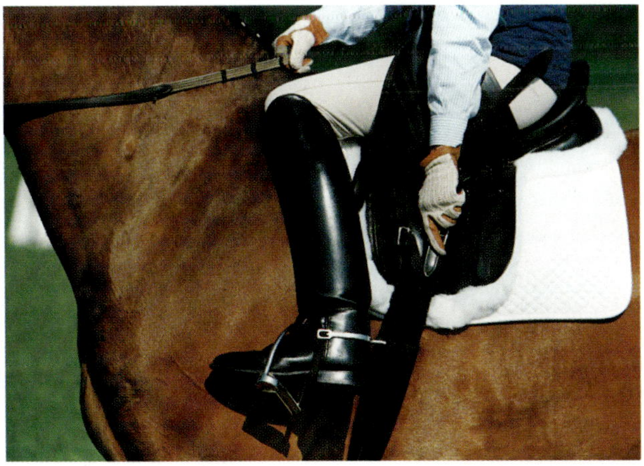

Beim Nachgurten werden die Sattelstrupfen einzeln verkürzt.

Auch zum Absitzen sollte der Reiter sein Pferd ordnungsgemäß hinstellen.

- Der Reiter stützt sich mit der linken Hand, in der er die geordneten Zügel hält, auf den Mähnenkamm und mit der rechten Hand auf den Vorderzwiesel,
- der rechte Fuß wird aus dem Bügel genommen und vorsichtig über den Pferderücken geschwungen.
- Nach dem Herübernehmen des rechten Beines lässt sich der Reiter entweder:
  - federnd auf den rechten Fuß nieder, wobei das linke Knie am Sattel liegen bleibt. Der linke Fuß wird aus dem Bügel gehoben und neben den rechten gestellt.
  - Oder er stützt sich mit beiden Händen auf den Sattel auf, nimmt den linken Fuß ebenfalls aus dem Bügel und lässt sich geschmeidig zu Boden gleiten.

Beide Steigbügel werden am unteren Steigbügelriemen hochgeschoben und der Sattelgurt um einige Löcher verlängert. Auch bei und nach dem Absitzen darf der Reiter das Pferd niemals loslassen, sondern muss einen Arm durch die Zügel stecken, um so eventuelle Unfälle durch Erschrecken des Pferdes zu verhindern.

Sitz des Reiters

Der richtige Sitz ist Grundlage jeder reiterlichen Einwirkung. Der Reiter muss lernen, sich auf dem Pferd auszubalancieren. Nur dann kann er mit dem Pferd auch in unterschiedlichen Situationen zu einem gemeinsamen Gleichgewicht finden. Durch geschmeidiges und zwangloses Sitzen schwingt der Reiter mit den Bewegungen des Pferdes mit, ohne sich dabei festzuklammern oder zu verkrampfen.

Merke:
Je nach Situation gibt es in den verschiedenen Sitzarten unterschiedliche be- und entlastende Sitzformen.

Es werden folgende Sitzarten unterschieden:
- der Dressursitz (Grundsitz),
- der leichte Sitz,
- der Rennsitz.

Im Dressursitz wird der Pferderücken vermehrt belastet, im leichten Sitz und im Rennsitz wird der Pferderücken vorwiegend entlastet. Zwischen der Be- und Entlastung des Pferderückens bestehen je nach Situation fließende Übergänge in den einzelnen Sitzarten. Es bedarf einer langen und systematischen Ausbildung des Reiters, um in der jeweiligen Sitzart die genaue Anpassung an Tempo und Schwerpunktverlagerung des Pferdes zu erreichen. Sitzübungen sowohl für den Dressursitz als auch für den leichten Sitz sind wichtig, um das notwendige Gleichgewicht und die erforderliche Kondition zu erhalten.

Merke:
Der ausbalancierte und losgelassene S ist Voraussetzung f korrekte Hilfengebung und Einwirkung auf das Pferd.

Dressursitz

Der Dressursitz, auch als Grundsitz bezeichnet, ist die Basis aller Sitzformen. Ihm ist beim Reitanfänger die größte Aufmerksamkeit zu widmen. Der Dressursitz wird in der dressurmäßigen Arbeit und Ausbildung von Pferd und Reiter angewandt. In der Vorbereitung für das Springen und das Geländereiten wird er daher auch mit verkürzten Bügeln eingesetzt.

Der Dressursitz

Der Dressursitz wird geringfügig durch den Körperbau des Reiters sowie durch die Größe und Rippenwölbung des Pferdes variiert. Der Reiter sitzt aufrecht im Sattel, sodass ein vom Ohr über Schulter und Hüftgelenk gefälltes Lot auf das Fußgelenk trifft (kurz: Schulter, Hüfte, Absatz).

Das Gesäß ruht mit unverkrampften Muskeln im tiefsten Punkt des Sattels. Die Last des Körpers wird auf beide Gesäßhälften und die innere Oberschenkelmuskulatur gleichmäßig verteilt. Werden Gesäß- oder Oberschenkelmuskulatur fälschlicherweise angespannt, hebelt sich der Reiter aus dem tiefsten Punkt des Sattels. Er sitzt „über dem Pferd".

Die Oberschenkel sind beim losgelassen sitzenden Reiter leicht nach innen geneigt, sodass das Knie flach am Sattel anliegt. Sie werden so weit zurückgenommen, wie es mit dem Sitz auf beiden Gesäßknochen vereinbar ist. Hierdurch wird eine tiefe Lage der Knie erzielt, die von besonderer Wichtigkeit ist, weil sie die richtige Lage und Einwirkung der Schenkel ermöglicht und den Reiter tiefer in den Sattel bringt.
Ein Verdrehen der Oberschenkel nach innen oder außen gefährdet die Losgelassenheit des Reiters und verhindert ein tiefes Einsitzen.
Das Knie wird so weit angewinkelt, dass sich der Fuß, von der Seite gesehen, unter dem Schwerpunkt des Reiters befindet. Durch das korrekte Bügelmaß wird die notwendige leichte Winkelung im Knie sichergestellt.

Durch zu lange Bügel kann der Spaltsitz entstehen. Das Bein wird zu sehr gestreckt, der Reiter sitzt nicht mehr auf dem Gesäß – sondern vermehrt auf den Oberschenkeln – und kann nicht genügend mit den Unterschenkeln vorwärts treiben.
Durch das ständige Reiten mit zu kurzen Bügeln besteht die Gefahr des Stuhlsitzes. Es kann den Reiter auch dazu verleiten, nicht genügend im Sattel „Platz zu nehmen". Die Unterschenkel liegen dann eventuell zu weit vorne und der Reiter kann dadurch nicht mehr genügend treiben.

Die Unterschenkel werden vom Knie aus, je nach Länge der Beine des Reiters, mehr oder weniger schräg nach rückwärts am Pferdeleib angelegt und halten mit der Innenseite der Wade weiche Fühlung. Der Unterschenkel liegt dadurch geringfügig hinter dem Sattelgurt, sodass die Senkrechte: Schulter-Hüfte-Absatz gewahrt bleibt.

Die Füße ruhen dicht vor ihrer breitesten Stelle in natürlicher Haltung im Bügel, annähernd parallel zum Pferdeleib. In der Bewegung federt das Fußgelenk etwas nach unten durch. Der Absatz wird dadurch zum tiefsten Punkt des Reiters. Krampfhaftes Einwärtsdrehen der Fußspitzen ist ebenso fehlerhaft wie ein Verdrehen nach außen oder ein übertriebenes Herabdrücken des Absatzes.

Der Reiter sitzt mit aufrechtem Oberkörper ungezwungen in der Mitte des Sattels. Um sich sicher ausbalancieren zu können, muss der Reiter ein seitliches Einknicken in der Hüfte vermeiden. Die Wirbelsäule bleibt also genau über der Mitte des Sattels und wird in ihrer natürlichen, doppelten S-Form belassen. Ein runder Rücken oder ein Durchbiegen der Wirbelsäule (Hohlkreuz) machen den Sitz steif und ziehen Mängel bei der Hilfengebung nach sich.

Der Reiter sitzt gestreckt, ohne sich zu verkrampfen. Der Oberkörper ist so weit gespannt, dass einerseits seine Haltung sicher, andererseits aber ein elastisches Mitschwingen mit der Pferdebewegung möglich ist. Dazu muss das Becken des Reiters den Bewegungen des Pferderückens folgen. Dies wird auch als „Mitschwingen in der Mittelpositur" bezeichnet. Nur so kann der Reiter tief und geschmeidig im Sattel sitzen und sich mit dem Pferd in Bewegungsharmonie befinden.

Merke:
Erst der losgelassene und ausbalancierte Sitz ermöglicht dem Reiter, seine Schenkel- und Zügelhilfen unabhängig von den Bewegungen seines Rumpfes zu geben. Für die richtige, effektive Hilfengebung ist dies eine unabdingbare Voraussetzung.

Die elastische, sich dem jeweiligen Bewegungsablauf des Pferdes anpassende Gesamtspannung des Oberkörpers ist gemeint, wenn vom Reiten mit „mäßig angespanntem Kreuz"* gesprochen wird. Dabei wird die Rumpfmuskulatur des Reiters mehr oder weniger automatisch an- und abgespannt. Der Kopf wird frei und aufrecht getragen. Der Blick ist geradeaus über die Pferdeohren gerichtet. Ein vorgestrecktes oder angezogenes Kinn beeinträchtigt die Elastizität des Oberkörpers und damit auch das „Mitschwingen in der Mittelpositur".
Die Schultern sind natürlich und zwanglos zu halten und so zurückzunehmen, dass sich die Brust leicht wölbt. Die Oberarme hängen aus den Schultern unverkrampft herab und sind etwas vor der Senkrechten. Die Unterarme lehnen sich mit dem Ellenbogengelenk leicht an den Leib an. Ein Anklemmen bewirkt oftmals ein Hochziehen der Schultern und führt zu einer starren Handhaltung. Das Abspreizen der Ellenbogen beeinträchtigt die Geschmeidigkeit im Sitz und die Unabhängigkeit der Zügelführung. Die Hände sind unverkrampft zur Faust geschlossen. Sie werden aufrecht getragen, weil nur aus dieser Haltung heraus feine Zügelhilfen aus dem Handgelenk möglich sind. Die mäßig gekrümmten Daumen liegen dachförmig auf den Zügelenden und verhindern ein unkontrollierten Durchrutschen der Zügel. Unterarm-Zügel-Pferdemaul sollen immer eine gerade Linie bilden sowohl aus der Sicht des Reiters als auch von der Seite betrachtet. Wird diese Linie eingehalten, kann der Reiter korrekte, gefühlvolle Zügelhilfen geben und weich auf das Maul einwirken.

** Der Begriff „Kreuzanspannen" ist sportphysiologisch nicht ganz korrekt, da der Mensch keine Kreuzmuskulatur hat. In der Tradition der klassischen Reiterei ist dieser Ausdruck jedoch so eingeprägt, dass er als Synonym für das An- und Abspannen der Rumpfmuskulatur (Bauch- und tiefe untere Rückenmuskulatur) und die dadurch entstehenden Kippbewegungen des Beckens seine Berechtigung hat (siehe auch Seite 78).*

Leichter Sitz

Der leichte Sitz hat ein großes Anwendungsgebiet. Der Reiter entlastet dabei den Pferderücken, wie z.B. beim Reiten über Sprünge, beim Reiten im Gelände und beim Reiten junger Pferde. Je nach Situation und Grad der Entlastung ergeben sich auch andere Bezeichnungen für den leichten Sitz, wie z.B. Remontesitz, Entlastungssitz, Geländesitz, Springsitz.

Der leichte Sitz wird im Springsattel oder auch Vielseitigkeitssattel geritten, die durch ihre Form und die vorgeschobenen Pauschen eine korrekte Ausführung ermöglichen. Der Bügel ist im Vergleich zum Dressursitz deutlich verkürzt. Das Maß der Verkürzung ist individuell bedingt und auf die jeweilige Situation abgestimmt. Bei geringerer Entlastung mögen 2 bis 3 Löcher genügen, während für eine ausgeprägtere Entlastung beziehungsweise die Freigabe des Pferderückens zirka 4 bis 5 Löcher erforderlich sind (z.B. beim Spring- und Geländereiten).

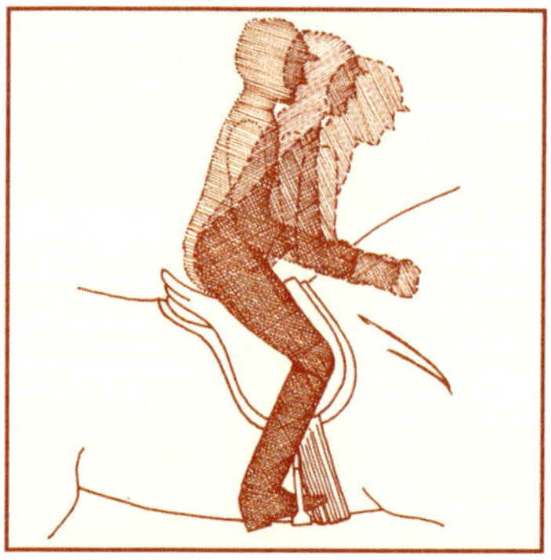

Der Reiter gibt die aufrechte Haltung des Oberkörpers auf und neigt sich aus der Hüfte heraus mehr oder weniger nach vorne. Das Gewicht des Reiters wird vermehrt von Oberschenkel, Knie und Absatz aufgenommen. Das Gesäß bleibt bei der geringeren Entlastung so dicht wie möglich am Sattel, weil der Reiter so am sichersten im Gleichgewicht sitzen kann. Bei höherem Tempo, beim Springen und einer entsprechend ausgeprägteren Entlastung kommt das Gesäß vermehrt aus dem Sattel heraus.

... im Grundtempo

... mit vermehrter Belastung zum Aufnehmen des Pferdes.

Verschiedene Entlastungsgrade im leichten Sitz ...

... mit vermehrter Entlastung beim Reiten eines höheren Tempos.

Merke:
Der Reiter kann sich im leichten Sitz besonders gut den wechselnden Situationen der Schwerpunktverlagerung und des Tempos anpassen. Zwischen den unterschiedlichen Ausprägungen der Entlastung sind die Übergänge fließend.

Auch im leichten Sitz muss der Reiter in der Mittelpositur elastisch bleiben. Ein steifer oder zu unruhiger Oberkörper ist fehlerhaft und stört das gemeinsame Gleichgewicht von Pferd und Reiter.
Bedingt durch den kürzeren Bügel entsteht im leichten Sitz eine stärkere Winkelung im Knie. Durch einen festen Knieschluss sitzt der Reiter jederzeit sicher im Sattel.

Die Unterschenkel liegen am Gurt und halten mit der flachen Wade Kontakt zum Pferdeleib. Durch die anliegende Wade kann der Reiter die richtige treibende Einwirkung erzielen. Ein Zurückrutschen der Unterschenkel beeinträchtigt die Balance des Reiters erheblich. Im Sprung führt dieser Fehler oftmals dazu, dass sich der Reiter zu früh wieder aufrichtet, um nicht vornüber zu fallen. Dadurch wird das Pferd im Rücken gestört.

Der Bügel wird mit dem Fuß etwas weiter aufgenommen, und zwar an der breitesten Stelle des Ballens. Der Fuß muss stets unter dem Schwerpunkt bleiben, sodass der Reiter jederzeit ausbalanciert ist.

Der Absatz ist der tiefste Punkt. Ein leicht durchgedrücktes und elastisches Fußgelenk gewährleistet eine sichere und elastisch federnde Stütze und eine feste Lage des Unterschenkels. Bei hochgezogenen Absätzen wird die Bewegung nicht genügend abgefedert, die Unterschenkel rutschen nach hinten und der Reiter kommt vor die Bewegung des Pferdes.

Merke:

Die fest an den Sattelpauschen anliegenden Knie, die ihre Lage unverändert haltenden Unterschenkel und die nach unten federnden Absätze bilden das Fundament dieser Sitzform.

Das Vorneigen des Oberkörpers geschieht ausschließlich aus dem Hüftgelenk heraus. Die natürliche Haltung der Wirbelsäule wird beibehalten; ein runder Rücken oder ein Hohlkreuz sind zu vermeiden.

Aus den Schultergelenken heraus werden die Oberarme und Ellenbogen etwas vor den Körper genommen. Die Unterarme werden so gehalten, dass die Linie Unterarm – Zügel – Pferdemaul möglichst eine Gerade bildet. Auch im leichten Sitz müssen Zügel- und Schenkelhilfen unabhängig von den Bewegungen des Rumpfes gegeben werden können.

Die Hände werden aufrecht beiderseits des Halses vor dem Widerrist getragen. Das Zügelmaß muss dem Entlastungsgrad und dem Vorneigen des Oberkörpers entsprechen.
Der Kopf wird frei und aufrecht getragen, der Blick ist nach vorne gerichtet.

Beim Springreiten muss der Reiter besonders gut im Gleichgewicht sitzen, um in den verschiedenen Phasen der Entlastung über dem Hindernis mit den Bewegungen des Pferdes mitgehen zu können. Dabei sind folgende Punkte zu beachten:

Absprungphase – Der Reiter geht geschmeidig mit der Bewegung des Pferdes mit. Die Hand geht in Richtung Pferdemaul vor.

- Im Absprung bleibt der Reiter aus dem leichten Sitz heraus geschmeidig in der Hüfte nach vornüber geneigt. Der Reiter bringt dabei genügend Druck in den Absatz, sodass der Unterschenkel am Gurt bleibt und nicht zurückrutscht. Bei höheren Sprüngen wird es notwendig, dass der Reiter im Absprung vermehrt nach vorne einknickt.
  Bei tiefer Mittelpositur, tiefem Knie und tiefem Absatz muss die Hand des Reiters so weit gefühlvoll in Richtung Pferdemaul vorgehen, wie es die erforderliche Dehnung des Halses verlangt. Ein leichte Verbindung mit dem Pferdemaul bleibt dabei bestehen.

- In der Flugphase über dem Hindernis ist der Oberkörper stärker vorgeneigt und das Gesäß entsprechend über dem Sattel. Wie weit der Oberkörper vorgeneigt wird und wie weit das Gesäß aus dem Sattel herauskommt, ist abhängig von der Höhe des Sprunges und der Rückenaufwölbung des Pferdes. Entscheidend sind das harmonische Mitgehen mit der Bewegung des Pferdes und der gut ausbalancierte Sitz.

- Während der Landephase passt sich der Oberkörper geschmeidig der Schwerpunktverlagerung an. Der Reiter darf dabei weder vornüberfallen noch hinter die Bewegung kommen. Ein zu frühes Aufrichten stört das Pferd im Rücken und kann zu Hinterhandfehlern führen.

Vor, während und nach dem Sprung soll die feste und sichere Lage der Knie und der Unterschenkel möglichst beibehalten werden. Ebenso soll während des gesamten Sprunges die stete, weichfedernde Anlehnung zwischen Reiterhand und Pferdemaul erhalten bleiben. Der Kopf wird aufrecht getragen, um insbesondere nach dem Sprung das folgende Hindernis im Blick zu haben.

Das Umschauen nach dem Hindernis ist fehlerhaft, da es Reiter und Pferd in der Konzentration stört.

Schwebephase – Der Rücken des Pferdes ist entlastet. Knie, Unterschenkel und Absatz behalten ihre Lage bei.

Landephase – Der Oberkörper wird entsprechend der Schwerpunktverlagerung zurückgenommen.

Rennsitz

Der Rennsitz wird ausschließlich im Galopp und nur von schon erfahrenen Reitern für die Teilstrecke „Rennbahn" innerhalb einer Vielseitigkeitsprüfung verlangt. Er ist seinem Charakter nach ausschließlich entlastend.

Aufgrund der deutlich verkürzten Bügel ist die Benutzung eines Springsattels oder eines Vielseitigkeitssattels – Schwerpunkt Springen – notwendig. Im Rennsitz werden die Bügel noch einige Löcher kürzer als im leichten Sitz geschnallt, sodass das Gesäß aus dem Sattel herausgehoben wird. Das Gewicht des Reiters wird vermehrt von Kniepartie und Absatz aufgenommen.
Ein fester Knieschluss und ein senkrechter Unterschenkel sind erforderlich, um das Gleichgewicht im Rennbahntempo halten zu können. Der Absatz soll mit federndem Fußgelenk die Galoppbewegung nach unten abfangen.

Der Rennsitz

Der Oberkörper wird so weit nach vorne geneigt, dass er annähernd parallel zum Pferdehals ist.
Die Oberarme werden vor den Körper genommen. Die Hände liegen links und rechts zirka eine Handbreit unter dem Mähnenkamm. Die Ellenbogen dürfen nicht abgespreizt werden. Die Nickbewegung von Kopf und Hals des schnell galoppierenden Pferdes wird bei sicherer Anlehnung durch geschmeidiges Mitgehen aus den Ellenbogengelenken heraus gestattet. Bei beständiger Anlehnung soll die Stirn-Nasenlinie des Pferdes weit vor der Senkrechten sein. Um das Pferd nicht zu stören, und um jederzeit sicher im Gleichgewicht zu sitzen, kann der Reiter auch eventuell die Zügelbrücke wählen (siehe Seite 82ff. – Zügelhilfen).

Leichttraben und Aussitzen

Das Leichttraben gehört zu den ersten Grundübungen in der Ausbildung des Reiters und wird schon bei den Sitzübungen an der Longe erlernt. Es vermindert den Einfluss des Reitergewichts auf den Pferderücken und ermöglicht auch dem noch ungeübten Reiter, der Bewegung des Pferdes weitgehend störungsfrei zu folgen. Es ermüdet den Reiter weniger als das Aussitzen.
Beim Leichttraben sitzt der Reiter nicht jeden Tritt des Pferdes aus, sondern fängt, sich auf Knie und Steigbügel stützend, je einen Trabtritt ab und nimmt erst wieder im folgenden Tritt weich im Sattel Platz. Beim Aufstehen entfernt sich die Mittelpositur nur so weit aus dem Sattel, wie es sich aus dem Bewegungsablauf beziehungsweise dem Schwung des Pferdes ergibt.

Ein aktives Aufstehen, bei dem sich der Reiter weit mit dem Gesäß aus dem Sattel entfernt, ist fehlerhaft, da es die Bewegungen des Reiters steif und ungeschmeidig macht und die Rückentätigkeit des Pferdes beeinträchtigt.
Um beim Leichttraben geschmeidig einsitzen und aufstehen zu können, muss der Fuß des Reiters auch hierbei lotrecht unter dem Schwerpunkt bleiben. Das Knie bleibt also gewinkelt. Die nach unten federnden Fußgelenke fangen die Bewegungen des Reiters ab. Der Absatz bleibt der tiefste Punkt des Reiters.
Mit ruhig anliegenden Unterschenkeln hält der Reiter, ohne zu klemmen, Verbindung mit dem Pferdeleib, um taktmäßig treiben zu können. Beim geschmeidigen Einsitzen wird dann eine etwas verstärkte Gewichts- und Schenkelhilfe gegeben, um die Hinterfüße zum weiten Vortritt anzuregen und um damit den Bewegungsablauf und die Durchlässigkeit des Pferdes fördernd zu beeinflussen.
Bei aufrecht bleibendem Oberkörper nimmt der Reiter mit dem Gesäß in der Mitte des Sattels Platz. Ein ganz leicht vornüber geneigter Oberkörper kann besser für den harmonischen Bewegungsablauf sein als ein zu steifes Aufstehen. Besonders beim Leichttraben mit kürzeren Bügeln führt ein leichtes Vorneigen des Oberkörpers aus der Hüfte heraus zum besseren Einklang mit der Pferdebewegung und der Schwerpunktverlagerung. Das darf allerdings nicht dazu führen, dass der Reiter zu weit vornüberfällt, das Gesäß nach hinten herausschiebt, die Zügelverbindung aufgibt oder die Schenkel mit starren Knie- und Fußgelenken abspreizt.
Der Reiter erhebt sich beim Vorschwingen eines diagonalen Beinpaares, also beispielsweise des rechten Hinterfußes und linken Vorderfußes, und setzt sich beim Vorschwingen des nächsten Beinpaares wieder geschmeidig in den Sattel. Da der Reiter in den Sattel zurückkommt, wenn entweder der rechte oder der linke Hinterfuß auftritt, trabt er „auf dem rechten beziehungsweise linken Hinterfuß".
Beim Reiten in der Bahn wird stets auf dem inwendigen Hinterfuß getrabt, weil er so vor allem in Wendungen die Körperlast besser zu stützen vermag. Das Vorschwingen des Hinterfußes, durch das der Reiter gehoben wird, erkennt er am gleichzeitigen Vorgehen der entgegengesetzten äußeren Schulter.

Leichttraben auf dem rechten Hinterbein

Das Gesäß kommt aus dem Sattel, wenn die linke Schulter vorgeht.

Das Gesäß kommt in den Sattel, wenn die rechte Schulter vorgeht.

Das Zurückgehen der Mittelpositur in den Sattel in Verbindung mit dem Zurückgehen der äußeren Schulter des Pferdes erreicht eine Belastung des inneren Hinterbeines. Beim Handwechsel werden zwei Tritte, oder im Anfang noch mehrere Tritte in gerader Zahl, ausgesessen, um den Hinterfuß zu wechseln.

Bei längeren Ausritten ist der Hinterfuß in Abständen zu wechseln, damit nicht eines der beiden diagonalen Beinpaare mehr als das andere in Anspruch genommen wird. Dies muss bewusst geschehen, da die meisten Pferde dazu neigen, den Reiter auf einen, meist den linken Hinterfuß „zu setzen".

Das *Aussitzen* der Pferdebewegung, insbesondere im Trab und Galopp, bedarf normalerweise einer gewissen Übung, bis der Reitanfänger das geschmeidige und tiefe Sitzen erlernt hat. Sitzübungen an der Longe, auch ohne Steigbügel, sind hierfür besonders geeignet.

Voraussetzungen für das elastische *Mitschwingen der Mittelpositur* und für einen tiefen, geschmeidigen Sitz sind die natürliche, losgelassene Haltung der Wirbelsäule, die elastische Spannung der Rumpfmuskulatur sowie das richtige Mitgehen des Beckens mit der Pferdebewegung. Diese Bewegungen des Beckens werden durch ein ständiges leichtes „An- und Abspannen" der Rumpfmuskulatur erreicht, auch als „mäßig angespanntes Kreuz" bezeichnet (siehe Seite 58ff. – Dressursitz). Bei einer richtigen Gesamtspannung lässt der Reiter aufgrund seiner Gleichgewichtsreflexe dieses Muskelspiel mehr geschehen, als dass er aktive Muskelarbeit leistet.

In der Bewegung hebt und senkt sich der Pferderücken. In dem Moment, in dem sich der Rücken leicht anhebt, wird beim losgelassen sitzenden Reiter das „Kreuz" mäßig angespannt. Es werden also die Bauchmuskulatur und die tiefe

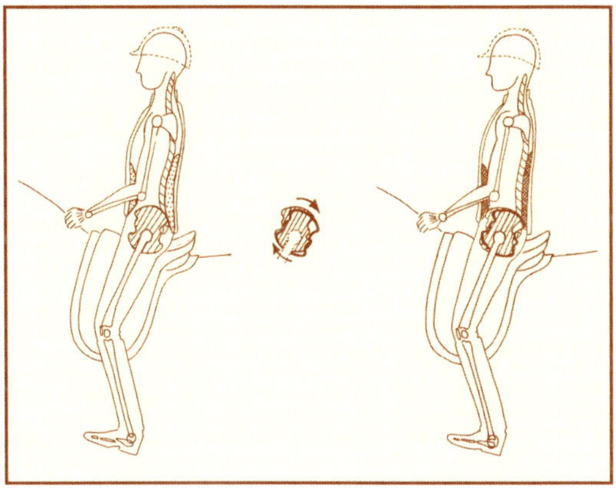

Im Aussitzen vollführt der Reiter kaum sichtbare Schwingungen mit dem Becken. Die Rumpfmuskulatur (also das „Kreuz" des Reiters) wird dabei mäßig an- und abgespannt.

untere Rückenmuskulatur angespannt, wodurch der untere Beckenrand leicht nach vorne gebracht (gekippt) wird.

In der nächsten Bewegungsphase, in der sich der Rücken des Pferdes leicht senkt, wird diese Muskulatur beziehungsweise das „Kreuz abgespannt", wodurch sich der untere Beckenrand wieder leicht nach hinten bewegt.

Der Reiter vollführt also kaum sichtbare Schwingungen mit dem Becken beziehungsweise in der Mittelpositur, um so mit dem Gesäß im Sattel „kleben" zu können. Ohne das An- und Abspannen der Rumpfmuskulatur würde der Reiter entweder zu schlaff oder zu steif sitzen, ohne mit der Pferdebewegung wirklich im Einklang sein zu können. Bei einem genügend losgelassenen und elastischen Reiter wird dieser Vorgang mehr oder weniger automatisch ablaufen. Auf keinen Fall darf das Mitschwingen übertrieben werden, sondern muss sich stets dem Maß der Pferdebewegung anpassen.

Insbesondere im Schritt und im Galopp wird das Mitgehen in der Mittelpositur oft falsch verstanden und übertrieben. Der Reiter sitzt dann *gegen die Bewegung* des Pferdes. Das kann beim Pferd eine Beeinträchtigung der Rückentätigkeit und der Taktmäßigkeit zur Folge haben.

Sitzschulung

Grundsätzliches und Ziele

Die Schulung im Grundsitz ist das Kernstück der gesamten Reitausbildung. Dem Anfänger sollen Gleichgewicht, Losgelassenheit, Rhythmusgefühl, Freude an der Bewegungsharmonie und Sicherheit vermittelt werden. Unter Anleitung des Ausbilders soll er Zeit, Gelegenheit und Ruhe haben, diese grundlegenden Voraussetzungen zu erlernen.

Funktionale Gymnastik kann die Schulung des Anfängers wie des Fortgeschrittenen vorbereiten und begleiten. Dabei müssen das Lebensalter, aber auch Haltungsschäden beachtet werden. Lockerung, Dehnung und Streckung sind mehr zu fördern als Kräftigung.

Entsprechende Übungen sind nicht nur allgemein, sondern auch unmittelbar vor dem Reiten angebracht. Nicht nur das Pferd muss gelöst werden, sondern auch der Reiter. Es ist generell unreiterlich, vom Pferd Leistung zu verlangen, ohne den eigenen Körper zu beherrschen.

Sitzschulung an der Longe kann für Reitanfänger, aber auch für Fortgeschrittene sinnvoll sein.

Richtige Berittmachung

Die Auswahl von *geeigneten Lehrpferden* ist eine entscheidende Voraussetzung für die *Sitzschulung*. Sowohl während der Sitzschulung an der Longe als auch während des Reitunterrichtes ist es wichtig, ruhige und sicher gehende Pferde zur Verfügung zu haben. Nur auf Pferden, eventuell mit Ausbindezügeln versehen, die im Rücken mitschwingen und bequem zu sitzen sind, kann der Anfänger den Sitz richtig erlernen und der Fortgeschrittene Fehler korrigieren. Für die Korrektur von Sitzfehlern bei fortgeschrittenen Reitern, aber auch bei Problemen im Anfängerbereich eignen sich besonders die im Folgenden aufgeführten Sitz- und Gefühlsübungen.

Die ersten Sitzübungen können sowohl mit Sattel als auch ohne Sattel durchgeführt werden. Das direkte Sitzen auf dem Pferderücken hat den Vorteil, dass der Reiter die Bewegungen des Pferdes noch besser erfühlen kann. Ein Gurt zum Festhalten (z.B. Voltigiergurt) hat sich dafür bewährt.

Für Sitzübungen mit Sattel beziehungsweise für die gesamte Grundausbildung des Reiters ist der Gebrauch eine Vielseitigkeitssattels am zweckmäßigsten. Insbesondere die fließenden Übergänge zwischen Be- und Entlastung können so am besten erlernt werden.

Merke:

Nur aus dem ausbalancierten und losgelassenen Sitz heraus können richtige Hilfen gegeben werden. Nur richtig und bewusst eingesetzte Hilfen führen zum Erreichen des reiterlichen Gefühls und damit zu einer verlässlichen Einwirkung. Auch der fortgeschrittene Reiter darf nie aufhören, an den Sitzgrundlagen zu arbeiten.

Schulung im Dressursitz

- Der Anfänger soll zunächst im Halten seinem Körpergefühl nach ganz natürlich sitzen. Er soll lediglich die Oberschenkel aus dem Hüftgelenk heraus leicht nach innen neigen, sodass die Knie, ohne zu klemmen, flach am Sattel anliegen.
- Der Reiter nimmt mit dem Gesäß im Sattel oder direkt auf dem Pferderücken Platz, ohne seine Gesäß- oder innere Oberschenkelmuskulatur zu verkrampfen.
- Unterschenkel und Füße hängen ungezwungen herunter.
- Die Lage der Unterschenkel wird aus dem Hängenlassen heraus durch das Anlegen an den Pferdeleib geübt. Dies sollte mehrmals wiederholt werden, damit der Reiter das Gefühl der weichen Fühlung mit dem Pferdeleib bekommt und nicht mit dem Unterschenkel klemmt.
- Erst jetzt wird der Oberkörper nach der Sitzbeschreibung erklärt. Hier muss sogleich gelehrt werden, dass bei der gewölbten Brust die Rückenwirbel nach vorn kommen, die Lendenwirbel aber leicht zurückgenommen werden, um ein Hohlkreuz zu vermeiden.
- Die Lage von Unterschenkeln, Armen, Händen und Kopf kann der Reitlehrer im Halten richtig platzieren („taktile Hilfen").

Grundsätzlich muss in dieser Phase vor Übertreibung der Ausbildung gewarnt werden, weil der Reiter Muskelverkrampfungen und dadurch Angst bekommen kann. Werden zwei bis drei Anfänger im Wechsel geschult, entstehen sinnvolle Pausen und damit Gelegenheit für gymnastische Übungen ohne Pferd.

Mit den ersten Übungen im Galopp sollte auch an der Longe begonnen werden. Die Hände können zu Hilfe genommen werden, um dem Reitschüler eine höhere Sicherheit zu geben und um zu lernen, mit dem Gesäß tief im Sattel zu bleiben. Dabei greift die innere Hand in die Sattelkammer, während sich die äußere Hand am Sattelkranz festhält. Der Reiter fühlt, dass er in seiner Mittelpositur die Bewegung des Pferdes ausgleichen kann. Das Galoppieren kann mit oder ohne Bügel geübt werden. Der Ausbilder macht dies von der Veranlagung, der Geschicklichkeit des Reiters und der Situation abhängig.

Schulung im leichten Sitz

Für die Schulung im leichten Sitz ist zu beobachten:

- Es werden andere Muskelgruppen des Reiters beansprucht als im Dressursitz. Daher ist neben dem eigentlichen Lehren auch ein planmäßiges Trainieren dieser Sitzart angebracht.
- Die Bügel werden allmählich drei bis fünf Löcher kürzer geschnallt.

Die Grundkriterien des leichten Sitzes können zunächst im Halten oder im Schritt gezeigt werden. In der Bewegung (insbesondere im Trab und Galopp) ist es jedoch einfacher, Anpassung an Bewegung, Schwerpunktverlagerung und Tempo zu verstehen und durchzuführen. Im Trab kann der Wechsel zwischen Platznehmen und der Übergang zum leichten Sitz geübt werden.

Gezielte Übungen in der Bewegung, aber auch im Halten, fördern die Elastizität und Körperkoordination des Reiters.

- Die fließenden Übergänge zwischen verstärkter Entlastung, geringer Entlastung und Belastung müssen geübt werden, um die Geschmeidigkeit des Reiters früh genug auszubilden.
- Die Gleichgewichtsverhältnisse müssen von dem Reiter neu erfühlt werden. An einem Halsriemen kann sich der Reiter zunächst abstützen, in schwierigen Situationen auch festhalten.
- Mit Hilfe von Bodenrickarbeit im Schritt und Trab wird das Vorgehen der Hand geübt. Auf die Lage von Knie, Unterschenkel und Absatz (Fundament) muss dabei besonders geachtet werden.
- Nach Erreichen einer gewissen Sicherheit wird der leichte Sitz auch auf unebenen Bodenverhältnissen und im Bergauf- und Bergabreiten trainiert.

Der leichte Sitz kann zusätzlich gefestigt und ausbalanciert werden, indem weiterführende Sitzübungen (auch ohne Zügel oder ohne Bügel) durchgeführt werden.

Der Wechsel zwischen Leichttraben und Aussitzen fördert die Geschmeidigkeit und Losgelassenheit des Reiters ebenso wie das Üben von fließenden Übergängen zwischen entlastenden und belastenden Phasen.

Auf ruhigen und sicheren Pferden können kleine Gymnastikreihen auch ohne Zügel einbezogen werden, um die Unabhängigkeit des Sitzes von der Hand und umgekehrt zu erlernen. Dabei werden die Zügelenden auf dem Hals verknotet.

Übungen zur Verbesserung von Sitz und Gefühl des Reiters

Sitz- und Gefühlsübungen an der Longe

Es sollen neuartige Sitzübungen vorgesetellt werden, die bisher nicht in der Reiterei bekannt waren. Sie führen in relativ kurzer Zeit zu einer erhöhten Elastizität. Aus einer Vielzahl werden einige exemplarisch vorgestellt. Weitere sind bei Eckart Meyners: Bewegungsgefühl – das innere Auge des Reiters; Rau Verlag, Düsseldorf 1996 (Seite 158 bis 182) nachzulesen.

Die Bedeutung des Okzipitalgelenks

Die Bedeutung des Kopfes für die Auslösung von Bewegungen wird insgesamt unterschätzt. Wenn nicht eine bestimmte Kopfhaltung vom Reiter eingenommen wird, ist der gesamte Körper nicht locker. Das Okzipitalgelenk und der Wirbelübergang vom 7. Halswirbel zum ersten Brustwirbel haben hohe Bedeutung (Abb.1).

Das Okzipitalgelenk ist der Übergang vom Schädel zum ersten Nackenwirbel, dem Atlas. Man kann diese Stelle am Hinterkopf finden, weil dort ein leichter Knubbel zu ertasten ist. Dieses Gelenk muss frei sein, damit alle anderen Gelenke im Körper auch frei sein können und der gesamte Körper rhythmisch schwingen kann. Es wird durch eine fälschliche Neigung des Kopfes nach vorne, hinten und zu den Seiten blockiert. Es entstehen sofort

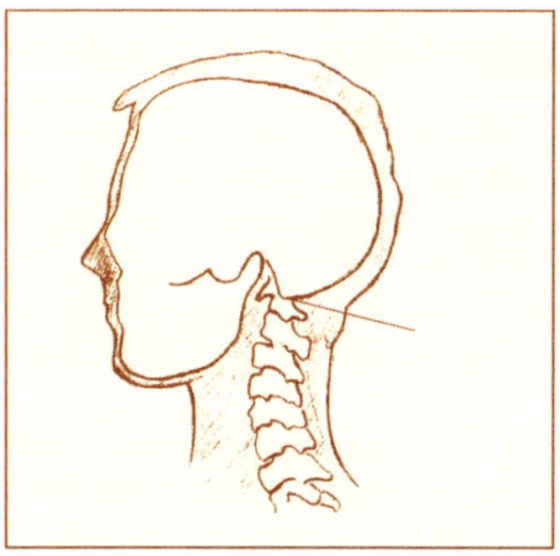

Abb. 1: Okzipitalgelenk

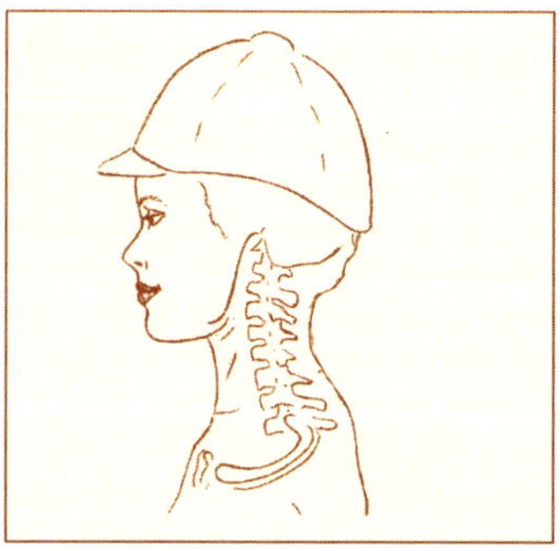

Abb. 2: Korrekte Kopfhaltung beim Reiten.

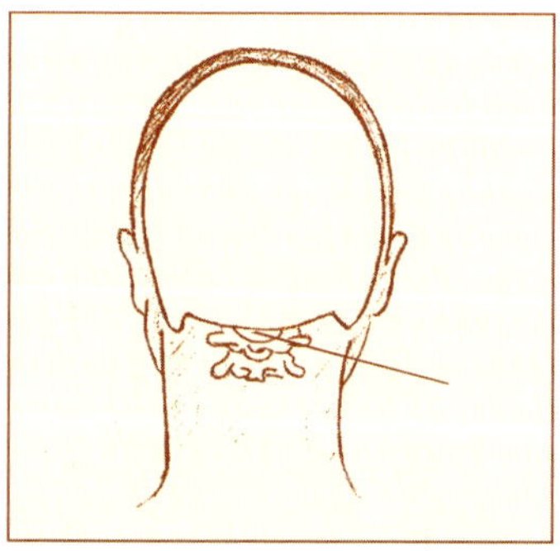

Abb. 3: Dieser Bereich muss massiert werden.

direkt wahrzunehmende Verkrampfungen im Hals-Nacken-Schulterbereich. Die Freiheit des Gelenks wird auch durch die kleinen angrenzenden Muskeln blockiert, die sich über Jahre beim Menschen verkürzt haben, weil er sie nicht mehr körpergerecht benutzt hat. Kopfbewegungen werden hauptsächlich durch die großen Muskeln des Halses eingeleitet, während die kleineren, am Okzipitalgelenk ansetzenden, mehr oder weniger verkümmern, sich verkürzen.

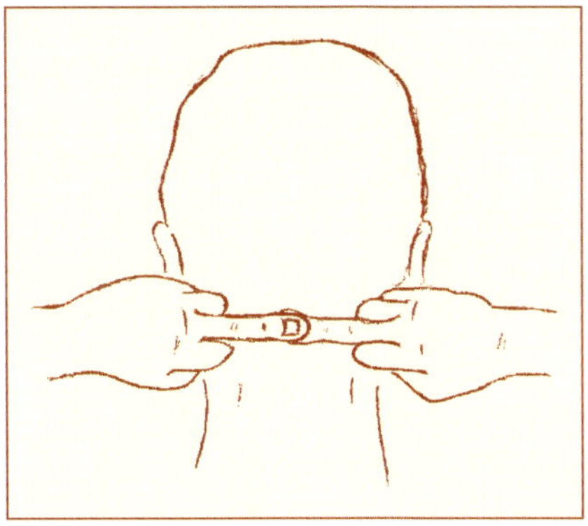

Abb. 4: Druckhaltung beider Mittelfinger.

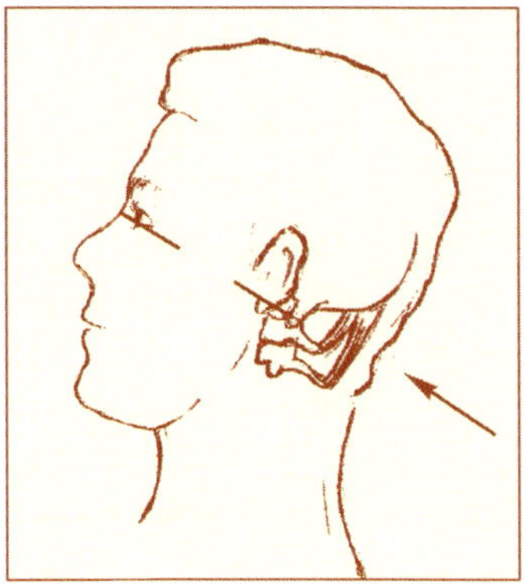

Abb. 5: Druckrichtung

Das Okzipitalgelenk ist nur „frei", wenn der Mensch seinen Kopf nach hinten oben „zieht" (Abb. 2). Der Blick muss sich leicht unter die Waagerechte senken, dann spürt der Reiter eine Leichtigkeit des Hals-Nackenbereichs.

Der Reiter kann diese Stelle jedoch auch durch eine Massageübung entblocken. Er soll mit seinen Ring-, Mittel- und Zeigefingern beider Hände eine Dreifingermassage vornehmen, indem die Stelle zwischen Hinterhauptknochen und erstem Halswirbel massiert wird (Abb. 3). Danach kannn noch eine Dehnung vorgenommen werden. Die Fingerkuppe des linken Mittelfingers ruht auf dem Okzipitalgelenk; die Fingerkuppe des rechten Mittelfingers wird auf den Mittelfinger der linken Hand gelegt (Abb. 4). Mit zur Seite gestreckten Ellenbogen wird nun Druck ausgeübt (Abb. 5). Gleichzeitig wird eine Dehnung vorgenommen, indem der Kopf leicht (bis zum 30-Grad-Winkel) nach vorne und hinten geneigt wird (Abb. 6). In jeder Haltung ist 10 Sekunden zu verweilen; die ganze Übung ist dreimal zu wiederholen.

Blockaden im gesamten Körper entstehen auch, wenn der Kopf zu stark nach vorne geneigt wird (Abb. 7). Wird der Übergang des 7. Halswirbels zum 1. Brustwirbel blockiert, kann der Reiter nicht mehr locker mit den Pferdebewegungen mitschwingen. Diese Sitzaktion entsteht, wenn der Reiter ständig auf den Pferdehals schaut. Er sitzt automatisch verkrampft. Somit mag deutlich ge-

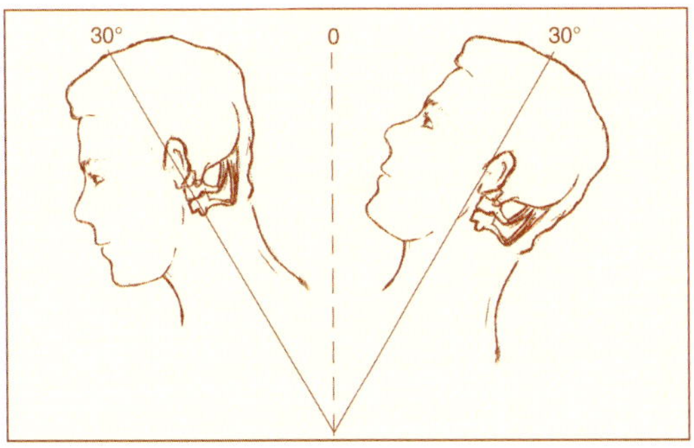

Abb. 6: Dehnung des Kopfes bis zum 30°-Winkel.

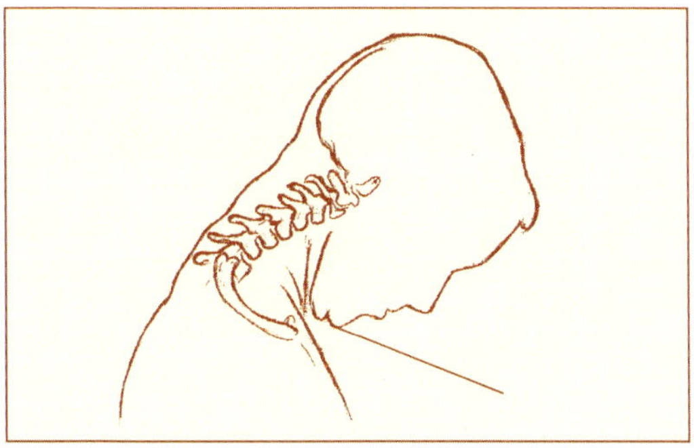

Abb. 7: Blockade im Übergang 7. Halswirbel zum 1. Brustwirbel.

worden sein, wie hochrangig die Bedeutung des Kopfes für die gesamten Bewegungsabläufe des Reiters sind. Es wird später nochmals auf den Kopf im Zusammenhang mit den Prinzipien des Umgangs mit unserem Körper eingegangen.

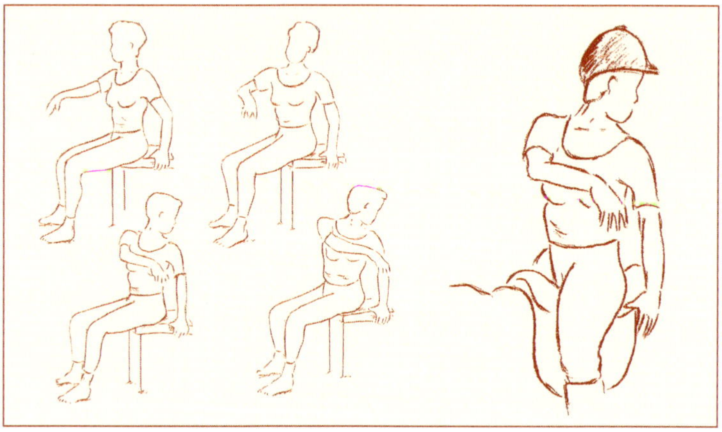

Abb. 8: Dynamische Drehungen um die Längsachse.

Spielen mit der Kopfhaltung

An der Longe sollte auch das Einnehmen der korrekten Kopfhaltung im Schritt, Trab (Aussitzen) und Galopp eingeübt werden. Nicht der Blick geradeaus ist der korrekte, sondern der leicht unter die Horizontale gerichtete (Freimachen des Okzipitalgelenks). Wird die korrekte Stellung des Kopfes eingenommen, dann kann der Reiter sich optimal in die Bewegungen des Pferdes einfühlen; er schwingt mit ihnen mit und wirkt nicht gegen sie.

Reiten im Rennsitz an der Longe

Das Einnehmen des Rennsitzes (mit deutlich verkürzten Bügeln gegenüber dem Grundsitz) ist eine hervorragende Übung, um den Reitersitz in kurzer Zeit elastisch zu machen. Der Reiter galoppiert auf beiden Händen an der Longe und stützt sich dabei auf dem Pferdehals auf. Er senkt sein Gesäß (ohne den Sattel zu berühren) und hebt es wieder leicht an. Auch der Oberkörper wird beim Anheben des Gesäßes höher, beim Senken tiefer genommen. Danach wird wieder der Grundsitz eingenommen. In relativ kurzer Zeit führt diese Übung zu einem elastischen Grundsitz, weil diese Haltung die optimalen Bedingungen für alle Gelenke im Körper entstehen lässt, und somit die Bewegungsübertragungen im gesamten Körper besser ablaufen können.

Dynamische Drehungen um die Längsachse (im Schritt)

Der Mensch ist fähig, sich um seine Längsachse zu drehen. Diese Fähigkeit soll genutzt werden, um Bewegungsmöglichkeiten aufzufrischen. Der Arm wird in Schulterhöhe gehalten, die Augen verfolgen die Hand: Die Bewegungen werden ganz sanft und ohne Überwindung von Widerständen vollzogen. Wenn muskuläre Spannungen entstehen, wird nicht über sie hinweg gearbeitet. Die Bewegung verläuft von der Körpermitte bis hinter den Körper und zurück. Bei jeder neuen Bewegung wird eine Ausweitung der Drehbewegung feststellbar; der Körper gewinnt schnell an Mobilität. Die Lektion wird nach beiden Körperseiten vollzogen. Nach einigen Wiederholungen weitet sich der Blick extrem nach hinten (Abb. 8).

Entblocken alter Verbindungen (im Schritt)

Der Arm wird in Schulterhöhe vor dem Körper gehalten. Der Arm dreht sich sanft nach außen, der Kopf dreht sich dabei in die entgegengesetzte Richtung. Diese Bewegungen werden mehrmals mit dem rechten und linken Arm vollzogen. Danach werden Kopf und Arm nicht entgegengesetzt geführt, sondern der Arm „wickelt" den Kopf ein. Wenn der rechte Arm mit der Hand nach links geführt wird, wendet sich der Kopf nach rechts

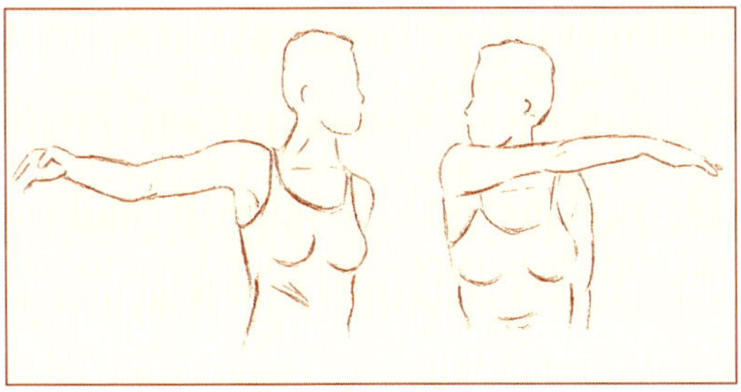

Abb. 9: Entblocken alter Verbindungen.

(beim linken Arm umgekehrt). Nach einer bestimmten Zeit kann der Mensch seinen Blick extrem nach hinten wenden. Die gesamte Hals-Schulterpartie entspannt sich, weil das starr gewordene Brustbein mobilisiert worden ist. Der Reiterkörper gelangt mehr in Schwung, weil die Bewegungsübertragungen des Pferdes über Becken, Brust bis zum Kopf und zurückfließen können (Abb. 9).

Kontrastübungen

Kontrastübungen an der Longe ermöglichen dem Reiter fühlend herauszufinden, was für ihn im Augenblick die optimale Sitzposition ist. Kontrastübungen können im Schritt, Trab und auch Galopp ausgeführt werden. Dabei nimmt der Reiter jeweils extreme Positionen im Sattel ein. Im Schritt, Trab und Galopp sitzt der Reiter im Sattel, rutscht nach links und rechts, bis er gerade noch das Gleichgewicht halten kann. Er beugt seinen Oberkörper so weit wie möglich nach vorne und hinten. Durch die extremen Belastungen in den unterschiedlichen Situationen findet der Reiter danach seine optimale Haltung leichter heraus. Sein Körper dankt es ihm, wenn er wieder gemäß seinem augenblicklichen Körperbau sitzen darf. Ähnliche Übungen können auch im leichten Sitz im Schritt, Trab und Galopp vollzogen werden.

Sitzübungen zum Erfühlen der Bewegungen des Pferdes

Wenn der Reiter nicht fühlt, was unter ihm vor sich geht, kann er auch nicht mit korrekten Schenkel- und Zügelhilfen einwirken. Erst wenn ihm die Bewegungsabläufe des Pferdes gefühlsmäßig „bewusst" sind, ist es ihm möglich, die Zügel- und Schenkelhilfen als Unterstützung und nicht als Verhinderung der Pferdebewegungen anzuwenden.

Die folgenden Übungen dienen dazu, sich der Bewegungen des Pferdes bewusster zu werden, bis sie sich im weiteren Verlauf gefühlsmäßig verankern. Bei den folgenden Übungen hält der Reiter seine Augen geschlossen, um sich optisch nicht ablenken zu lassen, sondern sich nur nach innen gefühlsmäßig zu konzentrieren. Der Reiter beugt sich zum Pferdehals und berührt mit den Händen die rechte und linke Brust des Pferdes. Er soll dabei sagen, wann das linke beziehungsweise rechte Vorderbein nach vorne geht.
Der Reiter soll in derselben Lage sagen, wann das linke beziehungsweise das rechte Hinterbein abfußt. Hat er Probleme, kann der Ausbilder ihm dabei helfen und ansagen, wann das Pferd hinten links/rechts abfußt. Über diese Hilfen erfühlt er die Pferdebewegungen bewusster und kann sie danach meistens schneller selbst gefühlsmäßig identifizieren.
Der Reiter sitzt im Schritt und verfolgt die Fußfolge des Pferdes. Er sagt z.B. zunächst die Bewegungen der Vorderbeine an, danach der Hinterbeine. Danach soll auch versucht werden, den Schritt im Zusammenhang zu erfühlen. Dabei erhalten die Beine Nummern. Das linke Vorderbein erhält zum Beispiel die 1, das rechte Hinterbein eine 2, das rechte Vorderbein die 3 und das linke Hinterbein eine 4. Im Trab kann angesagt werden, wann das linke/rechte Vorderbein/Hinterbein abfußt/auffußt.
Im Galopp soll der Reiter ansagen, wann das innere/äußere Hinterbein auffußt etc.
Diesbezüglich sind dem Ausbilder keine Grenzen gesetzt. Ziel dieser Übungen soll es sein, sich der Pferdebewegungen bewusst zu werden. Nur über die gefühlsmäßige Eindeutigkeit der Pferdebewegungen kann der Reiter auch bewusst auf diese einwirken.

Sitzfehler

Auch bei systematischer Ausbildung sind Sitzfehler nicht ausgeschlossen. Es ist wichtig, diese Entwicklung frühzeitig zu korrigieren. Stabilisierte Sitzfehler sind nur sehr schwer wieder zu beseitigen. Korrekturen dürfen sich nicht auf einzelne Fehlhaltungen beschränken. Vielmehr muss jede Korrektur im Zusammenhang zwischen Körperhaltung des Reiters und Bewegungsmechanik des Pferdes gesehen werden.

Ursachen

Sitzfehler können verschiedene Ursachen haben:

- falsches Erlernen, schlechte Angewohnheiten,
- Haltungsschäden verbunden mit zu geringem Körperbewusstsein,
- fehlendes Rhythmusgefühl,
- fehlerhafte und schlecht verpasste Sättel,
- fehlende Korrekturen des Ausbilders usw.

Viele Sitzfehler entstehen auch aufgrund von mangelnder Losgelassenheit des Reiters. Das Erreichen des losgelassenen Sitzes ist in der Grundausbildung ganz besonders zu beachten. Aber auch der fortgeschrittene Reiter muss seinen Sitz daraufhin immer wieder überprüfen.

Häufige Sitzfehler

- ***im Dressursitz***

Figürliche Schwierigkeiten des Reiters (zum Beispiel Hohlkreuz, starke Oberschenkelmuskulatur, krumme Rückenhaltung, schwache Bauchmuskulatur) können durch gezielte Ausgleichsgymnastik gemindert und im günstigen Fall auch behoben werden.

Bevor mit Korrekturen begonnen wird, ist es außerordentlich wichtig, den Sattel zu überprüfen. Sättel, die durch lange und falsche Benutzung aus ihrer ursprünglichen Form geraten sind, und bei denen der tiefste Punkt aus der Mitte der Sitzfläche nach hinten oder vorne verschoben wurde, sind für den lernenden Reiter nicht geeignet. Sie belasten außerdem noch den Rücken des Pferdes.

Ein Sitzfehler tritt selten allein auf. Meistens bedingt ein Fehler weitere. Zum Beispiel: hohes Knie – hoher Absatz/festgehaltene Schulter – unruhige Hände/feste Mittelpositur – wackelnder Kopf/schiefe Kopfhaltung – falsche Gewichtsverteilung. Neben der allgemeinen Verkrampfung der Muskulatur und der dadurch entstehenden Unruhe und Unsicherheit sind Stuhlsitz und Spaltsitz die am häufigsten auftretenden Fehler.

Stuhlsitz

Spaltsitz

Beim Stuhlsitz wird das Gesäß aus dem tiefsten Punkt des Sattels nach hinten hinausgeschoben. In der Absicht, „das Kreuz anspannen zu wollen“, werden fälschlicherweise die Gesäßmuskeln angespannt. Die Oberschenkel und Knie werden dadurch hochgezogen und geben dem Reiter nicht die notwendige Einwirkungsmöglichkeit. In der Regel ist dieser Sitzfehler die Folge von zu kurz geschnallten Bügeln, ständigem Reiten im Springsattel oder einem Sattel, dessen tiefster Punkt zu weit hinten liegt.

Die Folgen des Stuhlsitzes sind:

- Der Reiter sitzt nicht mehr auf den Gesäßknochen.
- Die Sitzfläche wird dadurch kleiner, die Einwirkung also geringer.
- Die Lendenwirbelsäule hat nur noch geringe Möglichkeiten mitzuschwingen, wodurch das Eingehen in die Bewegung und das Rhythmusgefühl gestört werden.
- Der Reiter sitzt krumm, mit eingezogener Brust.
- Der Kopf wird unruhig und nicht mehr aufrecht getragen, sondern vorgestreckt.
- Durch die falsche Lage von Knie und Oberschenkel kommt der Unterschenkel zu weit nach vorne. Richtige Schenkelhilfen sind nicht möglich.
- Die Unabhängigkeit der Hand des Reiters geht verloren. Er hängt am Zügel.

Korrektur des Stuhlsitzes

Der Reiter muss lernen, das Gesäß weiter nach vorne im tiefsten Punkt des Sattels zu platzieren. Oberschenkel, Knie und Absatz müssen locker nach unten gestreckt werden. Sitzschulung an der Longe auf bequem gehenden Pferden kann hier Abhilfe schaffen. Der Reiter muss sich in seiner gesamten Körperhaltung strecken und dabei „groß" werden. Hilfreich ist hier der Hinweis auf die Senkrechte: Schulter – Hüfte – Absatz.

Beim Spaltsitz liegt die Belastung zu sehr auf dem Oberschenkel und der Leiste. Die beiden Gesäßknochen sind entlastet und die Unterschenkel rutschen nach hinten, oftmals entsteht so ein Hohlkreuz. Dieser Sitzfehler ist häufig das Ergebnis zu lang geschnallter Bügel oder die Folge eines Sattels, dessen tiefster Punkt zu weit vorne liegt.

Die Folgen des Spaltsitzes sind:

- Das sichere Fundament des Balancesitzes ist nicht gegeben.
- Gesäßknochen und Gesäßmuskeln sind nicht am Pferd beziehungsweise tief im Sattel.
- Richtige Gewichtshilfen sind daher nicht möglich.
- Durch das Hohlkreuz kann die Lendenwirbelsäule nicht mitschwingen. Der Sitz wird steif, und im Galopp entsteht das klappende Gesäß.
- Der Reiter hat wenig treibende Einwirkung.
- Die Unabhängigkeit der Hand des Reiters geht verloren. Die Hände werden entweder heruntergedrückt, oder der Reiter stützt sich am Widerrist auf.

Korrektur des Spaltsitzes

Der Reiter muss versuchen, sein Gewicht von den Oberschenkeln auf das Gesäß zu verlagern. Etwas kürzer geschnallte Bügel können Abhilfe schaffen.

Heinz Schütte · Internationaler Dressurrichter

„Sitz und Einwirkung sind beim bewertenden Richtverfahren im Dressurbereich von ausschlaggebender Bedeutung. Der Grundsatz „Nur aus einem richtigen Sitz kommen richtige Hilfen" wird leider nicht genügend beachtet. Eingeknickte Hüften, „drehende" Oberkörper, fehlerhafte Handhaltung, falsches Zügelmaß, aufwendige Schenkeleinwirkung und mangelhafter Einsatz des Reitergewichtes als unterstützende Hilfe sind unter anderem oft zu beobachtende die reiterliche Leistung negativ beeinflussende Faktoren. Losgelassenes ausbalanciertes Sitzen in Verbindung mit gefühlvollem Einwirken in die Bewegungsabläufe des Pferdes sind die unverzichtbaren Voraussetzungen für ein harmonisches Gesamtbild von Reiter und Pferd. Ständig daran zu arbeiten sollte nie aufhören."

Grundsätzlich muss der Reiter lernen, „im tiefsten Punkt" des Sattels zu sitzen. Freiübungen, die das Vorwärtsbeugen des Rumpfes fordern, können dabei ebenfalls hilfreich sein.

■ ***im leichten Sitz***

Die häufigsten Fehler im leichten Sitz und im Reiten über Hindernisse liegen in einem zu geringen oder zu starken Eingehen in die Bewegung beziehungsweise in der ungenügenden Balance und entsprechender Schwerpunktverlagerung.

Die Ursachen, dass der Reiter „vor die Bewegung" kommt, können unter anderem sein:

- Zurückrutschen der Unterschenkel,
- hochgezogene Absätze,
- Gesäß zu hoch über dem Sattel, Aufgeben der Verbindung zum Pferdemaul vor dem Sprung, unrhythmisches Anreiten des Sprunges.

Die Ursachen, dass der Reiter „hinter die Bewegung" kommt, können unter anderem sein:

- zu weit vorgestreckte Unterschenkel,
- zu schweres Einsitzen vor dem Sprung,
- rückwärtswirkende Hand,
- unrhythmisches Anreiten des Sprunges,
- unelastische Mittelpositur.

„vor der Bewegung"

„hinter der Bewegung"

Der Reiter muss versuchen, den leichten Sitz so zu festigen, dass er auch in dieser Sitzform sein Pferd gymnastizieren und durchgängig vor den treibenden Hilfen behalten kann. Es ist ein Irrtum zu glauben, dass im leichten Sitz das Pferd durch schweres Einsitzen zu vermehrtem Fleiß und Vorwärtsdrang angeregt werden kann. Das Einsitzen zwischen den Sprüngen wird daher oftmals übertrieben. Im leichten Sitz kommt es darauf an, bei besonders geschmeidigem Eingehen auf den Rhythmus des Pferdes mit den Unterschenkeln treiben zu können. Aus diesem Grund ist es von großer Wichtigkeit, dass das „Fundament" (Knie, Wade, Absatz) des Reiters genügend stetig ist, woraus erst eine richtige Haltung des Oberkörpers erfolgen kann.

Zu lange Bügel erschweren das Ausbalancieren. Je nach Situation kommt der Reiter dann vor oder hinter die Bewegung. Sie verleiten den Reiter auch dazu, im Sattel zu schwer einzusitzen und nicht genügend zu entlasten. Bei zu kurzen Bügeln ist die sichere Lage des Knies nicht gegeben, der Reiter sitzt zu hoch über dem Pferd und neigt dazu, hinter die Bewegung des Pferdes zu kommen.

Das Aufstehen im Sattel, oftmals verbunden mit durchgedrückten Knien, ist fehlerhaft und bedarf der Korrektur. Insbesondere vor und über dem Sprung wird dadurch das geschmeidige Mitgehen nicht möglich.

Sitzübungen an der Longe, Reiten in unebenem Gelände, Bodenrickarbeit, springgymnastische Übungen und funktionale Gymnastik sind unter anderem geeignete Mittel, um den leichten Sitz zu verbessern.

3.3 Hilfengebung

Der Reiter kann durch sein Gewicht, mit seinen Schenkeln und den Zügeln auf das Pferd einwirken. Diese Einwirkungen werden als Hilfen bezeichnet. Naturgemäß wirken die Gewichts- und Schenkelhilfen mehr vortreibend, die Zügelhilfen mehr verhaltend. Durch das Zusammenwirken der verschiedenen Hilfen wird die jeweils angestrebte Gangart, das Tempo, die Haltung und die allgemeine Kontrolle des Pferdes erreicht.

Merke:
en treibenden Hilkommt stets eine ere Bedeutung zu den verhaltenden Hilfen.

Ziel und somit auch Kriterium korrekter Hilfengebung ist es, immer feiner und dezenter einzuwirken. Für einen Beobachter soll die Hilfengebung immer unsichtbarer und für das Pferd immer deutlicher werden.
Alle Hilfen setzen sich aus den Einwirkungen von Gewicht, Schenkeln und Zügeln zusammen. Keine führt allein zum Erfolg; die richtige Hilfengebung des Reiters setzt ein gefühlvolles Zusammenwirken aller seiner Einwirkungsmöglichkeiten voraus.

Der Reiter muss sich dessen bewusst sein, dass der Mensch seiner Natur nach immer versucht, alle möglichen Taten mit den Händen zu tun oder zu verhindern. Beim Reiten muss man sich statt dessen bemühen, aufgrund von verbesserten Gewichts- und Schenkelhilfen mit immer feineren Zügelhilfen auszukommen.

Merke:
it fortschreitender sbildung wird der Reiter die Hilfen ner feiner und unfälliger geben, bis s Pferd mit Einwirgen geritten werden kann, die von ußen kaum wahrnehmbar sind.

Für die Stärke der Hilfen sind die Empfindlichkeit des Pferdes, der Grad seiner Rittigkeit und der beabsichtigte Zweck maßgebend. Die Hilfen setzen immer weich ein und steigern oder verringern sich nach Bedarf. Werden stärkere Hilfen erforderlich, ist stets wieder zu leichteren Einwirkungen zurückzukehren, um das Pferd empfindsam zu halten und nicht abzustumpfen. Grobe Hilfen verderben das Pferd, während häufiges Loben die Zusammenarbeit zwischen Pferd und Reiter verbessert. Das Loben mit der Hand oder mit der Stimme (dezent, um nicht zu stören) verbessert zusätzlich die Losgelassenheit des Pferdes.

Gewichtshilfen

Die Gewichtshilfen sind naturgemäß vortreibende Hilfen. Sie unterstützen aber auch die immer feiner abzustimmende Koordination der Schenkel- und Zügelhilfen.

Mit dem Gewicht kann der Reiter
- *beidseitig belastend,*
- *einseitig belastend,*
- *entlastend*

einwirken. Je ruhiger und geschmeidiger der Reiter sitzt, desto besser reagiert das Pferd auf diese Hilfen. Der Reiter muss in der Lage sein, während aller Bewegungen den eigenen Schwerpunkt mit dem des Pferdes in Übereinstimmung zu halten. Ein solcher Reiter ist für das Pferd dann auch leicht und angenehm zu tragen. Die Schwierigkeit besteht allerdings darin, dass sich die Lage des Schwerpunktes ständig verändert (dynamisches Gleichgewicht), und der Reiter sich entsprechend anpassen muss. Ein Reiter, der nicht im Gleichgewicht sitzt und mit den Bewegungen des Pferdes mitschwingen kann, stört Gang und Haltung des Pferdes und wird es in seiner Gehfreude beeinträchtigen.

Die *beidseitig belastenden Gewichtshilfen* müssen immer dann eingesetzt werden, wenn es gilt, die Hinterbeine des Pferdes besonders zu aktivieren, beispielsweise bei allen halben und ganzen Paraden und somit auch bei allen Übergängen. Die gleichmäßige Belastung regt in Verbindung mit der treibenden Schenkeleinwirkung beide Hinterbeine

Merke:
Der Reiter, der in der Lage ist, sein „Kreuz" nach Bedarf „anzuspannen", kann richtig auf sein Pferd einwirken.

Beidseitig belastende Gewichtshilfe

Einseitig belastende Gewichtshilfe

falsch

Reiter knickt in der Hüfte ein – das Gewicht wird auf die falsche Seite verlagert

richtig

einseitig belastende Gewichtshilfe

zum vermehrten Herantreten in Richtung unter den Schwerpunkt und zum deutlichen Abfußen an. Aus der natürlichen, aufrechten Haltung des Oberkörpers heraus (wobei das „mäßig angespannte Kreuz" dem Reiter hilft, mit den Bewegungen des Pferdes mitzuschwingen), wird die beidseitig belastende oder auch die einseitig belastende Gewichtshilfe gegeben.
Dazu ist ein verstärktes „Kreuzanspannen" notwendig. Dies bedeutet, dass der Reiter für einen kurzen Moment die Phase des Anspannens der Bauch- und unteren Rückenmuskulatur verstärkt, wenn nötig auch für einige hintereinander folgende Schritte, Tritte oder Sprünge. Dadurch wird das Pferd aufgefordert, weiter in Richtung unter den Schwerpunkt zu treten und mit den Hinterbeinen vermehrt Last aufzunehmen. Auf keinen Fall darf der Reiter das „Kreuzanspannen" als dauernde Hilfe einsetzen. Durch dieses falsch verstandene Anspannen der Rumpfmuskulatur wird das Pferd

abgestumpft und eher in der Vorwärtsbewegung blockiert als zum weiteren Untertreten veranlasst. Der Reiter würde dadurch außerdem nicht mehr in der Mittelpositur mitschwingen können, was einen steifen und unelastischen Sitz zur Folge hätte. Diese Hilfe ist richtig angewandt, wenn sie kaum sichtbar durchgeführt wird.

Ohne die kurzen Impulse dieser intensiveren Gewichtshilfe würden etwa Paraden, also die Vorbereitungen zu Übergängen und Lektionen zu sehr über die Zügelhilfen erfolgen. Die Hinterbeine würden nicht genügend angeregt, vermehrt in Richtung unter den Schwerpunkt zu treten und mehr Last aufzunehmen.

Die Kontrolle des Reiters über seine Schwerpunktverlagerung beziehungsweise sein Gleichgewicht ist dabei von absoluter Bedeutung. Ein Zurücknehmen des Oberkörpers, ein verkrampftes Anspannen der Gesäßmuskulatur, ein Hochziehen der Oberschenkel und der Knie sowie das damit verbundene Vorrutschen der Unterschenkel behindern deutlich die Wirkung dieser Hilfe und sind falsch.

Die *einseitig belastende Gewichtshilfe* ist bei allen Lektionen, bei denen das Pferd gestellt oder gebogen ist, eine wichtige Unterstützung der Zügel- und Schenkelhilfen, beim gut ausgebildeten Pferd sogar die entscheidende Hilfe. Durch diese Gewichtshilfe wird das gut gerittene Pferd aufgefordert, durch entsprechendes Abwenden das gemeinsame Gleichgewicht mit dem Reiter beizubehalten. Der Reiter verlagert sein Gewicht etwas mehr auf den inneren Gesäßknochen. Dabei senkt sich die Hüfte geringfügig und das nach wie vor gewinkelte Knie erhält eine tiefere Lage.

Entlastende Gewichtshilfe

Viele Reiter neigen dazu, diese Gewichtshilfe zu übertreiben. Dadurch knicken sie in der inneren Hüfte ein und rutschen mit dem Gesäß zur falschen Seite. Der Reiter sollte daran denken, dass diese Hilfe für den Außenstehenden kaum erkennbar sein sollte. Der vermehrte Druck auf den inneren Gesäßknochen erfolgt schon dadurch, dass der äußere Schenkel aus der Hüfte heraus verwahrend zurückgenommen wird. Ein zu starkes Austreten des inneren Bügels bewirkt häufig ein Durchdrücken des inneren Knies und damit erst recht ein Sitzen zur falschen Seite.

Der Reiter muss auf der jeweiligen Seite den Bügel vermehrt austreten. Durch diese Gewichtshilfe wird das gut gerittene Pferd aufgefordert, durch entsprechendes Abwenden das gemeinsame Gleichgewicht mit dem Reiter beizubehalten.

Die *entlastende Gewichtshilfe* wird angewandt, wenn der Rücken oder die Hinterhand des Pferdes entlastet werden sollen, in der dressurmäßigen

Arbeit zum Beispiel beim Anreiten junger Pferde, beim Lösen und bei den ersten Übungen des Rückwärtsrichtens. Dazu verlagert der Reiter sein Gewicht ein wenig auf seine Oberschenkel und die Steigbügel. Das Gesäß bleibt im Sattel, während der Oberkörper, je nach Grad der Entlastung, leicht vor die Senkrechte genommen wird.

Bei allen Gewichtshilfen, die in Wendungen und auf gebogenen Linien gegeben werden, soll der Reiter sowohl im Dressursitz als auch im leichten Sitz voll ausbalanciert im Gleichgewicht sitzen und sich den Bewegungen des Pferdes anpassen. Dabei müssen die Schultern und Hüften des Reiters in ihrer natürlichen Haltung bleiben. Innere Schulter und Hüfte dürfen nicht zurückhängen. Ein übertriebenes Vorschieben ist ebenso fehlerhaft.

Ein Reiter, der aus einer korrekten Sitzgrundlage heraus losgelassen zu Pferde sitzt und seine Hilfen bewusst und gleichzeitig gefühlvoll einsetzt, wird auch in Wendungen im Gleichgewicht sitzen.

Schenkelhilfen

Die Einwirkung mit den Schenkeln veranlasst die Bewegung des Pferdes und erhält sie aufrecht. Der Schenkel wirkt daher immer auch treibend. Schenkelhilfen können folgendermaßen eingesetzt werden:

- *vorwärts treibend,*
- *vorwärts-seitwärts treibend,*
- *verwahrend.*

Der *vorwärts treibende Schenkel* liegt dicht hinter dem Gurt, also so, dass der Absatz lotrecht unter der Hüfte ist. Bei weich am Pferdeleib anliegenden Unterschenkeln kommt die Einwirkung bereits dadurch zustande, dass der Rumpf des Pferdes sich im Rhythmus des Bewegungsablaufes wechselweise vermehrt nach rechts oder links wölbt. Dadurch wird das Gewicht des anliegenden Unterschenkels zur Seite geschoben, wodurch ein gewisser Druck auf die Seiten des Pferdes erzeugt wird.

Das Pferd holt sich also bei jedem Schritt oder Tritt eine Einwirkung des stetig anliegenden Schenkels und treibt sich dadurch gleichsam selbst, ohne dass der Reiter aktive Muskelarbeit leistet. Voraussetzung hierfür ist natürlich, dass das Pferd in seiner Grundausbildung das dazu erforderliche Feingefühl erworben hat.

Lage des Schenkels

Lage des vorwärts-treibenden Schenkel

Lage des vorwärts-seitwärts treibenden Schenkel

Lage des verwahrenden Schenkel

Durch ein stärkeres, kurzes Anspannen der Wadenmuskulatur wird das jeweilige Hinterbein vermehrt zum Abfußen veranlasst. Diese Wirkung ist besonders dann gegeben, wenn der Reiter entsprechend dem Bewegungsablauf in dem Augenblick einen Impuls gibt, in dem der gleichseitige Hinterfuß abfußt.
Bei Pferden, die auf eine solche kurz dauernde Einwirkung noch nicht reagieren, muss der Reiter durch verstärkte Impulse das Pferd sensibilisieren. Auf keinen Fall darf der Schenkel dabei klemmen.

Der *vorwärts-seitwärts treibende Schenkel* bewirkt, dass entsprechend der zu reitenden Übungen oder Lektion das jeweilige Hinterbein oder die diagonalen Hinter- und Vorderbeine gemeinsam vorwärts-seitwärts übertreten. Dazu wird der Schenkel ungefähr eine Handbreit zurückgenommen. Er darf dabei keinesfalls hochgezogen werden. Auch diese Hilfe gelingt dann am besten, wenn der Reiter in dem Augenblick einwirkt, indem das jeweilige Hinterbein abfußt.

Der *verwahrende Schenkel* liegt etwa in der gleichen Position wie der vorwärts-seitwärts treibende, wird aber weniger aktiv eingesetzt. Wirkt ein Schenkel vorwärts oder vorwärts-seitwärts treibend, so muss der andere Schenkel als Gegenüber verwahren. Erst durch dieses Zusammenspiel wird die seitwärts-treibende Schenkelhilfe den richtigen Erfolg haben.

Die Aufgabe des verwahrenden Schenkels besteht darin, eine seitliche Bewegung der Hinterhand oder das Ausweichen zu begrenzen oder zu verhindern. Er veranlasst also, dass Vorder- und Hinterbein in der gleichen Spur bleiben und das Pferd somit gleichmäßig an beide Zügel herantritt.
Der verwahrende Schenkel ist immer für die Vorwärtsbewegung mitverantwortlich. Alle Hilfen werden grundsätzlich mit ruhig anliegendem Schenkel gegeben. Ein vorübergehender stärkerer Einsatz darf nur im Einzelfall, gewissermaßen zur Ermahnung, impulsartig erfolgen.

Zügelhilfen

Die Zügelhaltung erfolgt bei Zäumung auf Trense, indem die Zügel unverdreht und gleichlang zwischen dem kleinen und dem Ringfinger ergriffen werden, sodass die glatte Lederseite nach außen zeigt. Die zusammengeschnallten Zügelenden hängen über dem zweiten Gelenk des Zeigefingers nach rechts und unter dem rechten Zügel herab.

Die Hände sind geschlossen. Die mäßig gekrümmten Daumen drücken die Zügel leicht auf die Zeigefinger und verhindern ein Durchrutschen. Die Hände werden aufrecht getragen und zwar so hoch, dass Unterarm – Zügel – Pferdemaul etwa eine Gerade bilden. Der Zwischenraum der Hände ist abhängig von der Stärke des Pferdehalses, da die Zügellinie auch von oben gerade sein soll. Das Korrigieren des Zügelmaßes wird durch das Nachfassen der Zügel geregelt. Dabei übergibt die Hand, auf deren Seite verkürzt werden soll, den Zügel in die andere Hand. Die frei werdende Faust öffnet die Finger und gleitet am Zügel so weit nach vorne wie nötig. Es genügt oftmals ein geringes Nachfassen, das aber doch notwendig ist, um das Gleichmaß beider Zügel und die Anlehnung zu erhalten.

Das Verkürzen ist fehlerhaft, wenn die jeweilige Hand am Zügel vorwärts „krabbelt", ohne also den Zügel in die andere Hand zu übergeben. Diese Vorgehensweise wirkt störend auf das Pferdemaul, gefährdet die elastische Anlehnung und verhindert eine sichere Kontrolle des Zügelmaßes.

Beim Reiten von Wendungen und gebogenen Linien soll die äußere Hand immer möglichst dicht am Hals beziehungsweise Widerrist bleiben, damit der äußere Zügel in seiner ganzen Länge am Pferdehals anliegt.

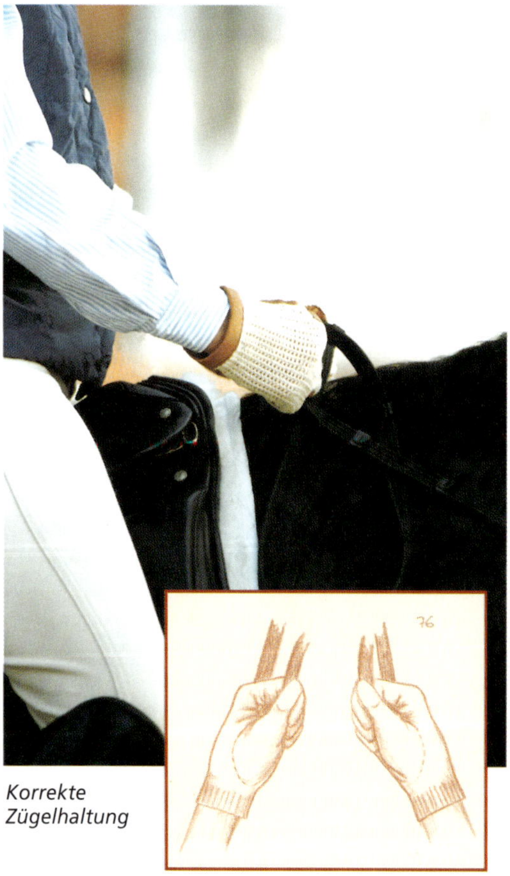

Korrekte Zügelhaltung

Gelegentlich kann es für den fortgeschrittenen Reiter zur Korrektur seines Pferdes sinnvoll sein, für einen Moment eine Hand etwas höher zu tragen als die andere. Auf gebogenen Linien und in Wendungen darf dies niemals die äußere Hand sein.

In einigen Situationen, wie etwa beim Bergab-Reiten oder beim Reiten im leichten Sitz über längere Strecken, kann der Reiter die Zügelbrücke zu Hilfe nehmen, die das Beibehalten seines Gleichgewichtes unterstützt. Hierzu wird das aus der linken Hand kommende Ende des Zügels zwischen Daumen und Zeigefinger durch die volle rechte Hand geführt, sodass ein zirka 15 bis 20 cm langes Zwischenstück zwischen linker und rechter Hand des Reiters verbleibt. Dieses Zwischenstück legt der Reiter vor dem Widerrist über den Hals des Pferdes und hält es mit beiden Daumen seitlich vom Mähnenkamm fest. Die Daumen bilden so einen Drehpunkt, mit dessen Hilfe der Reiter eine gleich bleibende Zügelanlehnung zum Pferdemaul erhalten kann.

Fehler in der Zügelhaltung sind unter anderem:

- Ein steifes Handgelenk, wodurch die elastische Verbindung zum Pferdemaul behindert wird.
- Eine geöffnete Faust hat zur Folge, dass sich bei herausgezogenem Ringfinger das Zügelmaß ständig verlängert, wodurch der Reiter zum Zurücknehmen seiner Hände in Richtung Bauch verleitet wird.
- Durch verdeckte Fäuste kann der Reiter keine gefühlvollen Zügelhilfen aus dem Handgelenk heraus geben. Er ist vielmehr gezwungen, diese Hilfen aus dem ganzen Arm oder auch Rumpf heraus zu geben, was sich insbesondere beim Annehmen der Zügel falsch auswirkt.
- Ein Herüberdrücken der Hand über den Mähnenkamm ist wegen der fehlerhaften Gebisswirkung im Pferdemaul ein schwerwiegender Fehler. Dadurch wird das Pferd zwangsläufig eng im Hals und ein Verwerfen im Genick ist die Folge.

Für den Einsatz der Zügelhilfen sind – im Hinblick auf die Ausbildungsziele unserer Reitlehre – zwei Grundsätze besonders wichtig:
Zügelhilfen dürfen nur in Verbindung mit Gewichts- und Schenkelhilfen gegeben werden. Nur bei einem durchlässigen, sicher über den Rücken gehenden Pferd können die Zügelhilfen über Maul, Genick, Hals und Rücken bis auf die Hinterhand wirken.

Der Reiter kann mit den Zügeln

- nachgeben,
- annehmen,
- durchhalten,
- verwahren,
- seitwärts weisen.

Nachgebende und annehmende Zügelhilfen müssen immer im Zusammenhang gesehen werden; ob das Nachgeben oder das Annehmen zuerst kommt, hängt von der Situation beziehungsweise

Fehler in der Zügelhaltung

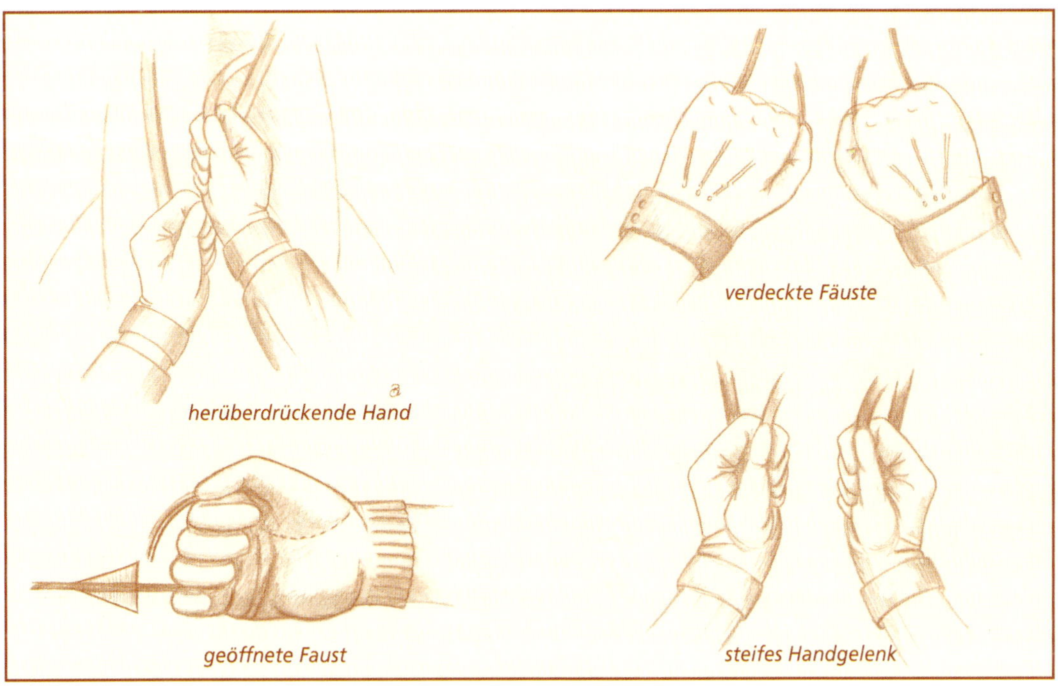

von der Haltung des Pferdes ab. Wichtig dabei ist die angemessen feine, also gefühlvolle Dosierung aus dem Handgelenk heraus. Dies ist nur bei korrekter, aufrechter Haltung der Zügelfaust und einem elastischen Handgelenk möglich.

Nachgebende und annehmende Zügelhilfen finden ihre Anwendung immer in Verbindung mit entsprechenden Gewichts- und Schenkelhilfen, zum Beispiel:

- bei allen halben Paraden, also bei Übergängen von einer Gangart in die andere oder innerhalb einer Gangart,
- bei ganzen Paraden,
- zur Verbesserung der Selbsthaltung und Anlehnung,
- zur Vorbereitung auf jede neue Lektion/Übung,
- immer, wenn das Pferd gestellt oder gebogen werden soll, gegebenenfalls beim Rückwärtsrichten.

Die *annehmende Zügelhilfe* wird gegeben, indem je nach notwendiger Intensität die Faust für einen kurzen Moment vermehrt geschlossen oder, bei einer entsprechend stärkeren Hilfe, das Handgelenk etwas nach innen eingedreht wird. Für die annehmende Zügelhilfe gilt ganz besonders die Warnung, niemals im Annehmen stecken zu bleiben. Tritt die Reaktion des Pferdes nicht sofort ein, dann darf diese Hilfe nicht in „Ziehen am Zügel" ausarten, sondern muss im Wechsel mit nachgebenden Hilfen wiederholt angewandt werden.

Merke:
Jeder annehmenden Zügelhilfe muss eine nachgebende folgen.

Erfolgt die *nachgebende Zügelhilfe* nach dem annehmenden Zügel, dann bedeutet dies ein Zurückgehen der Hände in die Grundhaltung. Es kann aber auch bedeuten, dass der Reiter, ohne anzunehmen, aus der Grundhaltung heraus die Faust leicht öffnet oder mit der Zügelfaust insgesamt etwas vorgeht. Bei der nachgebenden Zügelhilfe ist besonders darauf zu achten, dass sie nicht ruckartig gegeben wird und kein „springender Zügel" entsteht. Der Reiter muss mit der Hand also nur leicht werden und darf die elastische Verbindung zwischen Reiterhand und Pferdemaul nicht aufgeben. In bestimmten Situationen genügt ein Nachgeben aus dem Handgelenk nicht, sondern ein Nachgeben aus dem Ellenbogen- und Schultergelenk wird notwendig, beispielsweise wenn dem Pferd die Gelegenheit zum Längermachen des Halses gegeben werden soll (zum Beispiel Rahmenerweiterung bei Verstärkungen, Zügel-aus-der-Hand-kauen-lassen). Die nachgebende Hand muss immer direkt in Richtung Pferdemaul vorgehen.

Die *durchhaltende Zügelhilfe* setzt der Reiter ein, wenn das Pferd gegen oder über den Zügel geht. Bei durchlässigen Pferden kann sie, entsprechend fein dosiert, auch den annehmenden Zügel ersetzen, etwa beim Rückwärtsrichten oder bei Paraden. Diese Zügelhilfe wird gegeben, indem die auf ihrem Platz verbleibenden Hände fest geschlossen werden und den vermehrten Druck des Pferdes auf das Gebiss aushalten, so lange, bis das Pferd sich am Zügel abstößt und leicht in der Hand wird. Diese Zügelhilfe darf dabei aber weder rückwärts wirken, noch zu lange ausgedehnt werden. Gleichzeitiges Anspannen des „Kreuzes" und treibende Schenkelhilfen sind Voraussetzung für die durchhaltende Zügelhilfe.
Wichtig ist, dass in dem Augenblick, in dem das Pferd leicht am Gebiss wird und im Genick nachgibt, der Reiter ebenfalls sofort mit der Hand leicht wird. Dies gilt auf gebogenen Linien und in Wendungen besonders für die innere Hand.

Die *verwahrende Zügelhilfe* ergänzt bei jedem Stellen oder Biegen des Pferdes den annehmenden (Stellung gebenden) inneren Zügel.
Der verwahrende Zügel ist gegeben, wenn der Reiter mit der äußeren Hand gut dosiert so viel nachgibt, wie der innere Zügel angenommen wurde und das Pferd sich im Genick stellen oder im Hals biegen kann. Er muss aber auch begrenzen, damit

der Hals nicht zu viel abgestellt wird oder es zum „Ausfallen über die äußere Schulter" kommt. Auch bei dieser Zügelhilfe sollte die Hand tief geführt werden. Respektiert das Pferd die verwahrende Zügelhilfe nicht genügend, kann es durchaus notwendig sein, gewissermaßen zum Aufmerksam machen, diesen Zügel einmal kurz anzunehmen und wieder nachzugeben.

Die *seitwärts weisende Zügelhilfe* weist dem Pferd bei Wendungen die Richtung. Insbesondere bei jüngeren Pferden und beim Erlernen der Seitengänge ist diese Hilfe von Nutzen. Sie ist in der Regel mit der leicht annehmenden Zügelhilfe verbunden, die das Pferd stellt oder für die Wendung biegt. Sie wird daher also mit der inneren Hand gegeben. Dazu nimmt der Reiter die Hand, die er zum Stellen oder Biegen leicht aus dem Handgelenk heraus eingedreht hat, einige Zentimeter vom Hals, so als ob er die Nase des Pferdes in die entsprechende Richtung führen wollte. Diese seitwärts weisende Zügeleinwirkung verlangt aber zum Abschluss oder vor einer Wiederholung ein besonders deutliches Nachgeben in Richtung Pferdemaul. Diese Hilfe kann zum Beispiel beim Einleiten der Hinterhandwendung gegeben werden.

Die Hand bestimmt zusammen mit den treibenden Hilfen den Rahmen, in dem sich das Pferd bewegen soll. Die Zügelhilfen dürfen niemals aktiv und allein das Nachgeben des Pferdes im Genick erzwingen wollen.
Ein Pferd, das in williger Anlehnung geht, den Zügelhilfen nachgibt und dem Reiter, sowohl im Halten als auch im Gange, das Gefühl einer sicheren und weichen Verbindung zwischen Hand und Pferdemaul verleiht, „steht am Zügel".

Merke:
Der fehlerhaften igung vieler Reiter, die Zügelhilfen zu stark einzusetzen, also zu viel mit den Händen und zu wenig durch Gewichts- und Schenkelhilfen einzuwiren, muss energisch entgegengewirkt werden.

Pferd „steht am Zügel"

Pferd am langen Zügel

Pferd mit hingegebenem Zügel

Merke:
Beim Reiten auf Kandare muss der Reiter sein Zügelmaß besonders häufig und sorgfältig überprüfen.

Ein Pferd geht am langen Zügel, wenn es den Hals natürlich trägt und eine stete Verbindung mit der Reiterhand hat. Die Zügel müssen dabei leicht anstehen, ohne dass dem Pferd eine zu starke Beizäumung abverlangt wird. Eine leichte Genickkontrolle muss erhalten bleiben.
Ein Pferd geht mit hingegebenem Zügel, wenn keine Verbindung mehr zwischen Reiterhand und Pferdemaul besteht. Der Zügel wird an der Schnalle angefasst.
Für die Zügelführung bei Zäumung auf Kandare gelten folgende Grundsätze:
Das Pferd muss sicher in der Anlehnung sein und durchlässig auf die Hilfen des Reiters reagieren. Nur dann können durch die Kandare verfeinerte Zügelhilfen ihren Zweck erfüllen. Lektionen der Klasse L müssen erst auf Trense geübt werden, bevor mit Kandare geritten wird.

Der Reiter muss zunächst das Gefühl für die feinere Zügelführung erlernen. Die Zügelhilfen werden wie beim Reiten auf Trense gegeben, wobei aber die Elastizität der Hände von noch größerer Bedeutung ist, da durch die Hebelwirkung die Einwirkungen auf das Maul verstärkt werden. Der Reiter muss ständig darauf achten, nicht ungewollt zu stark mit der Kandare einzuwirken.

In Wendungen darf vor allem der äußere Kandarenzügel nicht klemmen, da sich die Pferde sonst leicht im Genick verwerfen.
Bei der Zügelführung werden verschiedene Handhabungen unterschieden. Üblicherweise wird mit geteilten Zügeln (2:2) geritten und zwar so, dass die Trense wie gewohnt unterhalb des Ringfingers liegt und die Kandarenzügel zwischen Ringfinger und Mittelfinger.

Merke:
Die wichtigste Vor-
aussetzung für das
Reiten mit Kandare
ist ein korrekter, au
balancierter und lo
gelassener Sitz, de
es dem Reiter ermö
licht, vom Sitz una
hängige Zügelhilfe
zu geben.

Ein ausbalancierter Sitz ist Voraussetzung für das Reiten auf Kandare.

Gebräuchliche Arten der Zügelführung beim Reiten auf Kandare, wenn mit geteilten Zügeln geritten wird.

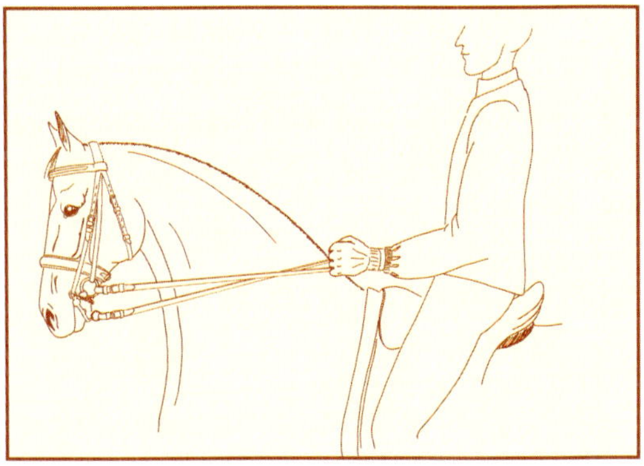

Geteilte Zügelführung: Trense – unterhalb des Ringfingers, Kandare – zwischen Ringfinger und Mittelfinger

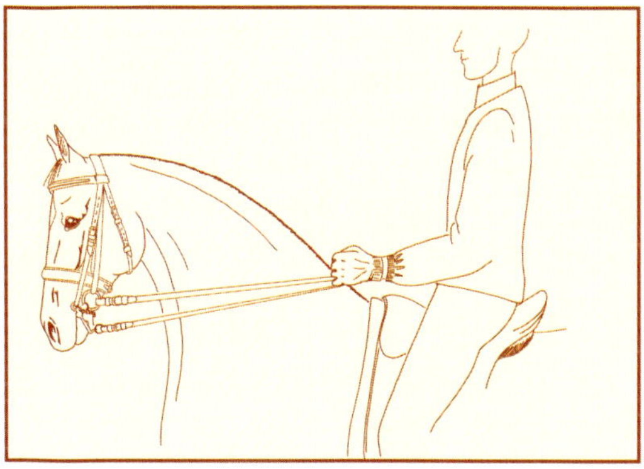

Geteilte Zügelführung: Trense – unterhalb des Ringfingers, Kandare – unterhalb des kleinen Fingers

Die Zügelenden laufen dann wieder vereint über die Zeigefinger unter den Daumen her und hängen nach rechts herab. Beim Grüßen übernimmt die linke Hand die beiden rechten Zügel. Die vier Zügelenden hängen unter den rechten Zügeln am Pferdehals herab.

Ganz ähnlich wirkt die geteilte Zügelführung, wenn der Trensenzügel unterhalb des kleinen Fingers, der Kandarenzügel zwischen kleinem und Ringfinger geführt wird. Die geteilte Zügelführung kann aber auch so gehandhabt werden, dass die Unterlegtrense unterhalb des Ringfingers liegt und die Kandarenzügel unterhalb des kleinen Fingers. Diese Zügelführung erfordert viel Erfahrung, weil beim Eindrehen der Faust die Wirkung der Kandare vorherrscht.

Zügelführung mit „angefasster Trense“ (3:1) und „durchgezogener Trense“ (Zügel in einer Hand) sowie Fillis-Zügelführung ist nur für den fortgeschrittenen Reiter von Fall zu Fall zu empfehlen.

Besonderheiten der Hilfengebung im leichten Sitz

Die Hilfengebung im leichten Sitz unterliegt den gleichen Grundsätzen wie im Dressursitz.
Wenn auch der Pferderücken nicht direkt belastet wird, so kann durch die Verlagerung des Reitergewichtes eine gleiche Einwirkung erzielt werden. Es ist immer darauf zu achten, dass das Pferd vor den treibenden Hilfen bleibt.

Zum Aufnehmen des Pferdes, zum Beispiel zwischen Sprüngen, verlagert der Reiter seinen Schwerpunkt durch leichtes Aufrichten des Oberkörpers nach hinten. Das Gesäß kommt näher an den Sattel. Durch diese vermehrte Einwirkung wird das Pferd angeregt, weiter in Richtung unter den Schwerpunkt zu springen und vermehrt mit der Hinterhand zu tragen. Das kann insbesondere in Wendungen und vor Hindernissen wichtig sein, ebenso wie beim Reiten von Übergängen und Tempounterschieden.

Beim Zulegen wirken die Unterschenkel treibend und erhöhen somit den Fleiß und den Schub des Pferdes aus der Hinterhand. Je höher das Tempo,

desto weiter wird der Oberkörper nach vorne geneigt, um den Pferderücken entsprechend zu entlasten.
Oftmals wird dabei fälschlicherweise im Sattel schwer Platz genommen. Steht das Pferd sicher an den Hilfen ist dieses zusätzliche „Einsitzen" nicht notwendig. Es kann sogar dazu führen, dass das Pferd den Rücken wegdrückt und die Galoppade gestört wird.

Nur wenn das Pferd nicht genügend in Richtung unter den Schwerpunkt galoppiert, muss durch diese zusätzliche Gewichtshilfe das Pferd in der Hinterhand aktiviert werden, bevor im Tempo zugelegt wird. Der Oberkörper darf dabei niemals hinter die Senkrechte zurückgenommen werden.
In Wendungen sind der verwahrende Schenkel und der äußere Zügel besonders wichtig. Gerade in höherem Tempo neigt das Pferd dazu, über die äußere Schulter auszufallen. Das Pferd muss also auch im leichten Sitz durch die Einwirkungen des Reiters von den Hilfen eingerahmt werden und dabei durchlässig bleiben.
Die Zügelhilfen müssen, genau wie im Dressursitz, unabhängig von den Bewegungen des Körpers gegeben werden können. Die Verbindung zwischen Reiterhand und Pferdemaul soll ebenso stetig und weich federnd sein. Die unterschiedlichen Ausprägungen der Entlastung und die damit verbundene unterschiedliche Neigung des Oberkörpers bedingen ein häufigeres Korrigieren des Zügelmaßes.

Das Pferd wird im leichten Sitz, insbesondere beim Springen und Geländereiten zwar auch mit Anlehnung geritten, nicht aber unbedingt mit Beizäumung. Das vorwärts galoppierende Pferd, das den Reiter im leichten Sitz mit einer veränderten Schwerpunktlage trägt, braucht den Hals als Balancierstange. Deshalb ist es falsch, Pferde, besonders im Parcours, vornehmlich mit der Hand beizuzäumen und damit ihr Blickfeld einzuschränken und ihr Gleichgewicht zu stören.

Auch im leichten Sitz muss das Pferd von den Hilfen des Reiters eingerahmt werden. Nur so können, wie hier zum Beispiel in einer Wendung, Reiter und Pferd im Gleichgewicht bleiben.

Ein fester Knieschluss und ein senkrechter Unterschenkel sind erforderlich, um das Gleichgewicht im Rennbahntempo halten zu können.

Besonderheiten der Hilfengebung im Rennsitz

Im Rennsitz erfolgt das notwendige Treiben durch die natürliche Bewegung des Oberkörpers im Rhythmus des Renngalopps, die sich über die Kniepartie treibend auf das Pferd überträgt. Beim Reiten der Rennbahnkurven (Wendungen) ist eine vermehrte Anlehnung am äußeren Zügel und eine Gewichtsverlagerung nach innen notwendig, um die Balance zwischen Reiter und Pferd zu halten.
Das Springen einzelner Rennbahnhindernisse soll grundsätzlich mit gleichmäßigem Rhythmus ohne Ausgleichen nach rückwärts erfolgen. Durch das Training muss erreicht werden, dass Pferde auf der Rennbahn fließend springen und den Absprung selbstständig wählen. Beim Nachgeben über dem Sprung muss die sichere Anlehnung aufrechterhalten werden. Die Position des Reiters bleibt möglichst unverändert, um das Pferd nicht zu stören.

Beim Springen von Rennbahnhindernissen muss die sichere Anlehnung aufrecht erhalten werden.

Hilfsmittel

Zur besseren Verständigung mit dem Pferd beziehungsweise zur Unterstützung der Hilfengebung können die Stimme des Reiters, die Reitgerte und die Sporen eingesetzt werden.
Die Stimme als Hilfsmittel ist beim Anreiten junger Pferde unentbehrlich. Bei älteren Pferden sollte sie sparsam verwandt werden, da sonst eine Gewöhnung oder auch Abstumpfung eintritt. In Dressurprüfungen ist der hörbare Gebrauch der Stimme nicht erlaubt.
Beim Einsatz der Stimme kommt es in erster Linie auf den richtigen Tonfall an. Eine ruhige, tiefe Stimmlage wirkt auf das Pferd beruhigend, während ein kurzes, präzise im richtigen Moment angewandtes Schnalzen mit der Zunge oder ein kurzes Ansprechen guten Aufforderungscharakter hat. Die beruhigende Stimme ist beim Kennenlernen neuer Lektionen (zum Beispiel Halten oder Rückwärtsrichten) sinnvoll ebenso wie bei allgemeiner Aufregung durch äußere Einflüsse.

Merke:
Die Stimme ist in erster Linie ein Hilfsmittel, um das Vertrauen des Pferdes zu erhöhen.

Das Auffordern mit der Stimme kann die Aufmerksamkeit des Pferdes erhöhen, die treibenden Hilfen unterstützen und die Konzentration auf den Reiter lenken. Das Pferd hat dank seiner großen, beweglichen Ohren ein viel besseres Gehör als der Mensch, sodass laute Worte nicht nur unnötig, sondern störend sein können.
Sind mehrere Reiter in der Bahn, sollte die Stimmhilfe besonders dezent und sparsam gegeben werden.

Die Haltung der Gerte

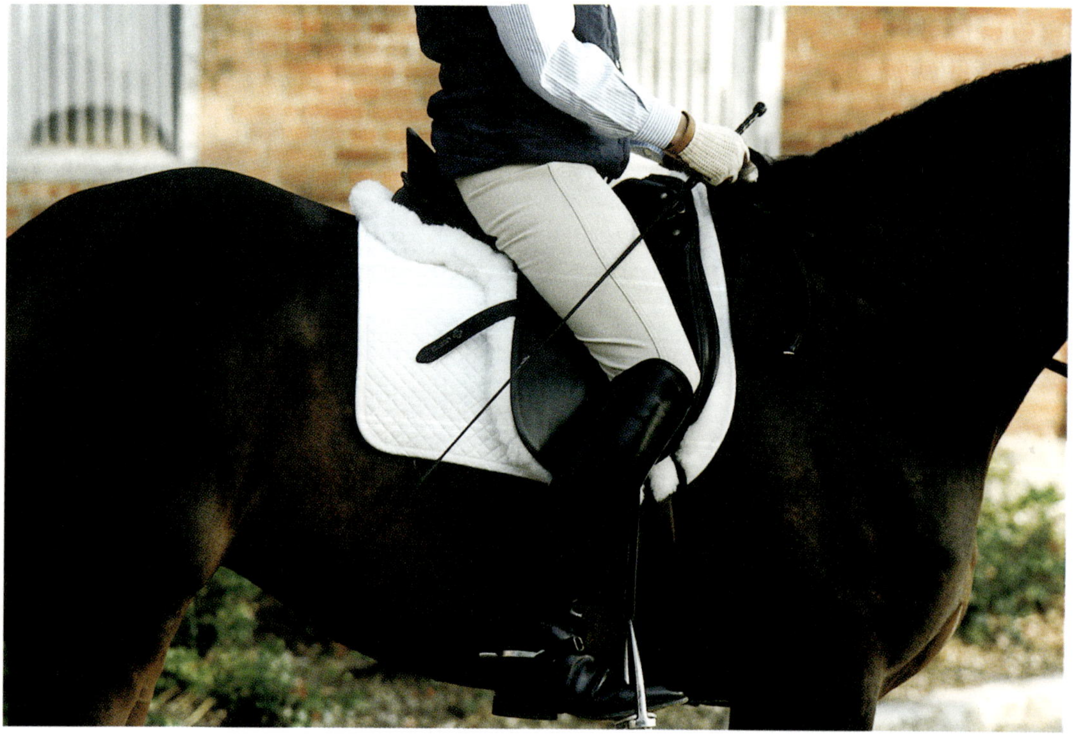

Die Gerte wird angewandt, um die Aufmerksamkeit zu erhöhen. In der dressurmäßigen Arbeit dient sie auch dazu, die Tätigkeit der Hinterhand zu verbessern.

Eine Dressurgerte wird nicht ganz am oberen Ende angefasst, sondern etwas näher an ihrem Schwerpunkt. Ihr unteres Ende zeigt schräg über den Oberschenkel des Reiters abwärts. Ohne mit der Hand im Maul zu stören, wird das Pferd dicht hinter dem Unterschenkel touchiert. Ein Anlegen der Gerte im Flankenbereich oder hinter dem Sattel ist in der Regel unzweckmäßig, da viele Pferde darauf mit hoher Kuppe, nicht aber mit verbesserter Aktivität der Hinterbeine reagieren. Die Dressurgerte kann auch an der Schulter touchieren, um die verwahrenden oder seitwärts treibenden Hilfen zu unterstützen.

Der Einsatz der Gerte ist zweckmäßig bei

- wenig gerittenen Pferden, um die treibende Einwirkung von Gewicht und Schenkel zu unterstützen,
- bei weiter ausgebildeten Pferden, die nicht genügend auf den Schenkeldruck reagieren.

In der Reithalle wird die Gerte üblicherweise zur Innenseite der Bahn getragen, um ein Schleifen an der Bande zu verhindern. Ansonsten wird die Gerte auf der Seite getragen, auf der ihr Einsatz zur Unterstützung notwendig ist.
Soll die Gerte von einer Hand in die andere gewechselt werden, werden beide Zügel in die gertenführende Hand genommen. Die übernehmende Hand zieht die Gerte langsam aus der führenden Hand nach oben heraus, geht dann auf ihrer Seite wieder in Zügelhöhe und übernimmt den jeweiligen Zügel.

Der dosierte und richtige Einsatz erfordert sehr viel Feinfühligkeit des Reiters. Ein kurzes, präzises Auffordern ist dabei sinnvoller als ein ständiges und somit abstumpfendes Antippen. Das Pferd sollte mit Respekt, aber ohne Angst auf die Gertenhilfe reagieren. Niemals darf der Reiter aus Ungeduld schlagen. Das Anlegen der Gerte hat genauso im Bewegungsrhythmus zu erfolgen wie der vortreibende Schenkeldruck. Gertengebrauch, der Unregelmäßigkeit in der Bewegung des Pferdes verursacht, ist immer falsch.

Merke:
Das Ziel jeder Ausbildung mit Hilfszügeln muss sein, diese im weiteren Verlauf überflüssig zu machen.

Für das Springen wird die Springgerte benutzt. Sie ist zirka 75 cm lang, sollte einen kräftigen, gut in der Hand liegenden Griff und am Ende eine Lederklatsche haben. Sie wird, falls notwendig, an der Schulter des Pferdes, möglichst im Rhythmus der Bewegung, eingesetzt. Durch das Geräusch der Klatsche wirkt sie auffordernd. Sie kann auch den verwahrenden äußeren Zügel unterstützen und verhindern, dass das Pferd über die Schulter ausbricht.

Wird die Springgerte bei einem Ungehorsam korrigierend angewandt, nimmt der Reiter die Zügel vorübergehend in eine Hand und setzt die Gerte hinter dem Schenkel ein.

Sporen werden in erster Linie benutzt, um feinere Schenkelhilfen zu ermöglichen und erst in zweiter Linie, um die Wirksamkeit zu erhöhen. In diesem Sinne können die Sporen die Gerte ergänzen. Voraussetzung dafür ist, dass der Reiter seine Schenkelhilfen bewusst und unabhängig vom Sitz geben kann. In der Grundausbildung genügt in der Regel ein 2 bis 3 cm langer, stumpfer Sporn.

Für den Einsatz der Sporen ist, wie für alle übrigen Hilfen, ein kurzer, präziser Einsatz sinnvoller als ein ständiger und damit abstumpfender Gebrauch.
Sollte es nötig sein, ein Pferd wegen mangelnder Gehfreude oder fehlendem Respekt vor den treibenden Hilfen mit Gerte oder Sporen energisch zum Vorwärtsgehen aufzufordern, so muss unbedingt darauf geachtet werden, dass dabei das Pferd nicht durch die Hand im Maul gestört wird.

Einfache Ausbindezügel

das dressurmäßige Reiten. Auf einem ruhigen Ausritt im Schritt und Trab können aus Sicherheitsgründen eventuell Ausbindezügel genommen werden. Sie müssen beim Reiten über Bodenricks und in unebenem Gelände abgenommen werden. Beim Springen darf nur das Martingal benutzt werden.

Für die gebräuchlichsten Hilfszügel gelten folgende Grundsätze:

Durch die einfachen Ausbindezügel wird bei leichter Genickbiegung eine Anlehnung erreicht, die es dem Reiter erleichtert, auf sein Pferd einzuwirken. Die Ausbinder werden seitlich am Sattelgurt so angebracht, dass ein Herunterrutschen verhindert wird. Die zweckmäßige Höhe ist etwa eine Handbreit über dem Buggelenk des Pferdes. Die Enden der Ausbindezügel werden am Trensenring befestigt. Sie werden gleich lang geschnallt, sodass das Pferd seinen Hals beugt und den Kopf in einer zweckentsprechenden Haltung trägt. Die Stirn-Nasenlinie des Pferdes darf dabei nicht hinter die Senkrechte

Hilfszügel – Anbringen und Gebrauch

Durch Hilfszügel kann die noch unsichere Einwirkung des Reiters auf das Pferd ausgeglichen werden. Der lernende Reiter kann sich also vermehrt auf den Sitz und die Hilfengebung konzentrieren.

Welcher Hilfszügel genommen und in welcher Länge er verschnallt wird, ist abhängig vom Exterieur des Pferdes und von seiner Art und Weise, auf die Hilfen des Reiters zu reagieren (siehe auch Seite 42). Auf alle Fälle müssen die Hilfszügel immer so lang verschnallt werden, dass die Stirn-Nasenlinie des Pferdes an oder vor der Senkrechten ist, aber niemals dahinter. Ausbindezügel eignen sich für Sitzübungen (mit oder ohne Longe) und für

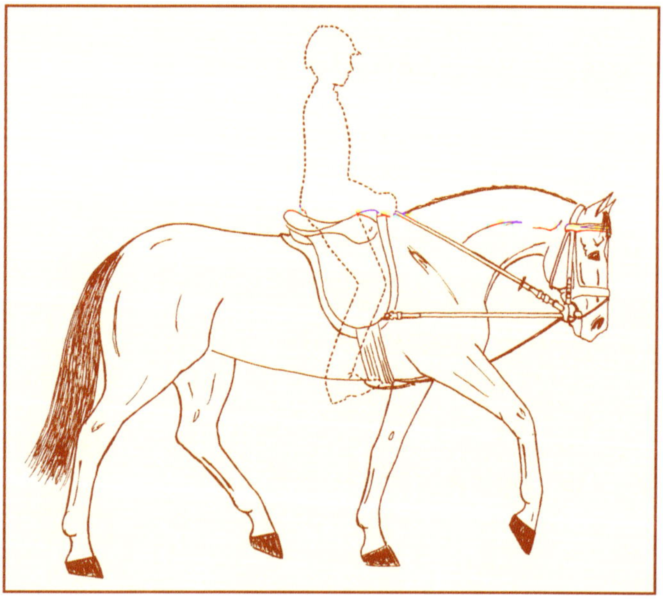

Dreieckszügel

Martingal

kommen. Ausbindezügel werden erst nach dem Nachgurten eingehakt. Während längerer Schrittphasen, am Ende der Reitstunde und beim Springen, ist auf Ausbindezügel stets zu verzichten. Für die Verschnallung des Dreieckszügels gelten die gleichen Grundsätze wie bei den einfachen Ausbindezügeln. Der Dreieckszügel ist besonders vorteilhaft, da sich das Pferd bei Bedarf vorwärts-abwärts dehnen kann. Dies bedeutet für den Reiter in der Grundausbildung aber auch, dass er besser fühlen kann, wenn sich das Pferd auf den Zügel legen will. Er muss dann vermehrt treiben, sodass das Zusammenspiel der Hilfen verständlicher wird.

In diesem Zusammenhang muss vor dem alleinigen Gebrauch des Dreieckszügels beim Longieren gewarnt werden. Das Pferd findet durch die Ausbinder dabei keine stetige und elastische Anlehnung und kann daher auch nicht an das Gebiss herantreten. Für das Longieren sind die einfachen Ausbindezügel und die Laufferzügel besser geeignet.

Das Martingal (gleitendes Ringmartingal) ist kein Ausbindezügel, sondern ein Hilfszügel, der nur in bestimmten Situationen zur Wirkung kommt. Will sich das Pferd vom Zügel freimachen beziehungsweise den Kopf übermäßig hoch nehmen, wird dies durch das richtig verschnallte Martingal erschwert. Außerdem wird die Zügelwirkung von der Lefze auf die Lade umgelenkt, wodurch die Einwirkung der Reiterhand auf das Pferdemaul weicher wird. Der Halsriemen des Martingals kann dem Reiter darüber hinaus im Bedarfsfall, etwa beim Klettern oder Springen, zusätzlichen Halt bieten.

Nach dem Überstreifen des Halsriemens wird das Martingal zwischen den Vorderbeinen am Sattelgurt befestigt. Die Zügel werden geöffnet, durch die jeweiligen Ringe geführt und über dem Hals wieder verschlossen.
Das richtig verschnallte Martingal ist so lang, dass bei normaler Kopfhaltung des Pferdes die Linie des Zügels vom Pferdemaul bis zur Hand des Reiters gerade und ungebrochen verläuft. Das zu kurz geschnallte Martingal hat – ähnlich der Stoßzügel – eine negative Auswirkung, weil es durch den ständigen Widerstand des Pferdes gegen den Druck nach unten die unerwünschte Unterhalsmuskulatur verstärkt.

Neben dem Stoßzügel und dem Laufferzügel (siehe Seite 42) gibt es weitere Hilfszügel, wie Schlaufzügel, Chambon oder Gogue, die jedoch in der Grundausbildung keine Anwendung finden sollten. Diese Hilfszügel gehören ausschließlich in die Hand eines erfahrenen Reiters, da der Gebrauch technisch anspruchsvoll ist und Erfahrung bedarf. Unangemessene Anwendung kann sich nachhaltig auf die Ausbildungsfortschritte und das Vertrauen des Pferdes zum Reiter auswirken und gegebenenfalls dem Pferd Schäden zufügen.

3.4 Gefühl

Eine der wichtigsten Eigenschaften des Reiters ist das „Gefühl". Es wird in der Literatur auch als „Reitertakt" oder „Reitgefühl" bezeichnet.

Klaus Balkenhol · Bundestrainer Dressur

„Hilfen sind das Verständigungsmittel zwischen Reiter und Pferd. Sehr wichtig ist vor allem das einfühlsame und richtige Zusammenspiel der Hilfen, wie zum Beispiel der treibenden und der verhaltenden, ähnlich wie Gas und Bremse beim Autofahren. Hier ist die Dosierung entscheidend. Voraussetzung ist, dass das Pferd die Hilfen richtig versteht, aber noch wichtiger ist es, dass der Reiter um die richtige Art und Anwendung der Hilfen, sowie auch um die mögliche Antwort des Pferdes darauf weiß. Ein erfolgreiches Zusammenarbeiten von Reiter und Pferd ist erst möglich, wenn all diese Voraussetzungen gegeben sind und der Reiter die Hilfen zu einem richtigen Zeitpunkt gefühlvoll und richtig dosiert einsetzt.
Nicht zu unterschätzen ist bei der Hilfengebung die derzeitige körperliche und seelische Verfassung des Pferdes. Ziel ist es, die Hilfen so fein zu geben, dass das Pferd augenblicklich positiv und sensibel reagiert und sich für den Betrachter die Reiterei, auch in den schwierigsten Lektionen, ästhetisch und unkompliziert, als harmonisches Gesamtbild von Reiter und Pferd darstellt.
Nicht zu unterschätzen sind die Stimmhilfen, die in schwierigen Situationen das Vertrauen stärken und dadurch zur besseren Verständigung beitragen und so letztendlich erfolgsfördernd wirken".

Gefühl braucht der Reiter, um
- in der richtigen Art und Weise,
- im richtigen Augenblick,
- in der richtigen Dosierung und
- im richtigen Verhältnis der Gewichts-, Schenkel- und Zügelhilfen auf das Pferd einzuwirken.

Auf dem Ausbildungsweg des Reiters ist das Erlernen und die Verbesserung des Gefühls die wesentliche Voraussetzung für die anzustrebende zunehmende Verfeinerung der Hilfengebung.

Die Reaktion des Pferdes zeigt, ob die Hilfe richtig gegeben wurde. Der Reiter kann somit die Wirkung der Hilfengebung auf ihre Korrektheit und Effektivität überprüfen. Er lernt, Richtiges und Falsches zu unterscheiden und entsprechend zu reagieren.

Merke:
Das „Gefühl des Reiters" sorgt entscheidend für eine harmonische, vertrauensvolle und v kungsvolle Verstä digung zwischen Reiter und Pferd.

Die Bedeutung eines ausgeprägten Gefühls zeigt sich sowohl bei der Ausbildung junger Pferde als auch bei der Arbeit mit bereits weiter ausgebildeten Pferden. Der Reiter
- erfühlt mögliche Fehler bereits im Ansatz und kann frühzeitig vorbeugen oder korrigierend einwirken,
- lässt keine Widersetzlichkeit aufkommen, da er rechtzeitig auf eine einfachere Lektion zurückgreift,
- bemerkt den Augenblick des Nachgebens oder des Widerstandes und kann entsprechend reagieren,
- unterscheidet Übermut und Ungehorsam,
- differenziert zwischen Ermüdung oder Überforderung des Pferdes.

Für das Erlernen und die Verbesserung des Gefühls gibt es unterschiedliche Begabungen. Bestimmte menschliche Eigenschaften sind hierfür vorteilhaft, immer vorausgesetzt, dass genügend Zuneigung und Achtung gegenüber dem Pferd vorhanden sind:

- Einfühlungsvermögen und Sensibilität,
- Anpassungsfähigkeit,
- körperliche Gewandtheit,
- schnelles Reaktionsvermögen,
- Konzentrationsfähigkeit und
- Gefühl für Rhythmus und Bewegungsabläufe.

Das reiterliche Gefühl kann auf verschiedenen Wegen erworben und verfeinert werden: auf einem bereits ausgebildeten und durchlässigen Pferd, durch wertvolle Erklärungen des Reitlehrers und durch eigenes Ausprobieren. Eine Kombination dieser Möglichkeiten ist die beste Methode.

3.5 Einwirkung

Die Hilfen des Reiters sollen dem Pferd Signale geben, sich in einer bestimmten Art und Weise zu bewegen und somit bestimmte Aufgaben zu absolvieren. Die Einwirkung setzt sich aus den Hilfen von Gewicht, Schenkeln und Zügeln zusammen. Einzelne Hilfen können nicht zum Erfolg führen. Nur wenn alle Hilfen gut aufeinander abgestimmt sind, kann eine sichere Einflussnahme entstehen.

Voraussetzung für das richtige Zusammenspiel der Hilfen sind der losgelassene, geschmeidige, korrekte Sitz und das reiterliche Gefühl. Aus der vollen Beherrschung seines Körpers heraus muss der Reiter in der Lage sein, die Hilfen jederzeit unabhän-

Ingrid Klimke · Internationale Vielseitigkeitsreiterin

***„Entscheidend für eine erfolgreiche und korrekte Ausbildung ist zunächst die korrekte Einwirkung auf das Pferd, was nur durch ein Hineinhorchen in das Pferd und das Hineinfühlen in seinen natürlichen Bewegungsablauf möglich ist.
Meiner Meinung nach kann man dieses Gefühl am besten durch die unterschiedlichen Sitzpositionen mit den entsprechend notwendigen Schwerpunktverlagerungen in den einzelnen Bewegungsphasen bei der Dressur, beim Springen und im Gelände erlernen. Es wäre sicherlich hilfreich, wenn beispielsweise auch einige Dressurreiter mal im leichten Sitz galoppieren und Springreiter umgekehrt den korrekten Dressursitz einnehmen würden. Erst die vollkommene Balance und das vollständige Gleichgewicht machen Pferd und Reiter zu einer Einheit und ein geschmeidiges Einwirken des Reiters auf sein Pferd möglich."***

Merke:
Im Zusammenspiel der treibenden und verhaltenden Hilfen gebührt den treibenden Hilfen unbedingt der Vorrang.

gig von der Bewegung des Pferdes in der richtigen Koordination und Intensität zu geben.
Nicht der Kraftaufwand entscheidet über den Erfolg in der Hilfengebung, sondern die geschickte, gut abgestimmte und feine Anwendung. Ein körperlich schwächerer Reiter kann also unter Umständen erheblich mehr Einwirkung haben als ein physisch starker Reiter.

Das Zusammenwirken der treibenden und verhaltenden Hilfen beeinflusst den Bewegungsablauf und den Gehorsam des Pferdes wesentlich. Ein exakt mit dem Bewegungsrhythmus abgestimmtes Wechselspiel dieser Hilfen ist Grundvoraussetzung für die richtige Einwirkung und für einen dauerhaften Erfolg.

Durch zu geringes Treiben und zu starke Handeinwirkung kann das Pferd nicht genügend in Richtung unter den Schwerpunkt treten. Daher muss der Reiter stets bemüht sein, das Pferd schwungvoll nach vorwärts zu reiten, auch im versammelten Tempo. ■

KAPITEL 4

Notwendiges Grundwissen – die Ausbildungsskala

Bevor ein Reiter in der Lage ist, ein Pferd kontrolliert und harmonisch zu reiten, sei es im dressurmäßigen Reiten, über Hindernisse oder im Gelände, sollte er mit den Grundlagen der Ausbildung eines Pferdes vertraut sein. Auch wenn er diese Kriterien noch nicht jederzeit umsetzen und erreichen kann, so sollte er doch die Zusammenhänge verstanden haben.

Die Ausbildung eines Pferdes ebenso wie jede Trainingseinheit richten sich nach der Ausbildungsskala. Das Ziel dieser Ausbildungsskala ist die Durchlässigkeit eines Pferdes.

Der Ausbildungsweg vollzieht sich in 3 Phasen, die wiederum in 6 kleinere Unterabschnitte unterteilt werden können.

Die Ausbildungsskala

Wird von „Ausbildung des Pferdes" gesprochen, darf darunter keinesfalls ein Abrichten verstanden werden. Vielmehr ist die Ausbildung eine systematische Gymnastizierung, bei der es darum geht, das Pferd sowohl in körperlicher als auch in psychischer Hinsicht zur vollen Entfaltung seiner natürlichen Möglichkeiten zu bringen und es zu einem gehorsamen, angenehmen und vielseitig ausgebildeten Reitpferd zu machen.

Merke:
Die Kriterien der Ausbildungsskala müssen von jedem Pferd, unabhängig von seinem Verwe dungszweck, erfü werden, um gehor sam, zwanglos un harmonisch auf di Hilfen des Reiters reagieren.

Die Skala der Ausbildung ist eine Zusammenstellung der Grundeigenschaften des gerittenen Pferdes und stellt die einzelnen Phasen dar, die zum Erreichen dieser Ziele notwendig sind.

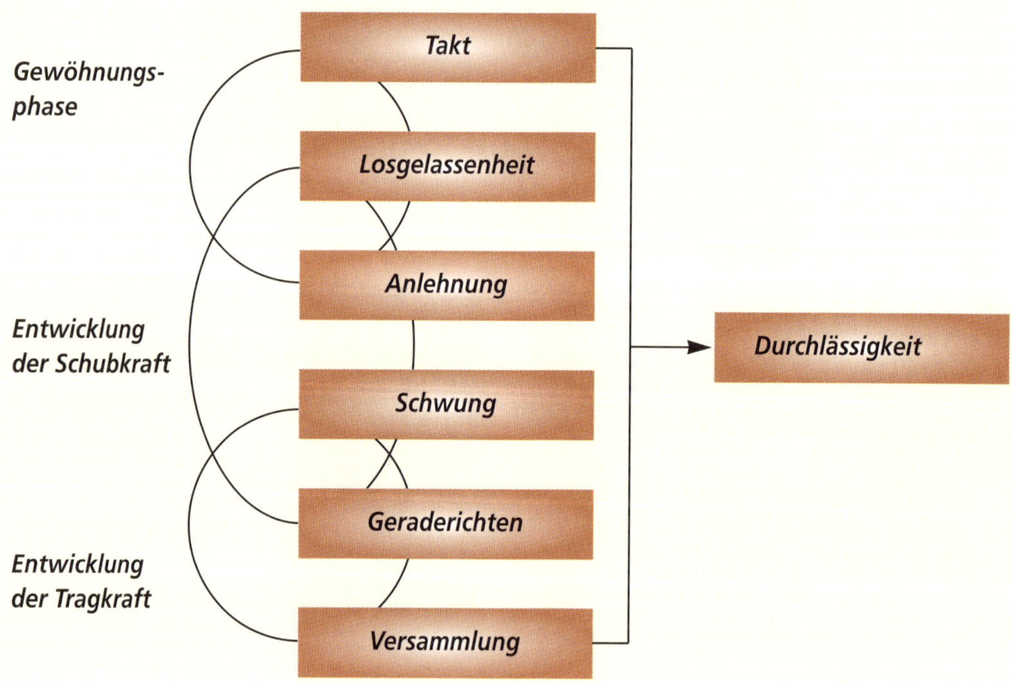

Keiner der 6 Punkte der Ausbildungsskala steht für sich alleine. Sie sind vielmehr im Wechselspiel voneinander abhängig. Die einzelnen Grundeigenschaften müssen systematisch, aber nicht schematisch erarbeitet werden.
Die aus der vorstehenden Übersicht erkennbare Überlappung der 3 Phasen stellt einen deutlichen Hinweis auf diese Tatsache dar.

Für ein ausgebildetes Dressurpferd ist die Beherrschung dieser Kriterien unerlässlich. Aber auch Pferde, die in erster Linie im Spring- und im Geländereiten eingesetzt werden, ja sogar Freizeitpferde, sollten die systematische Grundausbildung erfahren haben, um jederzeit durchlässig den Hilfen des Reiters zu folgen. Dadurch wird das harmonische Reiten gewährleistet und gleichzeitig die Gesunderhaltung des Pferdes gefördert.

Die Ausbildungsskala gilt sowohl:

- für die systematische Grundausbildung des jungen Pferdes

als auch

- für den systematischen Aufbau einer jeden Trainingseinheit von ausgebildeten Pferden.

Merke:
Das Erreichen der einzelnen Ausbildungsziele ist von einer vielseitigen mnastizierung und dem Eingehen auf ie Psyche des Pferdes abhängig.

Daher ist während der gesamten Ausbildung größter Wert auf Abwechslung zu legen. Auch im Gelände und beim Reiten über Sprünge können und müssen diese Grundeigenschaften geformt und gefestigt werden.

Die im Laufe der richtigen Ausbildung erzielte Durchlässigkeit erleichtert dem Pferd den Gehorsam, macht es geschickter und für den Reiter angenehm. Dies gilt für alle Pferde, nicht nur im Turniersport, sondern bei jedem Einsatz unter dem Reiter

Takt

Takt ist das räumliche und zeitliche Gleichmaß in den drei Grundgangarten, also in Schritten, Tritten und Sprüngen. So muss zum Beispiel im Arbeitstrab ein Trabtritt so viel Raumgriff zeigen wie der andere und der Rhythmus des Bewegungsablaufs gleichmäßig bleiben.

Um jeweils den Takt beurteilen zu können, ist es notwendig, genaue Kenntnisse über die drei Grundgangarten zu haben (siehe Seite 118ff.).

Merke:
Ziel der gesamten Ausbildung ist die Durchlässigkeit. Sie wird umso besser, je weiter die anderen Ausbildungsziele erreicht worden sind.

Der Takt muss nicht nur auf geraden Linien, sondern auch in allen Übergängen und Wendungen erhalten bleiben. Keine Übung oder Lektion kann gut sein, wenn sie mit Taktfehlern verbunden ist, und kein Ausbildungsschritt kann richtig sein, wenn er zu Taktfehlern führt.

Losgelassenheit

Losgelassenheit ist die Voraussetzung für jede weitere Ausbildung und muss, neben dem Takt, wesentliches Ziel der Gewöhnungsphase sein. Die taktmäßigen Bewegungen sind nur dann richtig, wenn sie über den schwingenden Rücken gehen, und sich die Muskeln des Pferdes zwanglos und unverkrampft an- und abspannen.

Nur ein Pferd, welches psychisch und physisch entspannt ist (auch als Zwanglosigkeit bezeichnet), kann losgelassen gehen und zu seiner vollen Leistungsbereitschaft und Leistungsfähigkeit kommen. Die Gelenke des losgelassenen Pferdes sollen sich gleichmäßig beugen und strecken und das Pferd soll deutlich aus seinem ganzen Interieur heraus „mitarbeiten".

Die Merkmale der inneren und äußeren Losgelassenheit sind:

- der zufriedene Gesichtsausdruck (Augen, Ohrenspiel),
- der gleichmäßig schwingende Rücken,
- das geschlossene, tätige (kauende) Maul,
- der getragene, mit der Bewegung pendelnde Schweif,

Merke:
Die Losgelassenheit ist erreicht, wenn das Pferd bereit ist, in allen 3 Gangarten seinen Hals nach vorwärts-abwärts zu dehnen. Das losgelassene Pferd geht mit schwingendem Rücken und natürlichen, taktmäßigen Bewegungen, ohne zu eilen vorwärts. Der Reiter kommt zum Treiben und kann geschmeidig sitzen.

- das „Abschnauben" als Anzeichen dafür, dass sich das Pferd auch innerlich entspannt hat.

Anlehnung

Anlehnung ist die stete, weich federnde Verbindung zwischen Reiterhand und Pferdemaul. Das Pferd soll durch das taktmäßige, losgelassene Vorwärtsgehen, wofür der Reiter mit seinen treibenden Hilfen verantwortlich ist, die Anlehnung an das Gebiss suchen und somit an die Hand des Reiters herantreten.
Man sagt auch: „Die Anlehnung wird vom Pferd gesucht und vom Reiter gestattet."
Die jeweils richtige Anlehnung gibt dem Pferd die nötige Sicherheit, sein natürliches Gleichgewicht unter dem Reiter wiederzufinden und sich im Takt der verschiedenen Gangarten auszubalancieren. Das Genick ist immer der höchste Punkt des Pferdes, außer wenn vorwärts-abwärts in Dehnungshaltung geritten wird.

Die weiterentwickelte Stufe der Anlehnung wird auch als Beizäumung bezeichnet. Diese Biegung im Genick (das Pferd „steht am Zügel") ist als solche kein wesentliches Ziel der gymnastischen Ausbildung, wohl aber Folge- und Begleiterscheinung sachgemäßer Dressurarbeit. Daher dürfen weder junge Pferde in der Grundausbildung noch ältere, fortgeschrittenere Pferde in der Lösungsphase zu früh an den „Zügel gestellt werden". Dieses Vorgehen, insbesondere ausschließlich durch Handeinwirkung erreicht, wird sich immer nachteilig auf die Losgelassenheit und Aktivität der Hinterbeine und somit auf das gesamte Ziel der Ausbildung auswirken.

Merke:
Die Anlehnung darf niemals durch Rückwärtswirken mit den Zügeln gewonnen werden; sie muss das Ergebnis der richtig entwickelten Schubkraft sein. Das Pferd muss infolge der treibenden Einwirkung vertrauensvoll an die Hand herantreten.

Schwung

Schwung ist die Übertragung des energischen Impulses aus der Hinterhand auf die Gesamt-Vorwärtsbewegung des Pferdes. Ein Pferd geht schwungvoll, wenn es energisch abfußt und in der Schwebephase mit seinen Gliedmaßen gut nach vorne durchschwingt.

Ein Pferd muss losgelassen mit federnd schwingendem Rücken und einer weichen, korrekten Anlehnung gehen, um schwungvoll traben und galoppieren zu können. Schwung kennzeichnet nur den Trab und Galopp. Der Schritt weist keine Phase der freien Schwebe auf und kann daher auch nicht schwungvoll sein.

Guter Schwung ist gegeben, wenn sich die Sprunggelenke sofort nach dem Abfußen energisch vorwärts-aufwärts bewegen und nicht erst nach oben oder gar nach hinten hochgezogen werden. Die Rückenmuskulatur nimmt die Bewegung auf und lässt den Reiter, der in diese Bewegung mitgenommen wird, angenehm sitzen. Der Reiter fühlt dabei einen deutlichen Impuls aus der Hinterhand nach vorne. Man sagt auch: „Das Pferd nimmt den Reiter mit".

Wird das Pferd übereilt geritten, verkürzt sich die Schwebephase durch das schnellere Wiederauffußen der Pferdebeine. Bei einem zu eiligen Tempo kann zwar die Taktmäßigkeit gegeben sein, die Schwungentfaltung wird aber beeinträchtigt.

Merke:
Schwung ist das Er gebnis reiterlicher Ausbildungsarbeit, die zwar den natür chen Gang des Pfe des nutzt, ihm abe die Eigenschaften Losgelassenheit, Schub aus der Hint hand und Durchläs sigkeit hinzufügt.

Geraderichten

Ein Pferd ist gerade gerichtet, wenn Hinterhand und Vorhand aufeinander eingespurt sind, das heisst wenn es auf gerader und gebogener Linie mit seiner Längsachse der Hufschlaglinie angepasst ist. Man sagt auch, das Pferd geht „hufschlagdeckend".

Geraderichtung ist für die gleichmäßige Verteilung der Belastung auf beide Körperhälften erforderlich und wird durch konsequente gleichmäßige Gymnastizierung beider Körperseiten erzielt.

Die meisten Pferde haben eine angeborene schiefe Körperhaltung, „die natürliche Schiefe". Sie ist, ähnlich wie die Links- und Rechtshändigkeit der Menschen, cerebral (d.h. vom Gehirn) bedingt, also angeboren. Sie wird noch dadurch begünstigt, dass die Vorhand schmaler ist als die Hinterhand.
In den meisten Fällen tritt das Pferd daher mit dem rechten Hinterfuß seitlich rechts neben die Spur des rechten Vorderfußes. Das hat zur Folge, dass der rechte Hinterfuß eine größere Schubkraft entwickeln muss, während an dem linken Hinterfuß eine höhere Anforderung in Bezug auf die Beugefähigkeit der Gelenke gestellt wird. Zusätzlich besteht die Gefahr des vorzeitigen Verschleißes auf dem linken Vorderbein.

Setzt eine größere Belastung ein, die eine stärkere Beugung der Hinterbeine erfordert, so kann wohl der linke Hinterfuß dieser Forderung nachkommen. Der rechte Hinterfuß jedoch sucht sich dieser vermehrten Beugung durch ein seitliches Ausweichen von der Spur des gleichseitigen Vorderfußes zu entziehen. Ein Pferd muss gerade gerichtet sein, um:

- eine gleichmäßige Belastung zu erreichen beziehungsweise einem vorzeitigen einseitigen Verschleiß der Gliedmaßen vorzubeugen,
- die Schubkraft zu optimieren,
- das Pferd sicherer an den Hilfen zu haben und durchlässig zu machen,
- es gleichmäßig an beide Zügel herantreten zu lassen,
- die Versammlung zu erreichen.

Nur ein gerade gerichtetes Pferd kann auf beiden Händen gleichmäßig durchlässig sein.
Das Geraderichten eines Pferdes ist eine immer wiederkehrende Aufgabe und niemals abgeschlossen, da jedes Pferd eine mehr oder weniger stark ausgeprägte natürliche Schiefe hat.

Vorbedingung für die Versammlung ist die Geraderichtung, wodurch erst eine gleichmäßige Lastaufnahme beider Hinterbeine gewährleistet wird.

Versammlung

Das Ziel der gesamten gymnastischen Ausbildungsarbeit ist es, ein leistungsbereites und gebrauchsfähiges Pferd zu erhalten. Dafür ist entscheidend, dass die Last des Pferdes einschließlich des Reitergewichts möglichst gleichmäßig auf alle vier Beine verteilt wird. Die Vorderbeine, die von Natur aus den größeren Teil des Gewichts tragen, sind zu entlasten und die Hinterbeine, die von Natur aus in erster Linie für die Vorwärtsbewegung sorgen, sind in gleichem Maße vermehrt zu belasten.

In der Versammlung übernehmen die Hinterbeine bei stärker gebeugten Hanken (Hüft- und Kniegelenke) vermehrt die Last und treten weiter in Richtung unter den Schwerpunkt. Die Vorderbeine werden dadurch entlastet und deren Bewegungen freier. Reiter und Betrachter haben das Gefühl, dass das versammelte Pferd „bergauf" geht. Die Schritt-, Tritt- und Sprunglänge wird kürzer, ohne Einschränkung an Fleiß und Aktivität. Im Trab und Galopp bleibt der Schwung in vollem Umfang erhalten, was in einem erhabeneren Bewegungsablauf zum Ausdruck kommt.

Merke:

Bei einem geradegerichteten Pferd wirkt die Schubkraft der Hinterhand voll in Richtung seines Schwerpunktes. Umgekehrt können auch nur dann verhaltene Hilfen des Reiters über Maul, Genick, Hals und Rücken bis zur Hinterhand richtig durchkommen und gleichmäßig auf beide Hinterbeine wirken.

Merke:

Das Pferd trägt aufgrund seines Körperbaues den größten Teil seines Gewichts auf der Vorhand. Da diese Gewichtsverteilung durch den dicht hinter der Schulter sitzenden Reiter noch ungünstiger gestaltet wird, dient es auch der Gesunderhaltung und Trittsicherheit des Pferdes, wenn die Hinterhand veranlasst wird, vermehrt Last zu übernehmen. Ein gewisses Maß an Versammlung ist also für jedes Pferd von Vorteil.

Es ist durchaus möglich, die Tragkraft der Hinterhand zu verstärken, also die entsprechenden Muskelpartien zu trainieren und aufzubauen. Die stützenden Vorderbeine durch Training zu stärken ist nur ganz bedingt möglich. Deshalb ist es sinnvoll und notwendig, durch systematische Ausbildung korrigierend einzugreifen.

Durch die stärkere Beugung der Hanken entsteht eine höhere Aufrichtung des Halses. Bei ausreichend entwickelter Tragkraft ist das Pferd also in der Lage, sich ausbalanciert in allen drei Gangarten in Selbsthaltung zu bewegen.

Durchlässigkeit

Unter Durchlässigkeit wird die Bereitschaft des Pferdes verstanden, die Hilfen des Reiters gehorsam und zwanglos anzunehmen. Es soll auf die treibenden Hilfen ohne Zögern reagieren, also mit den Hinterbeinen aktiv durchschwingen und Schub entwickeln. Gleichzeitig sollen die Zügelhilfen vom Maul über Genick, Hals und Rücken bis in die Hinterhand weitergeleitet, also hindurchgelassen werden, ohne an einer Stelle des Körpers durch Spannungen blockiert zu werden.

Ein Pferd, das sich in allen drei Gangarten jederzeit versammeln lässt, hat die höchste Stufe der Durchlässigkeit erreicht.

Merke:

Durchlässigkeit ist dann gegeben, wenn das Pferd auf beiden Händen gleichmäßig losgelassen und gehorsam, auf vorwärtstreibende, verhaltende und seitwärts wirkende Hilfen reagiert. Sie ist die entscheidende Eigenschaft des richtig gerittenen Pferdes.

Gewöhnungsphase – taktmäßig und losgelassen gehendes Pferd.

Entwicklung der Schubkraft – schwungvolles Tritteverlängern in sicherer Anlehnung.

Entwicklung der Tragkraft – beginnende Versammlung.

4.1 *Gewöhnungsphase*

Die Punkte der Gewöhnungsphase sind sowohl in den ersten Wochen der Ausbildung des jungen Pferdes als auch in der Lösungsphase jeder Trainingseinheit vorrangige Ziele.
Die Festigung des Taktes, durch Einhalten eines bestimmten, dem jeweiligen Pferd angepassten Grundtempos, ist das erste Ziel. Gleichmäßiges Treiben und eine tief gestellte, ruhige und elastisch führende Hand sind hierzu Vorbedingungen. Missverstandenes „Vorwärtsreiten" führt zu übereilter Fußfolge und zu Taktstörungen. Nicht das schnelle Tempo bedeutet „vorwärts", sondern die Anregung der Hinterbeine zum fleißigen, kraftvollen Abschieben der Last nach vorne. Das Gleichmaß der Bewegungen in allen 3 Grundgangarten hat Vorrang vor allem anderen.

Als Taktfehler werden in erster Linie Unregelmäßigkeiten in der Fußfolge bezeichnet, wie zum Beispiel das passartige Gehen im Schritt oder der Vierschlag im Galopp. Im Trab sind kurze, unregelmäßige und verspannte Tritte oder die so genannten Schwebetritte die häufigsten Fehler.
Meistens wurde bei Pferden, die Taktfehler oder Taktstörungen zeigen, mit zu viel Handeinwirkung und zu wenig treibenden Hilfen geritten.
Lösende Übungen mit häufigen Übergängen, einschließlich „Zügel-aus-der-Hand-kauen-lassen", können Abhilfe schaffen, ebenso wie fachgerechtes Longieren, Bodenrickarbeit, eventuell Springgymnastik oder auch das Reiten im Gelände.

Die Losgelassenheit ist ein zentrales Ausbildungsziel, das niemals vernachlässigt werden darf und immer wieder von neuem überprüft und sichergestellt werden muss.
Um die Losgelassenheit unter dem Reiter zu erlangen, muss zunächst gewährleistet sein, dass das Pferd zufrieden und innerlich entspannt ist. Durch regelmäßigen, einfühlsamen Umgang und ausreichende Bewegung kann dies erreicht werden. Mit der inneren Losgelassenheit wird auch die äußere Losgelassenheit relativ schnell erreicht.
Lösende Übungen dienen sowohl dem Aufwärmen von Muskeln, Sehnen und Gelenken als auch der Verbesserung der Rückentätigkeit. Gleichzeitig wird das Durchschwingen und Herantreten der Hinterbeine aktiviert; das Pferd dehnt sich an die Reiterhand heran und findet vertrauensvoll die Anlehnung.

Bei Problemen in der weiterführenden Ausbildung muss auf lösende Grundübungen zurückgegangen werden. Die meisten Ausbildungsfehler haben ohnehin mehrere Ursachen und müssen in ihrer Gesamtheit behoben werden. Fast immer aber fehlt es an Losgelassenheit, und dem Reiter sind in seiner Einwirkung Fehler unterlaufen. Dies äußert sich auf vielfältige Weise: fester Rücken, wenig Aktivität der Hinterbeine, mangelnde Maultätigkeit, Zungenfehler, Taktfehler, Schiefgehen usw.

Merke:
Oberste Kriterien jeder gelungenen Übung oder Lektion sind die Taktmäßigkeit (Taktreinheit) und die Losgelassenheit (Zwanglosigkeit).

In der Gewöhnungsphase beziehungsweise in der Lösungsphase wird das Pferd zunächst mit leichter Anlehnung geritten, ohne aber eine Beizäumung mit der Hand erzwingen zu wollen. Sowohl das junge Pferd als auch das ausgebildete Pferd finden mit einer leichten Anlehnung am besten zu ihrem Gleichgewicht und zum taktmäßigen und losgelassenen Gehen unter dem Reiter.
Durch die treibenden Hilfen und dank einer gefühlvollen Hand des Reiters wird das Pferd an das Gebiss herantreten und die Anlehnung suchen.

Der Punkt, an dem das Pferd die Anlehnung findet, wird zunächst verhältnismäßig tief liegen. Das Pferdemaul ist dabei etwa in Höhe der Buggelenke. In dieser Haltung wird die gewünschte Dehnung und Entspannung von Hals- und Rückenmuskulatur am besten möglich.
Für das Reiten über Sprünge und das Geländereiten sind Takt und Losgelassenheit ebenfalls

... Galoppieren im Gelände

... Anreiten eines Hindernisses

... Überwinden von Geländehindernissen

... Mitteltrab

Anlehnung

Die weiche, gleichmäßige Anlehnung zum Pferdemaul ist ein wesentliches Kriterium für gutes Reiten. Das Pferd sollte in jeder Situation, ausser beim Reiten mit hingegebenem Zügel, vertrauensvoll an das Gebiss herantreten beziehungsweise herangaloppieren.
Das gilt nicht nur für das dressurmäßige Reiten, wobei die Stirn-Nasenlinie an oder etwas vor der Senkrechten sein muss, sondern auch beim Springen, im Gelände oder auf der Rennbahn, wobei die Stirn-Nasenlinie in der Regel weiter vor der Senkrechten ist.
Nur so kann eine harmonische Verbindung zwischen Reiter und Pferd entstehen, wie zum Beispiel beim ...

▲ ... dressurmäßigen Reiten

... Rennbahnsprung ▶

▲ ... Wassereinsprung

◀ ... „Zügel-aus-Hand-kauen-lassen"

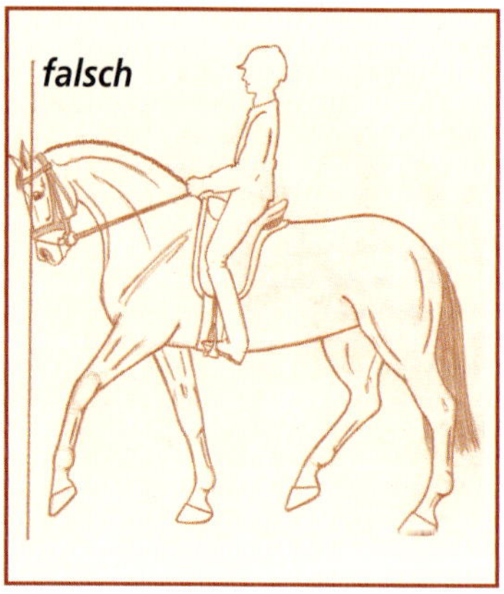

Hinter der Senkrechten

Hinter dem Zügel

Falscher Knick

wesentliche Voraussetzungen. Nur ein taktmäßig galoppierendes Pferd ist im Gleichgewicht und kann in einem gleichmäßigen Tempo passend zum Sprung gebracht werden. Das Vorhandensein der Losgelassenheit führt zur Leistungsbereitschaft und Leistungsfähigkeit und ermöglicht dem Pferd erst, mit der erforderlichen Rückenaufwölbung zu springen.

Das losgelassene Springpferd wird sich bei einem eventuellen Reiterfehler oder in schwierigen Situationen auch einmal selber helfen können, ohne dabei die Dynamik des Bewegungsablaufes zu verlieren. Ein verspanntes Pferd würde unsicher werden, ohne Rücken springen oder sogar den Sprung verweigern.

4.2 Entwicklung der Schubkraft

Entwicklung der Schubkraft bedeutet, dass das Pferd in der Hinterhand zu vermehrter Aktivität angeregt wird und weiter in Richtung unter den Schwerpunkt fußt. Das ist die Voraussetzung, um später die Tragkraft des Pferdes zu entwickeln.

Anlehnung besteht, wenn das Pferd an das Gebiss herantritt, gleichgültig in welchem Rahmen. Erst wenn das Pferd durch erhöhte Schubkraft weiter mit den Hinterbeinen in Richtung unter den Schwerpunkt tritt, wird es fähig und bereit sein, den Hals vermehrt zu wölben und im Genick nachzugeben, sodass die Stirn-Nasenlinie sich der Senkrechten nähert.

Wer beizuzäumen versucht, ohne diese Zusammenhänge zu berücksichtigen, wird sein Pferd in der Aktivität des Rückens und der Hinterbeine blockieren. Insofern kann die Korrektheit der Anlehnung beziehungsweise der Beizäumung niemals durch die Beobachtung von Kopf und Hals allein beurteilt werden. Nur wenn das ganze Pferd betrachtet wird, seine Haltung und besonders sein Bewegungsablauf, kann über die Richtigkeit entschieden werden.

Zum Erreichen der Anlehnung werden in der Ausbildung leider viele Fehler gemacht, deren häufigste nachstehend aufgeführt sind:

- **Hinter der Senkrechten**
  Geht ein Pferd durch starke Handeinwirkung des Reiters mit der Stirn-Nasen-Linie hinter der Senkrechten, liegt entweder ein momentaner Fehler in der Hilfengebung oder ein deutlicher Fehler in der bisherigen Ausbildung vor. Nur durch ein Vorgehen mit der Hand im Zusammenspiel mit vortreibenden Hilfen kann hier Abhilfe geschaffen werden.

Hinter dem Zügel

Auch bei diesem Fehler ist die Stirn-Nasen-Linie des Pferdes hinter der Senkrechten, allerdings mit dem zusätzlichen Mangel, dass das Pferd die Zügelhilfen nicht annimmt, sondern diesen rückwärts ausweicht. Das Pferd tritt also nicht an die Hand heran. Oftmals ist dieser Fehler mit dem „falschen Knick" verbunden.

Bevor die eigentlichen Korrekturen einsetzen, muss zunächst einmal eine Verbindung zwischen Hand und Maul wiederhergestellt werden. Das Pferd muss Vertrauen zur Anlehnung bekommen. In der Regel muss wieder mit dem Reiten am langen Zügel begonnen werden. Vielfach kann auch geschicktes Longieren helfen. Betontes Vorwärtsreiten, am besten im Gelände, hilft bei einigen Pferden ebenfalls, eine Dehnung nach vorwärts an die Hand heran wieder zu erreichen.

Um diese Fehler zu korrigieren, muss der Reiter entsprechendes Feingefühl für das Zusammenwirken der treibenden und verhaltenden Hilfen haben. Besonders wichtig ist hierbei die korrekte Handhaltung und die Einhaltung der geraden Linie von Unterarm, Handrücken und Zügel. Nur bei entsprechend weicher, elastischer und tiefer Hand wird das so genannte „Vorschieben der Pferdenase" gelingen. Es darf auf keinen Fall versucht werden, das Pferd durch eine höhere Hand „heben" zu wollen.

Falscher Knick

Der Reiter hat versucht, die Anlehnung mit rückwärts wirkenden Händen zu erzwingen. Der höchste Punkt ist nicht mehr zwischen den Pferdeohren im Genick, sondern im ersten Teil des Halses, in der Regel zwischen dem dritten oder vierten Halswirbel zu finden. Dies ist ein schwerwiegender Fehler, der, wenn überhaupt, nur durch sehr langfristige und konsequente Gymnastizierung wieder abzustellen ist.

Um den „falschen Knick" zu beheben, müssen die elastischen Hände bei energischem Treiben einerseits in der Lage sein, Taktfehler oder übereiltes Vorwärtsgehen zu verhindern. Andererseits müssen sie so weit vorgehen, dass das Pferd zu einer gleichmäßig aufgewölbten Oberhalslinie kommen kann.

Bei diesen Pferden ist die Lektion „Zügel-aus-der-Hand-kauen-lassen" besonders hilfreich. Das Pferd muss wieder lernen, die obere Halslinie zu dehnen und an das Gebiss heranzutreten.

Auf dem Zügel

Das Pferd versucht, sich auf dem so genannten „fünften Bein" abzustützen und ist nicht bereit, genügend von hinten heranzutreten. Der Reiter muss durch vermehrtes Treiben die Hinterhand des Pferdes aktivieren.

Angemessenes Annehmen und Nachgeben sowie häufiges Reiten von Übergängen mit gefühlvoller Hand können hier Abhilfe schaffen. Auf keinen Fall darf der Reiter dem Pferd dabei die Hand als Stütze anbieten.

Auf dem Zügel

Gegen den Zügel beziehungsweise über dem Zügel

Die Stirn-Nasen-Linie befindet sich bei diesem Fehler deutlich vor der Senkrechten. Das Pferd gibt „im Genick" nicht nach und drückt mit der Unterhalsmuskulatur bei weggedrücktem und festgehaltenem Rücken gegen die Hand. Besteht dieser Fehler schon seit längerer Zeit und hat sich dementsprechend die falsche

Gegen den Zügel

Muskulatur gebildet, kann besonders das Longieren vom kürzeren zum längeren Ausbindezügel eine gute Hilfe sein. Dank der so gewonnenen Dehnungshaltung kann sich die Muskulatur, ohne Störung durch das Reitergewicht, entsprechend langsam umformen.

Bei der Korrektur unter dem Reiter hat es sich bewährt, in der Lösungsphase besonders sorgfältig vorzugehen und das Reiten von lösenden Übungen auszudehnen. Es muss versucht werden, den Rücken des Pferdes zur Losgelassenheit und zum Mitschwingen anzuregen, um eine sichere Anlehnung herstellen zu können. Durch das Reiten in Dehnungshaltung, also häufiges „Zügel-aus-der-Hand-kauen-lassen", wird sich die entsprechende Muskulatur richtig entwickeln. Die seitwärts weisende Zügelhilfe kann dem Pferd den „Weg in die Tiefe" erleichtern. Dabei ist das Reiten auf großen gebogenen Linien, verbunden mit häufigem Handwechsel, am besten.

Johann Hinnemann · International erfolgreicher Dressurausbilder

„Das genaue Wissen um die Definitionen, das sichere Erkennen und Analysieren, das dauernde Erarbeiten der einzelnen Punkte der Ausbildungsskala sind für Reiter und Ausbilder der einzige Garant einer erfolgversprechenden Arbeit mit den Pferden, gleich welcher Disziplin. Das Ziel jeder Ausbildung: „Gemeinsames inneres und äußeres Gleichgewicht mit seinem Partner Pferd" ist der einzige Schlüssel zum Erfolg".

Je nach Körperbau und Halsformation kann es in besonders schwierigen Fällen beim tieferen Einstellen und der dabei notwendigen Genickkontrolle vorübergehend dazu kommen, dass die Stirn-Nasen-Linie nicht mehr an der Senkrechten ist, sondern geringfügig hinter die Senkrechte gerät. Dabei muss ganz besonders darauf geachtet werden, dass das Pferd mit den Hinterbeinen aktiv bleibt. Keinesfalls darf der Reiter das Pferd mit der Hand eng oder kurz im Hals machen, also „zusammenziehen". Solch ein zwanghaftes Vorgehen würde das Gleichgewicht des Pferdes erheblich stören – der Hals ist die Balancierstange des Pferdes – und die gewünschte Losgelassenheit kann nicht erreicht werden.

Zur Entwicklung und Verbesserung des Schwungs werden Übergänge zwischen den und auch innerhalb der Gangarten geritten. Es kommt besonders darauf an, dass die Übergänge taktmäßig gelingen und bei der Rückführung die Zügelhilfen so gefühlvoll eingesetzt werden, dass die Hinterhand nicht am Durchschwingen nach vorne gehindert wird.

Schwung ist also nicht zu verwechseln mit „Gang", der lediglich die angeborenen Möglichkeiten des Pferdes beschreibt, sich zum Beispiel im Trab mit weiten, ausdrucksvollen Tritten vorwärts zu bewegen. Dieses Vorwärtsgehen kann durchaus mit Spannung, festgehaltenem Rücken und erhobenem Kopf geschehen.

Die Schwebephase wird bei einem schwungvoll gehenden Pferd ausgeprägter. Sie darf aber nicht zeitlich verzögert werden, da ansonsten die fehlerhaften, mit Spannung versehenen Schwebetritte entstehen.

Anlehnung und Schwung sind nicht nur für die dressurmäßige Arbeit eine Grundvoraussetzung, sondern ermöglichen auch beim Springreiten und

Geländereiten eine sichere und harmonische Kontrolle über das Pferd, über das Tempo und in den Wendungen. Durch den Schwung wird die Hinterhand zu vermehrter Aktivität angeregt, sodass das Pferd durch das energische Abfußen rationeller und raumgreifender galoppieren kann.

Ein schwungvoll gehendes Pferd akzeptiert die treibenden Hilfen des Reiters in der richtigen Form, wird also nicht eiliger oder belastet auch die Vorhand nicht stärker, sondern lässt den energischen Impuls von hinten nach vorne durch. Die Entwicklung und Verbesserung des Schwunges ist von wesentlicher Bedeutung und gehört gleichermaßen in die Entwicklungsphase der Schubkraft wie in die Entwicklungsphase der Tragkraft. Für das Geraderichten und die Versammlung ist das Vorhandensein von Schwung eine Grundvoraussetzung.

Auch für das Springen und das Geländereiten ist die Entwicklung der Schubkraft von großer Bedeutung. Eine stetige und weich federnde Anlehnung ist notwendig, um das Pferd, insbesondere in Wendungen und in Distanzen, kontrolliert reiten zu können. Durch die treibende Einwirkung des Reiters müssen die Hinterbeine weiter in Richtung unter den Schwerpunkt springen, sodass das Pferd vertrauensvoll an die Hand herantritt. Erst dadurch kann eine raumgreifende Galoppade entstehen, die dem Pferd durch eine erhöhte Schubkraft auch eine bessere Sprungkraft verleiht.

4.3 Entwicklung der Tragkraft

Die Grundsätze für die Entwicklungsphase der Tragkraft verdeutlichen, dass eine gezielte Gymnastizierung des Pferdes im Hinblick auf Geraderichtung und Versammlung erst möglich ist, wenn die Entwicklungsphase der Schubkraft als einigermaßen abgeschlossen angesehen werden kann. Der Takt in den 3 Grundgangarten muss gefestigt, Losgelassenheit und Anlehnung müssen sicherge-

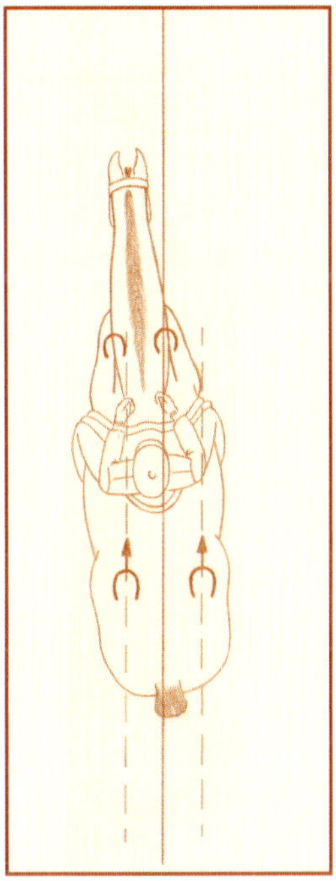

Das Pferd ist noch nicht geradegerichtet. Die Hinterfüße treten nicht in die Spur der Vorderfüße.

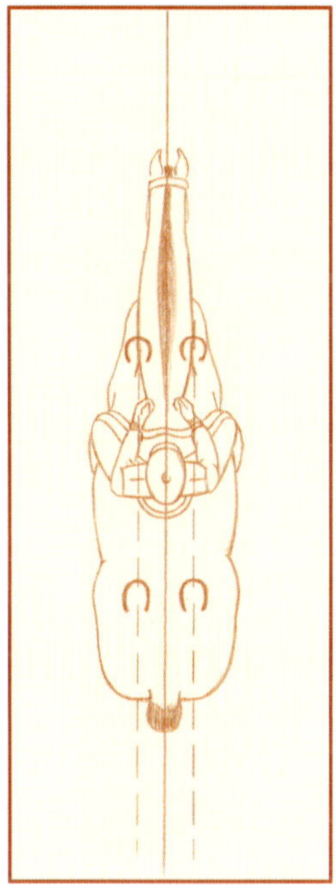

Das Pferd ist geradegerichtet. Vorhand und Hinterhand sind aufeinander eingerichtet.

stellt sein. Die Entwicklung von Schwung und Geraderichtung sind wesentliche Voraussetzungen, um die Versammlungsbereitschaft und damit eine verbesserte Durchlässigkeit zu erreichen.

Diese Anforderungen werden in dem Zitat*

„Reite dein Pferd vorwärts und richte es gerade"

anschaulich zum Ausdruck gebracht. Der von der Hinterhand ausgehende Bewegungsimpuls ist das Hauptkriterium. Jede Hilfengebung, die von vorn nach hinten wirkt, ist fehlerhaft. Das gerade gerichtete, auf einem Hufschlag gehende Pferd soll sich stets mit der Längsachse seines Körpers der angewiesenen Hufschlaglinie anpassen, gleich, ob diese gerade oder gebogen ist.

** Gustav Steinbrecht, klassischer Meister des 19. Jh.*

Ansätze der gerade richtenden Arbeit beginnen schon mit dem Augenblick, in dem das junge Pferd den Hilfen des Reiters folgt. Eine gezielte Geraderichtung jedoch kann erst dann erfolgen, wenn Schubkraft und Schwung entwickelt sind, denn die gerade richtende Arbeit muss in entschiedenem Vorwärtsreiten geschehen.

Geht das Pferd von vorne links nach hinten rechts schief, so versucht das rechte Hinterbein sich der Beugung zu entziehen, indem es seitwärts tritt. Dadurch wird die linke Schulter vermehrt belastet und das Pferd legt sich vermehrt auf den linken Zügel.

Die linke Seite, bei der die Halsmuskeln festgehalten, übermäßig angespannt und nicht zwanglos fügsam sind, wird als „Zwangseite" bezeichnet. Die „schwierige Seite" ist aber die sich hohlmachende rechte Seite. Das Pferd weicht mit dem rechten Hinterfuß aus, geht gegen den rechten Schenkel und tritt nicht an den rechten Zügel heran. Durch die Gymnastizierung muss der rechte Hinterfuß zum geraden Vortreten unter die Last gebracht werden, was zur Folge hat, dass sich das Pferd vermehrt auch an den rechten Zügel herandehnt. Ist dieser Punkt erreicht, verschwindet die Festigkeit auf der Zwangseite von selbst.

Übungen für die gerade richtende Arbeit sind das Reiten auf gebogenen Linien, Schenkelweichen und im weiteren Verlauf der Ausbildung das Reiten von Seitengängen, hier vorwiegend die Lektion „Schulter herein", also alle Übungen, die den Schenkelgehorsam verbessern. Der Außengalopp beispielsweise verbessert ebenfalls das Geradegerichtetsein.

Dabei muss beachtet werden, dass immer die Vorhand auf die Hinterhand eingerichtet wird. Bei Schiefe, zum Beispiel nach rechts, verhindert der Reiter mit dem rechten Schenkel ein weiteres Seitwärtstreten des rechten Hinterfußes und gebraucht den linken Schenkel näher am Gurt, um den linken Hinterfuß zu vermehrtem Vortreten zu veranlassen. Die linke Schulter des Pferdes wird mit dem tief gehaltenen linken Zügel verwahrt und die Vorhand mit dem rechten Zügel so weit nach innen geführt, bis der rechte Vorderfuß vor den rechten Hinterfuß gerichtet ist.

In der Versammlung sind die Hanken stärker gebeugt. Das Pferd tritt weiter in Richtung unter den Schwerpunkt und geht mit einer entsprechenden Aufrichtung (relative) in Selbsthaltung.

Die Versammlung wird nur durch den richtigen Aufbau der Ausbildung und geduldige, zielstrebige Arbeit erreicht.
Bei einem schwungvoll gehenden Pferd wird das Reiten von Übergängen auf geraden und gebogenen Linien die Geraderichtung und Versammlung verbessern. Die durch vermehrtes Treiben erzeugte Steigerung der Schubkraft wird nicht, wie beim Zulegen, durch eine nachgebende Hand herausgelassen. Sie wird vielmehr mit durchhaltenden oder annehmenden Zügelhilfen abgefangen, über den durchlässigen Rücken in die Hinterhand zurückgegeben, wodurch eine erhöhte Tragkraft erreicht wird.
Der Reiter muss besonders darauf achten, dass das Abfangen mit den Zügelhilfen so gefühlvoll und geschickt gehandhabt wird, dass dabei die Hinterbeine nicht am Durchschwingen gehindert werden. Alle Übungen, die die Hinterbeine zum vermehrten Tragen anregen, sind versammelnde Lektionen. Hierzu zählen vor allem korrekt gegebene halbe und ganze Paraden.
Ob eine Lektion als „versammelnde" oder als „versammelte" bezeichnet wird, hängt von der Perfektion der Ausführung ab. In der Grundausbildung wird zum Beispiel das Rückwärtsrichten zunächst versammelnd geritten. Dabei kann das Pferd etwas tiefer eingestellt sein, um vermehrt über den Rücken treten zu können. In der fortgeschrittenen Ausbildung soll das Pferd bei vermehrter Aufrichtung in Selbsthaltung rückwärts treten. Dann ist dies eine versammelte Lektion.

Eine Grundregel ist, nach einer Reprise versammelnder und gerade richtender Arbeit immer wieder im frischen Vorwärts die Reinheit des Ganges zu erhalten. Die Korrektheit und Taktmäßigkeit eines nach einer versammelnden Phase eingelegten Mitteltrabs macht deutlich, inwieweit die versammelnde Arbeit richtig war beziehungsweise inwieweit sie vom Pferd bereits verkraftet wurde. Sucht das Pferd in diesem Mitteltrab die Unterstützung der Hand oder findet es nicht den klaren Takt, wehrt sich gegen einen Schenkel und macht sich dabei fest, dann ist die vorausgegangene versammelnde Arbeit zu viel oder fehlerhaft gewesen. Entwickelt sich der Mitteltrab jedoch mit gleichmäßigen, ausdrucksvollen Tritten, bestätigt es damit die Richtigkeit der vorausgegangenen, versammelnden Arbeit. Das Pferd ist dann bereit, auch im Mitteltrab den Reiter im Schwung mitzunehmen, den Rahmen entsprechend der ausgreifenderen Bewegung zu erweitern und taktmäßig, losgelassen, in leichter Anlehnung, schwungvoll und gerade vorwärts zu gehen.

Bei der Rückführung zum versammelten Trab nimmt das gut gerittene Pferd den Schwung aus der Verstärkung mit und trabt kadenzierter beziehungsweise erhabener.
Kadenz bedeutet, dass die Schwebephase vom Pferd etwas deutlicher ausgehalten wird. Die Hinterbeine müssen dabei gut nach vorne durchschwingen.
Erfolgt die Schwebephase ohne das Durchschwingen der Hinterbeine nach vorne, entstehen die fehlerhaften Schwebetritte bei festgehaltenem Rücken.
Die Länge der versammelnden oder versammelten Reprisen richtet sich nach der Kondition des Pferdes. Eine Überforderung führt zu Verspannungen und Widersetzlichkeiten, nicht aber zum angestrebten Ziel.

Die Höhe der Anlehnung steht in direkter Beziehung zum Versammlungsgrad und wird als relative Aufrichtung bezeichnet.
Ein am Zügel gehendes Pferd geht in relativer Aufrichtung, auch wenn die Hinterhand weniger belastet ist und das Pferd sich mit verhältnismäßig langem und wenig erhobenem Hals zeigt. Bei stärkerer Belastung der Hinterhand, also bei zunehmender Versammlung, wird die Vorhand entsprechend entlastet. Die Hinterhand senkt sich aufgrund der Hankenbeugung und das Pferd erscheint dadurch aus der Schulter heraus größer,

also insgesamt etwas bergauf. Diese Hals- und Aufrichtungsformen ergeben sich bei richtiger Ausbildung von selbst.

Dagegen steht als fehlerhaft die so genannte absolute Aufrichtung, die überwiegend mit der Hand herbeigeführt wird. Dabei trägt sich das Pferd nicht selbst, sondern Kopf und Hals werden von der Hand des Reiters getragen, die Rückentätigkeit wird gestört und somit die Aktivität der Hinterhand eingeschränkt.

Bei ausreichend entwickelter Tragkraft ist das Pferd also in der Lage, sich trotz des zusätzlichen Reitergewichts in allen Gangarten ausbalanciert in Selbsthaltung zu bewegen. Der Reiter kann zur Überprüfung für mehrere Tritte oder Sprünge überstreichen. Die Selbsthaltung muss dabei erhalten bleiben.

Die Durchlässigkeit ist das Ergebnis der gymnastizierenden Arbeit. Ihr Vorhandensein gibt die schlüssigste Auskunft über den wirklichen Wert der geleisteten Ausbildungsarbeit.

Die Durchlässigkeit ist mit den übrigen Kriterien der Ausbildungsskala eng verknüpft und steht mit ihnen in einem Wechselspiel:

- Zuverlässige Taktsicherheit in den 3 Grundgangarten, besonders auch bei allen Übergängen, wird dem Pferd erst mit zunehmender Durchlässigkeit möglich sein.
- Nur bei einem losgelassen gehenden Pferd kann der Impuls aus der Hinterhand durch das ganze Pferd hindurchgehen. Verhaltende Zügelhilfen können vom Maul durch das Genick über den Hals und Rücken auf die Hinterhand wirken.
- Jedes Anlehnungsproblem, also Unsicherheiten oder Starrheiten in der Verbindung zwischen Reiterhand und Pferdemaul, beeinträchtigt direkt die Durchlässigkeit.
- Ein schwungvoll gehendes Pferd, welches aus dem losgelassenen Rücken heraus mit den Hinterbeinen durchschwingt, wird für vortreibende und verhaltende Hilfen durchlässiger sein.
- Erst mit zunehmendem Geradegerichtetsein kann ein Pferd auf beiden Händen gleichmäßig auf Paraden reagieren, dank der gleichzeitig vortreibenden Hilfen an die Hand des Reiters mehr herantreten, ohne mit der Hinterhand seitlich auszuweichen.
- Dieses wiederum ist unabdingbare Voraussetzung für die Versammlung und die daraus resultierende Aufrichtung eines Pferdes.
- Nimmt das Pferd die versammelnde Arbeit an, treten also beide Hinterbeine gleichmäßig in Richtung unter den Schwerpunkt und sind zur vermehrten Lastaufnahme bereit, dann ist die Durchlässigkeit in hohem Maße erreicht.

Geraderichten, Versammlung und Durchlässigkeit sind bei fortgeschrittener Ausbildung und höheren Anforderungen auch für das Springreiten und das Geländereiten notwendig. Nur so wird es dem Reiter möglich sein, präzise Wege zu reiten und das Tempo in jeder Situation zu kontrollieren, also zulegen und aufnehmen zu können. Außerdem wird durch das Vorhandensein dieser Ausbildungskriterien, auch beim Spring- und Vielseitigkeitspferd, eine gleichmäßige Belastung der Gliedmaßen gewährleistet. ■

KAPITEL 5

Grundübungen

5.1 Lösende Arbeit und lösende Übungen

Nur ein Pferd, das psychisch und physisch entspannt ist, kann zu seiner vollen Leistungsbereitschaft und Leistungsfähigkeit kommen. Daher ist die Losgelassenheit Voraussetzung für jede weitere Arbeit. Der Reitschüler muss diese Zusammenhänge schon in der Grundausbildung erlernen.

Das Reiten bzw. die Arbeit mit dem Pferd – also auch das Longieren oder Freispringen – beginnt grundsätzlich mit einer Lösungsphase. Durch die lösende Arbeit werden Muskeln, Sehnen und Bänder des Pferdes gelockert und erwärmt (d.h. vermehrt durchblutet). Die Gelenke erreichen erst nach einiger Zeit der Bewegung ihre volle Elastizität, da die Knorpelschichten vermehrt Gelenkflüssigkeit aufnehmen. Ohne eine entsprechende Lösungsphase können gesundheitliche Schäden entstehen, wie Muskelzerrungen, Muskelrisse oder Gelenkschäden.
Erst durch richtig verstandenes Lösen wird der Rücken des Pferdes zum Schwingen gebracht und die Dehnungsbereitschaft erreicht. Die lösenden Übungen müssen individuell auf das Pferd abgestimmt sein, sodass die Muskulatur unverkrampft an- und abspannen, also richtig bzw. ökonomisch arbeiten kann.
Die lösende Arbeit dient aber auch zur Lockerung des Reiters, insbesondere nach anstrengender Berufstätigkeit oder nach langem Sitzen. Die psychische Entspannung und Einstimmung von Pferd und Reiter auf die Reitstunde ist die beste Vorbereitung für eine harmonische Arbeitsphase.

Das Pferd wird grundsätzlich mindestens 10 Minuten im Schritt mit hingegebenem oder auch am langen Zügel geritten. Danach beginnt man im Trab mit dem Leichttraben.
Das Pferd soll dabei in leichter Anlehnung auf großen Linien (Zirkel, ganze Bahn) taktmäßig und in gleichmäßigem frischem Tempo traben und zur Losgelassenheit finden. Durch übereiltes, unangemessenes Vorwärtsreiten können Verspannungen entstehen. Bei einem zu ruhigen Tempo werden die Bewegungen schleppend und die Hinterhand wird nicht zum vermehrten Vortreten angeregt. Dies kann zur Folge haben, dass das Pferd nicht genügend an das Gebiss herantritt und folglich auch den Rücken nicht hergeben wird.
Hat das Pferd die erste Spannung verloren, wird mit der Galopparbeit begonnen, ebenfalls in frischem Arbeitstempo auf dem Zirkel oder ganze Bahn. Ein häufiger Wechsel zwischen Trab und Galopp entspannt den Rücken des Pferdes besonders gut, sodass das Pferd den Reiter bequem sitzen lässt und auf die Hilfengebung verbessert reagiert.

Merke:
Die Reihenfolge d Lektionen/Übunge ist nicht fest bindend, sondern vo Pferd zu Pferd unterschiedlich. En scheidend ist, dass der Ausbilder/Reite weiß, welche Lekt nen/Übungen für d ses Pferd, in welch Reihenfolge und A zahl, gegebenenfa auch auf welcher Hand geeignet sin um die Losgelasse heit und Durchläss keit zu verbessern.

Je nach Ausbildungsstand des Reiters und des Pferdes können in der Lösungsphase folgende Übungen durchgeführt werden:

- Schritt mit hingegebenem oder am langen Zügel, danach:
- Trabarbeit auf großen gebogenen Linien im Leichttraben,
- Galopparbeit auf großen gebogenen Linien, eventuell im leichten Sitz,
- Übergänge Trab – Galopp, Galopp – Trab,
- Übergänge Schritt – Trab, Trab – Schritt,
- Schenkelweichen, Vorhandwendungen,
- aus dem Zirkel wechseln,
- einfache Schlangenlinien und Schlangenlinien durch die ganze Bahn (3 bis 4 Bogen),
- Tritte und Sprünge verlängern.

Das „Zügel-aus-der-Hand-kauen-lassen" wird in der Lösungsphase des Öfteren zwischen verschiedenen Übungen durchgeführt, um die Rückentätigkeit des Pferdes zu überprüfen und zu verbessern. Besonders zum Ende der Lösungsphase kann durch diese Übung festgestellt werden, ob das Pferd genügend Dehnungsbereitschaft in allen drei Grundgangarten erreicht hat.

Die Dauer der Lösungsphase ist von dem Pferd und seinem Ausbildungsstand abhängig. Im Regelfall wird ein Pferd, einschließlich 10-minütiger Schrittphase, nach ca. 20 bis 30 Minuten zur Losgelassenheit kommen.

Longieren, Freispringen oder Laufenlassen kann zusätzlich in die Lösungsphase einbezogen werden, vorausgesetzt, dass auch hierbei das mehrminütige Schrittgehen zu Beginn gewährleistet ist. Ein vorgeschalteter Spazierritt im Gelände wirkt sich besonders gut auf die psychische Entspannung aus.

Zum Ende der Lösungsphase können auch Bodenricks und, bei entsprechend fortgeschrittenen Reitern und Pferden, kleine Gymnastiksprünge mit einbezogen werden. Hierdurch wird der Rücken des Pferdes besonders gut zum Schwingen angeregt. Es muss aber gewährleistet sein, dass keine Überforderung des Pferdes entsteht. Sonst werden Verspannnungen meistens nicht abgebaut, sondern es kommen zusätzliche Verkrampfungen der Muskulatur hinzu.

Auch das Springen und das Geländereiten muss grundsätzlich mit der Lösungsphase beginnen. Als Vorbereitung für einen Ausritt, eine Jagd usw. müssen Pferd und Reiter ebenfalls genügend gelöst und entspannt sein. Nur so ist eine sichere Hilfengebung und damit die Kontrolle des Pferdes gewährleistet, die erforderlich ist, um gesundheitliche Schäden bei Pferd und Reiter zu vermeiden.

Während der Arbeitsphase werden eventuell auftretende Spannungen mit Hilfe von lösenden Übungen wieder abgebaut. Zum Schluss der Reitstunde – in der Erholungsphase – wird dann, insbesondere durch das „Zügel-aus-der-Hand-kauen-lassen", nochmals überprüft, ob das Pferd losgelassen ist oder ob verdeckte Spannungen vorhanden waren.
Schritt am langen oder mit hingegebenem Zügel sollte in allen Phasen des Öfteren eingeschaltet werden, um Pferd und Reiter notwendige Verschnaufpausen zu geben.
Bei einem fortgeschritteneren Ausbildungsstand können zusätzliche Lektionen/Übungen in die Lösungsphase einbezogen werden:

- Viereck verkleinern und vergrößern,
- Übertretenlassen auf der offenen Zirkelseite,
- durch den Zirkel wechseln,
- Reiten einer Acht,
- Zirkel verkleinern und vergrößern usw.

Merke:
Die Erfahrung zeigt, dass durch eine verbesserte Losgelassenheit nervöse Pferde ruhiger und triebige Pferde leißiger werden.

Es ist niemals eine Frage der Dauer, ob die lösende Arbeit erfolgreich ist. Sie soll nicht dazu führen, dass das Pferd „müde" gemacht wird. Richtige, systematisch durchgeführte lösende Übungen erhöhen die Leistungsbereitschaft, Leistungsfähigkeit und auch die innere Zufriedenheit des Pferdes.

5.2 Grundübungen im dressurmäßigen Reiten

An die Hilfen stellen

An die Hilfen stellen heißt, das Pferd mit Gewichts- und Schenkelhilfen von hinten nach vorne an das Gebiss bzw. an die Zügelhand heranzutreiben, sodass im Halten wie in der Bewegung zwischen Reiterhand und Pferdemaul eine stete, aber weich federnde Verbindung hergestellt ist.

Merke:
Bei einem korrekt ausgebildeten Pferd hat der Reiter das Gefühl, dass sowohl seine treibenden als auch seine verhaltenden Hilfen bei allen Übergängen und Wendungen sicher angenommen werden.

Durch die treibende Einwirkung und die weiche Anlehnung wird das Pferd vom hingegebenen Zügel über den langen Zügel an die Hilfen gestellt.

Diese Verbindung nennt man Anlehnung. Die Anlehnung ermöglicht dem Reiter, in jedem Augenblick sicher auf das Pferd einzuwirken. Sie muss immer elastisch bleiben und darf, selbst wenn sie für einen Moment einmal stärker wird, niemals starr sein. Die dabei vom Pferd geforderte Haltung wird sich, je nach dessen Ausbildungsgrad sowie nach Gangart und Tempo, verschieden gestalten. In allen Stadien muss die Stirn-Nasen-Linie des Pferdes etwas vor oder höchstens an der Senkrechten sein, wobei das Genick der höchste Punkt bleibt (Ausnahme: „Zügel-aus-der-Hand-kauen-lassen" und Dehungshaltung beim jungen Pferd).

Das Pferd ist gewissermaßen von den Gewichts- und Schenkelhilfen einerseits und den Zügelhilfen andererseits eingerahmt.
Wichtigstes Kriterium dabei ist, dass das Pferd fleißig, gehfreudig – aber ohne zu eilen – vorwärts geht. Dies ist nur möglich, wenn das Pferd losgelassen, also im Rücken frei von Verspannungen ist, im Genick nachgibt und sich treiben lässt. Dadurch wird auch das Maul des Pferdes zum Kauen angeregt. Durch die gewonnene Entspannung der Halsmuskulatur öffnen sich die Ausführungsgänge der unter den Ganaschen liegenden Ohrspeicheldrüse. Es entsteht ein Speichelfluss, der durch Kau- und Schluckreflexe den am Lippenrand erkennbaren Schaum erzeugt.

Versteift sich das Pferd gegen den Zügel, so wird verstärkt an die durchhaltende Hand herangetrieben, um das Pferd zum Nachgeben im Genick zu veranlassen. Dazu kann der Reiter beispielsweise auf den Zirkel gehen und dem Pferd eine vermehrte Stellung und geringe Biegung geben. Da sich hierbei das Pferd um den inneren treibenden Schenkel biegen soll, ist die verwahrende Wirkung des äußeren Zügels und Schenkels besonders wichtig. Der äußere Zügel muss die Stellung beziehungsweise Biegung zulassen, und der äußere Schenkel muss verwahrend darauf achten, dass das Pferd nicht mit der Hinterhand nach außen ausweicht. Gibt das Pferd auf diese Weise nach, so muss die innere Hand sofort leicht werden.

Die vorbeschriebene Art ist eine von vielen, ein Pferd an die Hilfen zu stellen. Die Kunst des Reitens ist es, die jeweils richtigen Übungen für das betreffende Pferd, den jeweiligen Reiter und die individuellen Situationen herauszufinden, wobei aber immer gilt, dass von „hinten nach vorne" geritten wird. Die dabei entstehende Hals- und Genickbiegung darf auf keinen Fall mit den Zügeln erzwungen werden.

„Zügel-aus-der-Hand-kauen-lassen"

Mit dem „Zügel-aus-der-Hand-kauen-lassen" und auch mit dem „Überstreichen" kann überprüft werden, ob der Reiter das Pferd richtig an die Hilfen gestellt hat.
Das „Zügel-aus-der-Hand-kauen-lassen" zeigt, in welchem Maß Takt, Losgelassenheit und Anlehnung vorhanden sind. Diese Übung ist ein hervorragendes Mittel, um das Vertrauen des Pferdes zur Anlehnung beziehungsweise zur Hand des Reiters zu erhöhen und zu verbessern. Gleichzeitig dient es auch der Gleichgewichtsschulung, insbesondere beim jungen Pferd.
Der Reiter verlängert allmählich in dem Maße, in dem das Pferd bereit ist, sich zu dehnen, das Zügelmaß bis zum „langen Zügel". Das Pferd dehnt sich dabei vorwärts-abwärts an das Gebiss heran. Um die Hinterhand aktiv zu halten, muss der Reiter eventuell etwas vermehrt treiben.

Die Dehnung sollte mindestens soweit erfolgen, dass das Pferdemaul sich auf Höhe der Buggelenke befindet, aber höchstens so weit, wie es die Erhaltung des Gleichgewichts zulässt. Die Stirn-Nasen-Linie des Pferdes bleibt vor beziehungsweise an der Senkrechten. Die Hand des Reiters geht bei dieser Übung etwas in Richtung Pferdemaul vor, damit das anschließende Nachfassen und Verkürzen des Zügels leichter und weicher geschehen kann.
Das „Zügel-aus-der-Hand-kauen-lassen" kann in jeder Gangart, am besten beim Reiten auf dem Zirkel, durchgeführt werden. Das richtig gelöste Pferd bleibt im Gleichgewicht, behält Gangart, Takt und Tempo bei. Der Reiter kommt vermehrt zum Treiben.

Zeigt das Pferd beim Nachgeben der Zügel keine Dehnung in der Halsmuskulatur oder nimmt es die Zügel mit einem Ruck aus der Hand, so sind das deutliche Beweise für die noch nicht gelösten Hals- und Rückenmuskeln. Fast immer hat der Reiter mit zu viel Handeinwirkung und mit zu wenig treibenden Hilfen gearbeitet. Die Anlehnung war falsch.
Das mehrmalige „Zügel-aus-der-Hand-kauen-lassen" über kürzere Strecken und Zeiträume ist für die Kräftigung der Muskulatur wertvoller als ein zu lange andauerndes Verbleiben in Dehnungshaltung. Hierbei kann das Pferd relativ leicht „auf die Vorhand" kommen und der gymnastizierende Zweck dieser Übung ist verfehlt.
Die Lektion kann je nach Wunsch durch Schließen der Zügelfäuste und Wiederaufnehmen der Zügel beendet werden. Sie kann aber auch abschließend zum hingegebenen Zügel übergehen.

„Zügel-aus-der-Hand-kauen-lassen" – das Pferd dehnt sich an das Gebiss heran.

Überstreichen

Das „Überstreichen" dient der Überprüfung der Selbsthaltung des Pferdes; es soll zeigen, ob das Pferd sicher an den Gewichts- und Schenkelhilfen des Reiters steht.
Dazu soll der Reiter während zwei bis drei Pferdelängen beide Zügelfäuste entlang des Mähnenkamms etwa zwei Handbreit vorgehen und anschließend wieder in die Ausgangshaltung zurücknehmen. Die Stirn-Nasen-Linie des Pferdes darf dabei etwas mehr vor die Senkrechte kommen, die Selbsthaltung muss erhalten bleiben. Das Tempo bleibt unverändert.

Gelegentlich kann das Überstreichen auch mit einer Hand vorgenommen werden, dann in der Regel mit der inneren. Wenn das Pferd vermehrt gestellt oder gebogen wurde, kann so überprüft werden, ob das Pferd sicher am äußeren Zügel steht.

Überstreichen im Galopp mit beiden Zügeln.

Reiten der Gangarten

In den drei Grundgangarten des Reitpferdes – Schritt, Trab, Galopp – gibt es verschiedene Gangmaße (Tempi), die sich durch den Grad der Versammlung und durch die dadurch bedingte Länge der Schritte, Tritte oder Sprünge des Pferdes voneinander unterscheiden. Auf das räumliche und zeitliche Gleichmaß der Bewegungen (Takt) ist in allen drei Gangarten besonderer Wert zu legen.

Schritt

Der Schritt ist eine schreitende Bewegung im Viertakt ohne Schwebephase. Die Tempi sind der Mittelschritt, der starke Schritt und der versammelte Schritt, von denen in der Grundausbildung nur der Mittelschritt geritten wird. Starker und versammelter Schritt gehören zu den schwierigeren Lektionen, die erst bei weitergehender Dressurausbildung verlangt werden (siehe Richtlinien für Reiten und Fahren Band II).

Grundkriterien für alle Schritt-Tempi sind neben dem klaren Viertakt der Fleiß, die Ungebundenheit und der vom Gangmaß abhängige Raumgriff, (d.h. Fußen der Hinterhufe über oder in der Spur der jeweiligen Vorderhufe).

Beim Anreiten zum Schritt aus dem Halten treibt der Reiter das an den Hilfen stehende Pferd mit Gewicht und beiden Schenkeln bei nachgebender Zügelhilfe in die Vorwärtsbewegung hinein, ohne dabei die weiche Anlehnung aufzugeben.

Der Reiter hält den Schritt fleißig, raumgreifend und gleichmäßig, indem er losgelassen den Bewegungen des Pferdes folgt und mit den Schenkeln eine weiche Fühlung am Pferdeleib erhält. Die leichte Nickbewegung des Pferdes von Hals und Kopf wird von der Reiterhand und den Schulter- und Ellenbogengelenken zugelassen.

Taktmäßig und losgelassen schreitendes Pferd.

Eine zu starke Handeinwirkung ist der häufigste Fehler beim Schrittreiten. Hierdurch können der Takt und die Losgelassenheit stark beeinträchtigt werden. Ein zu starkes Treiben, ein klemmender Unterschenkel und ein übertriebenes, falsch verstandenes wechselseitiges Treiben im Schritt führen oft zu Taktfehlern, wie etwa das unterschiedlich weite Vortreten der Hinterbeine. Man sagt dann: „Das Pferd geht kurz – lang" (ein Hinterbein fußt weiter vor als das andere).

Werden die gleichseitigen Beine gleichzeitig vorbewegt und aufgesetzt, entsteht eine fehlerhafte Gangart, der Pass. Falsches Treiben und feste Hände sind in der Regel der Grund für das passartige Gehen, das nur sehr schwer zu korrigieren ist.

Trab

Der Trab ist ein Zweitakt mit einem Moment der freien Schwebe. Die Tempi sind der Arbeitstrab, der Mitteltrab, der versammelte Trab und der starke Trab, von denen in der Grundausbildung in erster Linie der Arbeitstrab, der Mitteltrab und zum Teil auch der versammelte Trab geritten werden. Das „Tritteverlängern" ist eine Vorstufe des Mitteltrabs.

Zum Antraben gibt der Reiter die gleichen Hilfen wie zum Anreiten im Schritt, nur in entsprechend verstärktem Maße. Im Trab muss der Reiter aus der Mittelpositur heraus mit den Bewegungen des Pferdes kontrolliert mitschwingen, indem das „Kreuz" mäßig an- und abgespannt wird. Durch Sitz- und Hilfengebung wird die Beibehaltung des schwungvollen und taktmäßigen Tretens im gewünschten Gangmaß überwacht.

Bei Übergängen – Zulegen und Rückführen des Tempos – muss das Pferd durchlässig auf die verhaltenden und treibenden Hilfen reagieren. Beim Zulegen veranlasst der Reiter das Pferd nach einer oder mehreren halben Paraden durch die bestimmte, gleichzeitige und gleichmäßige Einwirkung von Gewicht und beiden Schenkeln zu einem größeren Raumgriff. Die Hand des Reiters gibt so viel nach, wie es die Dehnung des Halses zur Rahmenerweiterung erfordert. Die Verbindung zum Pferdemaul und die korrekte Selbsthaltung des Pferdes bleiben erhalten.
Die Rückführung des Tempos wird ebenfalls mit einer oder mehreren halben Paraden vorbereitet. Gerade in diesem Moment wird das Pferd vermehrt getrieben, da es sonst, anstatt mit der Hin-

Schwungvoll und ausbalanciert trabendes Pferd.

terhand unterzutreten, auf die Vorhand kommt und sich möglicherweise auf den Zügel legt. Diese Grundsätze gelten auch für die Übergänge im Galopp.

Der versammelte Trab wie auch der starke Trab erfordern eine gute dressurmäßige Ausbildung des Pferdes und vom Reiter eine fortgeschrittene Entwicklung seiner Einwirkungen.

Beim versammelten Trab wird das Pferd durch annehmende und nachgebende Zügelhilfen bei gleichzeitig vortreibenden Gewichts- und Schenkelhilfen vermehrt veranlasst, unter den Schwerpunkt zu treten. Dadurch werden die Tritte weniger raumgreifend, aber erhabener und ausdrucksvoller.
Die durch starke Handeinwirkung erzeugte Verlangsamung des Tempos ohne entsprechende vortreibende Hilfen sowie schwebende Tritte als Ergebnis mangelnder Losgelassenheit sind fehlerhaft.

Galopp

Im Galopp bewegt sich das Pferd im Dreitakt in einer Folge von Sprüngen mit einem Moment der freien Schwebe. Je nachdem, welches seitliche Beinpaar in der Bewegung weiter vorgreift, unterscheidet man Links- und Rechtsgalopp. Normalerweise greift das dem Bahninneren zugewandte Beinpaar weiter vor. Dieser Galopp wird dann als Handgalopp bezeichnet. Das Vorgreifen des äußeren Beinpaares kennzeichnet den Außengalopp.
Der Galopp ist die einzige Gangart, in der das Pferd auch auf gerader Linie geringfügig gestellt sein darf. Die verschiedenen Tempi sind: Arbeitsgalopp, Mittelgalopp, versammelter Galopp und starker Galopp.

Vor dem Angaloppieren muss der Reiter das Pferd mit einer oder mehreren halben Paraden zum vermehrten Herantreten der Hinterbeine an den Schwerpunkt veranlassen. Diese vermehrte Lastaufnahme der Hinterbeine ist notwendig, um dem Pferd das „Anspringen" in den Galopp zu erleichtern.

Zum Angaloppieren zum Beispiel in den Rechtsgalopp gibt der Reiter folgende Hilfen:

- mit halben Paraden wird das Pferd aufmerksam gemacht,
- der innere Gesäßknochen wird vermehrt belastet,
- der rechte Schenkel liegt vorwärts treibend unmittelbar am Sattelgurt,
- gleichzeitig gibt der rechte Zügel durch Annehmen dem Pferd die gewünschte Stellung nach rechts,
- der linke Zügel, als äußerer Zügel, begrenzt die Stellung und verhindert ein Ausfallen über die linke Schulter,
- der linke äußere Schenkel des Reiters wird verwahrend etwa eine Handbreit hinter den Sattelgurt gelegt. Er verhindert ein Seitwärtstreten des linken Hinterfußes und fixiert diesen in Richtung zum Schwerpunkt des Pferdes. Diese

Aufgabe des äußeren Schenkels ist besonders wichtig, da der linke Hinterfuß in der Phase der „Einbeinstütze" nur richtig tragen kann, wenn er unter den Schwerpunkt fußt.

- Sobald das Pferd zum Angaloppieren ansetzt, lässt der Reiter durch leichtes Nachgeben, besonders mit der inneren Hand, den Galoppsprung heraus.

Treibende Gewichts- und Schenkelhilfen sorgen für flüssiges Weitergaloppieren. Der Reiter muss bei möglichst ruhigem Oberkörper aus der Hüfte heraus gut in die Bewegung des Pferdes eingehen; die innere Hüfte wird geringfügig vorgeschoben. Dabei darf aber die äußere Schulter nicht zurückhängen. Das Gesäß bleibt – ohne zu klappen – weich im Sattel.

Die ruhig stehenden Hände halten während des Galoppierens die gleichmäßige Anlehnung zum Pferdemaul. Richtige halbe Paraden sind dabei besonders wichtig. Sie sorgen mit den treibenden Hilfen für die Spannkraft des Galoppsprunges und verhindern ein „Auseinanderfallen" des Pferdes.

Merke:

Die korrekte Lage beider Schenkel ist verantwortlich für n richtigen Galopp. In jedem Galoppsprung muss der Reiter so sitzen, als ob er neu angaloppieren will.

Um dem Galoppieren auf zwei Hufschlägen entgegenzuwirken, kann das Pferd bei leichter Innenstellung vermehrt mit dem inneren Schenkel an den äußeren Zügel herangeritten werden. Insbesondere beim Zulegen und Wiedereinfangen neigen Pferde zum „schiefen" Galoppieren.

Für das Reiten der Übergänge zwischen den verschiedenen Galopptempi gelten die gleichen Grundsätze wie für den Trab. Auch beim „Galoppsprünge verlängern" – die Vorstufe zum Mittelgalopp – ist die allmähliche Steigerung richtiger als ein Davonstürmen des Pferdes mit schnelleren Sprüngen.

Die Rahmenerweiterung muss beim Zulegen, ebenso wie im Mitteltrab, beachtet werden. Dabei ist das Überstreichen ein besonders gutes Mittel, um die Selbsthaltung zu überprüfen.

Beim „einfachen Galoppwechsel" soll der Übergang vom Galopp zum Schritt sicher und weich erfolgen. Nach drei bis fünf klaren Schritten wird entschlossen wieder angaloppiert. Vor beiden Übergängen muss der Reiter das Pferd mit halben Paraden entsprechend vorbereiten.

Um mit der Versammlung im Galopp zu beginnen, müssen die Galoppsprünge allmählich durch halbe Paraden verkürzt werden. Sie bewirken, dass der durch treibende Hilfen verbessert unterspringenden Hinterhand die Last vermehrt zugeschoben wird.

Schwungvolle, raumgreifende Galoppade.

Das Aufnehmen und Nachgeben erfolgt dabei im Takt der Galoppsprünge. Die Zügelhilfen dürfen aber niemals vorherrschen, sondern müssen durch treibende Einwirkung unterstützt werden. Bei fortgeschrittenem Rittigkeitsgrad des Pferdes wirken die Hände mehr passiv, und die Versammlung wird in erster Linie durch Gewicht und Schenkel erreicht. Das kräftige, lebhafte Abfedern der Hinterbeine wird unter dem Gesäß des Reiters fühlbar.

Wenn das Verkürzen des Galopps ausschließlich durch die Zügel (insbesondere den inneren) erreicht wird, entsteht eine gespannte, schleppende oder fehlerhafte Galoppbewegung. Dabei fußt das diagonale Beinpaar nicht mehr gleichzeitig auf, sondern nacheinander. Der innere Hinterfuß setzt vor dem äußeren Vorderfuß auf, auch als „Vierschlag" (Viertakt) bezeichnet.
Der klare Dreitakt im Galopp muss durch gelegentliches frisches Vorwärtsreiten immer wieder sichergestellt werden.

Halbe und ganze Paraden

Jede Parade, die zum Halten führt, ist eine ganze Parade. Alle anderen Paraden werden als halbe Paraden bezeichnet.

Halbe Paraden werden gegeben, um

- Übergänge von einer Gangart in eine andere zu reiten,
- das Gangmaß innerhalb einer Gangart zu verkürzen beziehungsweise zu regulieren,
- das Pferd vor einer neuen Übung oder Lektion aufmerksam zu machen,
- Versammlung und Haltung während der Bewegung zu verbessern beziehungsweise zu erhalten.

In Verbindung mit einer belastenden Gewichtshilfe durch vermehrtes Kreuzanspannen und einer treibenden Schenkelhilfe gibt der Reiter eine wohlbemessene, annehmende oder durchhaltende Zügelhilfe, jeweils gefolgt von einem rechtzeitigen Nachgeben. Man sagt auch: Paraden sind das Zusammenwirken aller Hilfen und ermöglichen kontrolliertes Reiten.
Schon bei sich andeutendem Erfolg muss der Reiter sofort in der Hand leichter werden. Wenn erforderlich, muss er diese Hilfen mehrmals hintereinander geben.

Das Pferd bekommt durch die treibende Einwirkung in der Parade einen stärkeren Impuls nach vorne. Dadurch tritt es vermehrt an die Hand heran. Das gut gerittene Pferd holt sich dabei gewissermaßen die Zügelhilfe selbst ab und wird bei entsprechender Durchlässigkeit in Richtung unter den Schwerpunkt treten.
Daher dürfen die Zügelhilfen keinesfalls so stark gegeben werden, dass sie rückwärts wirken und die Hinterbeine blockieren. Bei der halben Parade muss das Pferd die Gelegenheit haben, mit den Hinterbeinen nach vorne durchzuschwingen.

Werden bei den halben Paraden die Zügelhilfen an einem Zügel gegeben, dann muss der andere Zügel ruhig gegengehalten werden, damit das Gebiss nicht in riegelnder Art durch das Maul gezogen wird.

Der oft zu hörende Ausdruck „halbe Paraden am linken beziehungsweise rechten oder äußeren Zügel" ist irreführend, da man meinen könnte, die halbe Parade erschöpfe sich lediglich in einem Annehmen des betreffenden Zügels. Erst durch die gleichzeitig treibenden Hilfen entsteht eine richtige und wertvolle halbe Parade. Nur wenn die Hinter-

Merke:

Die halbe Parade wird durch kurzes, vermehrtes Einschließen des Pferdes zwischen den Gewichts-, Schenkel- und Zügelhilfen gegeben, dem eine nachgebende Zügelhilfe folgt.

Die halbe Parade ist kein einmaliger Vorgang, sondern wird im Bewegungsrhythmus so oft wiederholt, bis sie ihren Zweck erfüllt hat.

Der Mitteltrab kann, wie alle anderen Lektionen auch, nur gelingen, wenn er mit halben Paraden vorbereitet wird.

Da das Pferd im Halten geschlossen auf allen vier Beinen und mit möglichst guter Selbsthaltung stehen soll, ist es besonders wichtig, dass die nachgebende Zügelhilfe, also das Leichtwerden mit der Hand, sofort erfolgt und nicht erst, wenn das Pferd zum Stillstand gekommen ist. Im Halten muss die Einwirkung des Reiters in entsprechend geringerem Maße erhalten bleiben, sodass er jederzeit mühelos in der gewünschten Gangart wieder anreiten kann.

beine herangeholt werden und bewusst für einen kurzen Moment auf geraden Linien an beide und auf gebogenen Linien an den äußeren Zügel herangetrieben werden, kann sich der oben beschriebene Zweck der halben Paraden erfüllen.

Die ***ganze Parade*** kann aus allen Gangarten erfolgen und wird nur auf geraden Linien gegeben. Sie wird generell von einer oder mehreren halben Paraden vorbereitet und führt immer zum Halten. Die Hilfengebung erfolgt wie bei den halben Paraden, nur dass zum eigentlichen Halten das Pferd für einen kurzen Moment mit Gewichts- und Schenkelhilfen an die anstehende Hand getrieben wird. Wie stark die Hilfen dabei gegeben werden, hängt von dem Ausbildungsstand und der Abstimmung zwischen Reiter und Pferd ab. Die ganze Parade kann, wenn sie gut vorbereitet ist, mit allerfeinsten Hilfen geritten werden.

Merke:

Auch im Halten muss der Reiter das Pferd vor seinen treibenden Hilfen behalten.

Die ganze Parade führt immer zum Halten. Das Pferd steht geschlossen, im Gleichgewicht auf allen vier Beinen.

Weicht das Pferd im Halten nach hinten aus, tritt zurück oder stößt gegen den Zügel, so liegt die Ursache meistens darin, dass die Hand des Reiters im Annehmen verharrt und nicht rechtzeitig wieder nachgegeben hat.

Das Ordnen von Anzug und Ausrüstung im Halten ist fehlerhaft, weil das Pferd durch die Unruhe des Reiters zwangsläufig nicht unbeweglich stehen wird und „von den Hilfen kommt". Das nachfolgende Anreiten wird dann unsicher und unbestimmt sein.

Stellen und Biegen

Stellung heißt, dass das Pferd seinen Kopf im Gelenk zwischen Kopf und Hals, dem Genick, seitlich wendet. Dabei wird der Rand des Unterkiefers von der Ohrspeicheldrüse überdeckt. Bei einem losgelassenen Pferd wird der Mähnenkamm leicht zu der Seite kippen, zu der das Pferd gestellt ist.
Der Hals ist bei der Stellung nur geringfügig gebogen. Die übrige Längsachse (Wirbelbrücke) des Pferdes ist aber an der Stellung nicht beteiligt. Sie bleibt in sich gerade.
Mit der Stellung verfolgt der Reiter den Zweck, die Folgsamkeit des Pferdes auf die mehr seitlich wirkenden Zügelhilfen zu erhöhen. Es wird Nachgiebigkeit auf die inneren und ein Herantreten an die äußeren Hilfen verbessert.

Unabhängig davon, auf welcher Hand sich der Reiter befindet, wird die Seite, nach der das Pferd gestellt ist, als „innere", die andere als „äußere" bezeichnet. Eine klare Stellung wird erreicht, indem der Reiter, beide Gesäßknochen gleichmäßig belastend, den äußeren Zügel ohne Aufgabe einer sicheren Anlehnung fast soweit vorgibt, wie er den inneren Zügel verkürzt hat. Bei richtiger Stellung wird der Reiter das innere Auge und den inneren Nüsternrand seines Pferdes schimmern sehen.

Ein „mehr" an Stellung wird fast immer zu einem Ausfallen der äußeren Pferdeschulter und zu Unregelmäßigkeit im Gang, also Taktstörungen, führen. Beim Umstellen des Pferdes von der einen zur anderen Seite (z.B. beim Handwechsel) muss der Reiter unter Beibehaltung der treibenden Einwirkung das Pferd zunächst sorgfältig geradeaus stellen und dann erst die neue Stellung fordern.

Der häufigste und folgenschwerste Fehler besteht darin, die Stellung durch zu festes Halten oder Ziehen am inneren Zügel zu fordern. Dadurch wird das Pferd im Hals zusammengezogen und ein richtiges Vor- und Untertreten des jeweils inneren Hinterfußes ist nicht möglich.

Wenn die Stellung nicht durch den äußeren Zügel zugelassen wird, kommt es zum fehlerhaften Verwerfen im Genick. Das Pferd hält den Kopf schief. Die beiden Ohren stehen nicht mehr auf gleicher Höhe. Zur Abstellung dieses Fehlers muss der Reiter sein Pferd geradeaus stellen und es unter verstärkter Anwendung der treibenden Hilfen zum Dehnen an den Zügel nach vorwärts-abwärts veranlassen. Danach kann er erneut versuchen, mit gefühlvolleren Zügelhilfen das Pferd „zu stellen".

Ebenso falsch ist aber auch ein zu weites Vorgehen mit der äußeren Hand. Dadurch würde lediglich der Kopf mit dem inneren Zügel nach innen gezogen.
Unter Biegung wird eine Krümmung der Längsachse verstanden. Dabei soll der Pferdekörper, so weit anatomisch möglich, gebogen werden. Eine gleichmäßige Längsbiegung von Kopf zum Schweif ist nicht erreichbar, da die Wirbel unterschiedlich beweglich sind. Die Wirbelsäule ist im Bereich der Halswirbel am beweglichsten, im Bereich der Brustwirbel begrenzt biegsam und aufgrund der Verknöcherung im Bereich des Kreuzbeins starr. Der Reiter darf deshalb das Pferd im Hals nicht zu stark abstellen, sondern muss auch auf eine gute Biegung in der Rippenpartie um den

inneren Schenkel achten. Die begrenzte Biegsamkeit muss so weit wie möglich ausgeschöpft werden, um die Geschmeidigkeit zu erhöhen, ein Ausfallen der Hinterhand in den Wendungen zu unterbinden und die Geraderichtung zu fördern. Dies ist aber nur möglich, wenn das Pferd gelernt hat, an den äußeren Zügel heranzutreten.

Die Biegung wird durch konsequente Abstimmung der „diagonalen" Hilfen erreicht:

- Der innere Gesäßknochen wird vermehrt belastet,
- der innere Schenkel treibt am Gurt den gleichseitigen Hinterfuß vor,
- der verwahrende äußere Schenkel liegt eine Handbreit hinter dem Gurt und verhindert ein Ausfallen der Hinterhand,
- der innere Zügel sorgt für eine weiche Stellung und führt gegebenenfalls das Pferd in die Wendung hinein,
- der äußere Zügel gibt so viel nach, wie es die Stellung oder Biegung des Pferdes nach innen erfordert, verhindert eine zu starke Halsabstellung und begrenzt die Schulter.

Es gibt keine Biegung ohne Stellung, während Stellung ohne Biegung durchaus möglich ist und in einzelnen Lektionen, wie zum Beispiel Schenkelweichen, auch verlangt wird.

Merke:
Die Bedeutung der äußeren Hilfen beim Stellen und Biegen wird oft unterschätzt, aber gerade auf sie ist besonderer Wert zu legen.

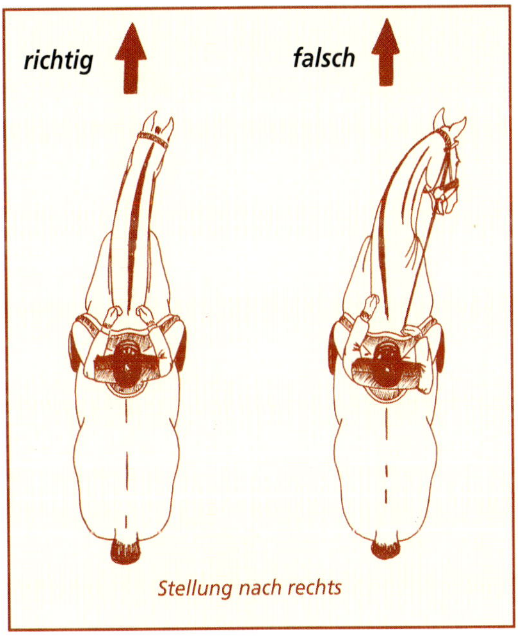

Stellung nach rechts

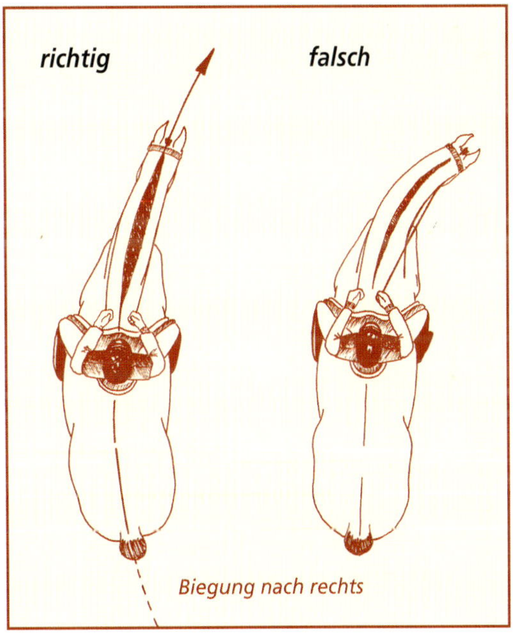

Biegung nach rechts

Das gebogene Pferd von der Seite ...

... und von hinten

Reiten von Wendungen

Das Reiten von gebogenen Linien und Wendungen kann der Reiter nur dann richtig ausführen, wenn er das Pferd sicher an den Hilfen hat und eine, so weit anatomisch möglich, dem Bogen der Wendung entsprechende Längsbiegung erreicht. Dadurch veranlasst er die Hinterhand, während der Wendung in die Hufschlaglinien der Vorhand zu treten. Auf gebogenen Linien wird vom Pferd ein vermehrtes Stützen der Körperlast durch den inneren Hinterfuß verlangt.

Jede Ecke sollte exakt durchritten werden und ist ein Prüfstein der Durchlässigkeit. Beim Durchreiten der Ecken wird das Pferd wie auf dem „Viertelkreisbogen einer Volte" geritten und muss dabei entsprechend gebogen sein. Je nach Ausbildungsstand des Pferdes beziehungsweise der jeweiligen Voltengröße werden die Ecken mehr oder weniger tief ausgeritten:

Auf dem Niveau der Klasse A würde dies zirka dem Viertelkreisbogen einer 10-m-Volte (5 m Radius) entsprechen, in der Klasse L zirka einer 8-m-Volte (4 m Radius) und bei weiter fortgeschrittenen Pferden zirka einer 6-m-Volte (3 m Radius).

Der Reiter gibt vor der Ecke eine halbe Parade und stellt das Pferd in die Bewegungsrichtung (nach innen). Die diagonalen Hilfen geben dem Pferd die Längsbiegung, die es für den Kreisbogen braucht.

Das genaue Durchreiten der Ecken kann der lernende Reiter zunächst im Schritt üben, um die Hilfen zum Wenden in geringem Tempo zu erlernen. Die Vorhand des Pferdes darf dabei nicht zu tief in die Ecke hineingeführt werden. Ebenso falsch ist es, ein tiefes Hineingehen in die Ecke erzielen zu wollen, indem beide Hände, insbesondere aber die innere, nach außen drücken. Dies hat ein Ausfallen der äußeren Schulter zur Folge.

Dem eigenmächtigen Versuch des Pferdes, die Ecke abzuflachen, ist durch entsprechend stärkere innere Gewichts- und Schenkelhilfen entgegenzuwirken. Auf einem offenen Platz oder bei fehlender Bande ist darauf zu achten, dass sich die Pferde nicht durch Ausweichen vor der Ecke über die äußere Schulter nach außen entziehen.

Merke:

Auf gebogenen Linien müssen sich die Vorderbeine und die Hinterbeine auf einer Linie bewegen, also aufeinander eingespurt sein. Dieses wird auch als „Geraderichtung auf gebogener Linie" bezeichnet.

Vor dem Wechseln durch die ganze oder halbe Bahn müssen der innere Schenkel und der äußere Zügel dafür sorgen, dass das Pferd nicht zu früh abwendet. Erst wenn die äußere Schulter den Wechselpunkt erreicht, soll der Reiter mit dem Abwenden beginnen. Auf der Diagonalen muss das Pferd weiter vor den treibenden Hilfen bleiben, gerade gestellt sein und gleichmäßig an beide Zügel herantreten. Das Pferd kommt mit der Schulter auf dem Hufschlag am Wechselpunkt an.

Beim ***Reiten auf dem Zirkel*** ist eine beständige Biegung erforderlich, bei der sich das Pferd gleichmäßig auf der Kreislinie bewegt. Wie oben bei der Hilfengebung beschrieben, treibt der innere, dicht am Gurt liegende Schenkel den inneren Hinterfuß vor, erhält die Längsbiegung und verhindert ein Hereindrängen des Pferdes in den Zirkel. Der äußere Schenkel liegt verwahrend hinter dem Gurt, verhindert gemeinsam mit dem verwahrenden äußeren Zügel ein nach außen Herausdrängen des Pferdes und sorgt für das gleichmäßige Vortreten des äußeren Hinterfußes.

Aus dem Zirkel wechseln

Beim Wechseln von einer Wendung zur nächsten (z.B. aus dem Zirkel oder durch den Zirkel wechseln, Schlangenlinien) muss das Pferd vor dem Übergang auf die neue Hand eine Pferdelänge geradeaus gestellt werden, bevor es die neue Biegung auf der anderen Hand erhält. Bei zunehmender Durchlässigkeit, (z.B. doppelte Schlangenlinie, Reiten einer Acht), erfolgt der Übergang geschmeidig und fließend. Für den Reiter ist dieses der Augenblick zum Umsitzen und Umstellen. Er muss dabei das Gewicht leicht zur neuen inneren Seite verlagern, die Schenkellage entsprechend verändern und das Zügelmaß korrigieren.
In dem häufigen Wechsel der Längsbiegung liegt für Reiter und Pferd ein guter Lerneffekt. Voraussetzung ist, dass das Umsitzen, Umfassen und damit das Umstellen flüssig, geschmeidig und deutlich erkennbar geschieht.

Die Volte fordert vom Pferd die stärkstmögliche Längsbiegung. Vor- und Hinterhand sind aufeinander eingespurt. Der beschriebene Kreisbogen darf also nur einen Hufschlag aufweisen. Volten können an beliebiger Stelle der Bahn ausgeführt werden. Sie werden in der Grundausbildung mit einem Durchmesser von 10 m im Arbeitstrab geritten. Verringert sich mit fortschreitender Ausbildung der Durchmesser von 8 bis auf mindestens 6 m, so wird im versammelten Tempo geritten, da sich das Pferd entsprechend stärker biegen muss. Unterschreitet der Durchmesser 6 m, kann das Pferd seine Längsbiegung dem Bogen der Hufschlaglinie nur noch sehr schwer anpassen, fällt dann mit der Hinterhand aus und ist im taktmäßigen Ablauf der Bewegung gestört.

Ein häufig auftretender Fehler ist das elipsenförmige Reiten der Volte. Sie muss aus zwei gleich großen Halbkreisen bestehen und dort enden, wo sie begonnen wurde.

Reiten einer Volte

Das Pferd bleibt während der Volte gleichmäßig gebogen

Kehrtvolte

Volte

Die ***Kehrtvolte beziehungsweise die Kehrtwendung aus der Ecke*** (in der Regel aus der 2. Ecke der langen Seite) ist in ihrem ersten Teil wie eine Volte zu reiten. Vom Punkt des Bogens, der am weitesten vom Hufschlag entfernt ist, führt der Reiter das Pferd in schräger Richtung auf gerader Linie zum Hufschlag zurück und befindet sich dann auf der anderen Hand.

Beim ***Reiten von Wendungen***, insbesondere in Volten, ist vor dem zu starken Gebrauch des inneren Zügels besonders zu warnen. Der Reiter muss auf die elastische Erhaltung der Anlehnung am äußeren Zügel achten, da sonst die Pferde leicht hinter die Senkrechte kommen oder Taktunsicherheiten entstehen.

Schlangenlinien an der langen Seite werden als einfache oder auch als doppelte Schlangenlinie gefordert. Bei der einfachen Schlangenlinie befindet sich die größte Entfernung vom Hufschlag in Höhe der Mitte der langen Seite, während bei der doppelten Schlangenlinie diese beiden Punkte in Höhe der Zirkelpunkte liegen. Bei der einfachen Schlangenlinie beträgt die Entfernung vom Hufschlag 5 m, bei der doppelten 2,50 m. Schlangenlinien erfordern die Umstellung des Pferdes bei jedem Richtungswechsel und werden im Arbeitstempo beziehungsweise versammelten Tempo geritten.

Schlangenlinien durch die ganze Bahn sind je nach Anzahl und Enge der gerittenen Bogen lösende oder auch die Versammlung vorbereitende Übungen. Die Anzahl der gerittenen Bogen richtet sich nach der Größe der Reitbahn und dem Ausbildungsstand von Reiter und Pferd. Sie beginnen und enden jeweils Mitte der kurzen Seite bei A oder C. Bei einem Viereck von 20 x 40 m werden im Regelfall drei oder auch vier Bogen verlangt.

Die Schlangenlinie im Turniersport besteht aus mehreren, gleichmäßig in der Bahn verteilten Halbvolten, zwischen denen jeweils eine gerade Strecke liegt. Von der Anzahl und damit dem Durchmesser der halben Volten hängt die Länge der Geradeausstrecke ab. Bei dieser Ausführung der Schlangenlinie werden die Pferde jeweils am Ende eine Bogens geradeaus gestellt und beim Erreichen des gegenüberliegenden Bogens in die nächste halbe Volte gebogen. Eine gerade Anzahl von Bogen führt zum Handwechsel, nach einer ungeraden Zahl von Bogen findet kein Handwechsel

Einfache Schlangenlinie an der langen Seite

Doppelte Schlangenlinie an der langen Seite

Schlangenlinie durch die ganze Bahn

statt. Fußwechsel beim Leichttraben oder Galoppwechsel werden jeweils beim Überreiten der Mittellinie ausgeführt.
Eine weitere Form der Schlangenlinie, die im Turniersport aber nicht verlangt wird, ist das unmittelbare Aneinanderreihen der Bogen. Diese Schlangenlinie beginnt und endet am Wechselpunkt. Die Mittellinie wird jeweils schräg passiert, sodass die Form der Bogen einer Birne ähnelt. Stellung und Biegung des Pferdes nach der einen Seite gehen beim Passieren der Mittellinie fließend zur anderen Seite über. Diese Form der Schlangenlinie fördert die Geschicklichkeit des Reiters sowie die Geschmeidigkeit und Durchlässigkeit des Pferdes. Sie ist von hohem gymnastischen Wert für die Ausbildung von Pferd und Reiter.

Vorhandwendung

Wendungen aus dem Halten können um die Vorhand oder um die Hinterhand ausgeführt werden. Der Wendepunkt liegt dicht neben dem inneren Vorderfuß beziehungsweise dem inneren Hinterfuß. Die Vorhandwendung gehört zu den lösenden Übungen und hat zugleich den Zweck, das Pferd mit den seitwärts treibenden Hilfen vertraut zu machen. Da es sich um einen langsamen Bewegungsablauf handelt, der auch in Abschnitten durchgeführt werden kann, lernt und übt der junge Reiter besonders gut die gesamte Hilfengebung und vor allem die Abstimmung der Hilfen aufeinander.

Die Vorhandwendung sieht folgendermaßen aus:
Durch eine ganze Parade wird das Pferd zum Halten gebracht. Um kein Zurücktreten oder Anheben des Halses und des Kopfes zu provozieren, sollte die Vorhandwendung in einer geschlossenen Reitbahn nicht direkt an der Bande, sondern auf dem zweiten Hufschlag durchgeführt werden. Das Pferd wird zur Seite des seitwärts treibenden Schenkels gestellt, also in die Richtung der Wendung. Der innere Hinterfuß tritt vor und über den äußeren. Das äußere Vorderbein tritt um das innere Vorderbein herum. Nach Beendigung der Wendung um 180° ist das Pferd im Halten wieder geradeaus gestellt und befindet sich wieder auf dem Hufschlag, auf dem begonnen wurde.

Bei der Vorhandwendung werden folgende Hilfen gegeben:

- Der Reiter sitzt einseitig belastend vermehrt auf dem inneren Gesäßknochen und verkürzt den neuen inneren Zügel, sodass er das Pferd stellen kann.
- Der verwahrende äußere Zügel verhindert ein zu starkes Abstellen im Hals.
- Mit dem etwas zurückgelegten inneren Schenkel treibt der Reiter die Hinterhand im Rhythmus des Bewegungsablaufes Schritt für Schritt vorwärts-seitwärts um die Vorhand herum.
- Der verwahrende äußere Schenkel verhindert ein zu starkes Seitwärtstreten des äußeren Hinterfußes beziehungsweise ein Herumeilen der Hinterhand.
- Danach kommt das Pferd wieder zum Halten.

Während der ganzen Wendung muss der Reiter mit seinem Gewicht und beiden Schenkeln das Pferd vor sich behalten. Nur so wird sichergestellt, dass das Pferd am Zügel bleibt und weder nach vorwärts noch nach rückwärts ausweicht.

Die einzelnen Phasen der Vorhandwendung

Schenkelweichen, Viereck verkleinern und vergrößern

Schenkelweichen gehört zu den lösenden Lektionen und fördert die Durchlässigkeit des Pferdes, besonders für seitwärts treibende Hilfen. Für den lernenden Reiter ist es eine ausgezeichnete Lektion, um ihn mit dem Zusammenwirken aller Hilfen weiter vertraut zu machen.

Beim Schenkelweichen bewegt sich das Pferd mit geringer Stellung, aber ohne Rippenbiegung, vorwärts-seitwärts auf zwei Hufschlägen. Dabei treten die inneren Füße gleichmäßig vor und über die äußeren. Die Stellung erfolgt immer zur Seite des vorwärts treibenden Schenkels, der somit zum inneren Schenkel wird, auch dann, wenn er der Bande zugewandt ist. Das Schenkelweichen wird im Schritt, oder von fortgeschrittenen Reitern auf entsprechenden Pferden auch im Arbeitstrab, geritten. Es sollte jeweils nur über kürzere Strecken erfolgen.

Die Hilfengebung für das Schenkelweichen ist wie folgt:

- Der Reiter sitzt einseitig belastend vermehrt auf dem inneren Gesäßknochen,
- der innere Schenkel liegt etwas hinter dem Gurt und treibt, möglichst im Rhythmus des abfußenden Hinterbeins, vorwärts-seitwärts,

- der äußere Schenkel liegt verwahrend hinter dem Gurt und verhindert somit, dass das Pferd mit der Hinterhand zu weit herumtritt; gleichzeitig ist er auch für die Vorwärtsbewegung verantwortlich,
- der innere Zügel wird leicht angenommen, um dem Pferd die Stellung zu geben,
- der äußere Zügel wird so viel nachgegeben, wie es die Stellung erfordert, ohne die sichere Anlehnung zum Pferdemaul aufzugeben. Andererseits verhindert er eine zu starke Abstellung und Biegung des Halses und damit ein Ausfallen über die Schulter.

Für den lernenden Reiter ist es zunächst einfacher, dem der Bande zugewandten Schenkel weichen zu lassen. Hierbei kann sich der Reiter vermehrt auf sein Vorwärts-Seitwärts-Treiben konzentrieren und braucht, wegen der Begrenzung durch die Bande, nicht so viel Zügelhilfen einzusetzen.

In der weiteren Ausbildung ist es wertvoller, aber auch anspruchsvoller, das Pferd dem Schenkel weichen zu lassen, der dem Bahninneren zugewandt ist. Die Abstellung, also der Winkel des Pferdes zum Hufschlag, darf maximal 45° betragen. Ein größerer Winkel muss vermieden werden, da das Pferd sonst nur seitwärts und nicht vorwärts-seitwärts geht, Taktfehler macht und sich sogar an den Beinen verletzen kann.

Das Schenkelweichen „mit Kopf zur Bande" wird beendet, indem das Pferd umgestellt und im flachen Bogen auf den Hufschlag zurückgeführt wird. Das Schenkelweichen „mit Kopf in die Bahn" wird durch ein Einrichten der Vorhand auf die Hinterhand beendet, ohne jedoch das Pferd dabei umzustellen.

Schenkelweichen

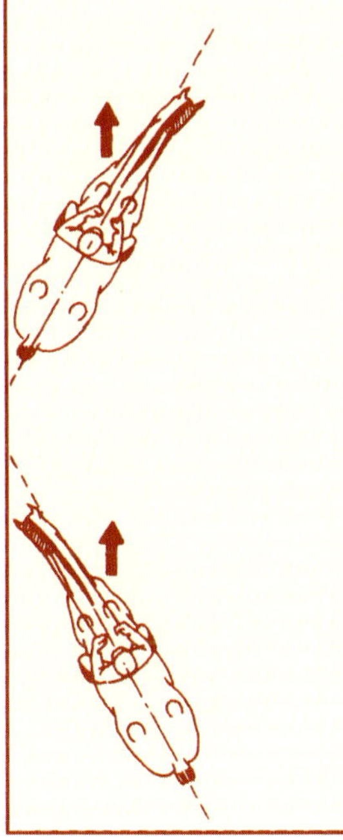

Die Lektion „Viereck verkleinern und vergrößern" entspricht dem Schenkelweichen entlang gedachter diagonaler Linien.

An Pferd und Reiter werden dabei noch größere Anforderungen in Bezug auf Durchlässigkeit beziehungsweise Präzision und Geschicklichkeit der Hilfengebung gestellt. Wie beim Schenkelweichen an den langen Seiten bewegt sich das Pferd auf zwei Hufschlägen mit entsprechender Stellung. Die Übung wird im Schritt, beim fortgeschrittenen Reiter im Arbeitstrab ausgeführt.

Die Lektion beginnt am ersten Wechselpunkt der langen Seite. Der Reiter stellt sein Pferd nach dem Durchreiten der Ecke in Ruhe um. Er hat dazu eine gute Pferdelänge Zeit und gibt seinem Pferd die Hilfen für das Schenkelweichen entlang der gedachten diagonalen Linie möglichst so, dass das Pferd stets parallel zum Hufschlag vorwärts-seitwärts tritt. Die Hinterhand darf dabei nicht vorauseilen. Bei Erreichen der Viertellinie, also im Abstand von zirka 5 m vom Hufschlag, wird das Pferd geradeaus gestellt und eine Pferdelänge geradeaus geritten. Danach stellt der Reiter das Pferd um und entsprechend der gedachten Diagonalen wird es, dem anderen Schenkel weichend, zum Hufschlag zurückgeführt.

Die Lektion ist am Wechselpunkt vor der zweiten Ecke der langen Seite beendet. „Viereck verkleinern und vergrößern" setzt voraus, dass das Schenkelweichen entlang der Bande bereits beherrscht wird.

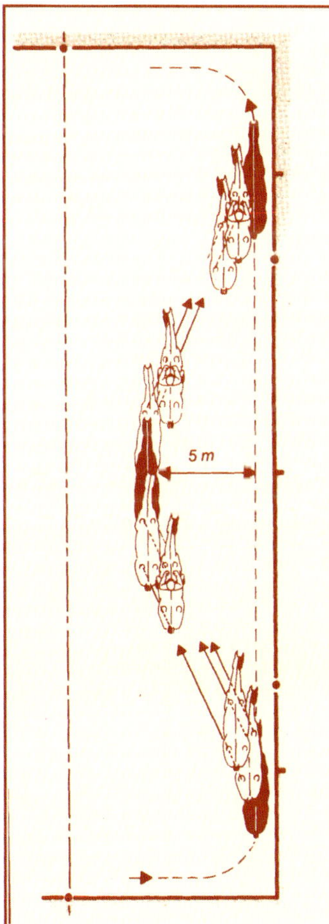

Rückwärtsrichten

Das Rückwärtsrichten fördert und überprüft die Durchlässigkeit des Pferdes. Da die Gelenke der Hinterhand vermehrt gebeugt werden, dient das Rückwärtsrichten auch der Verbesserung der Versammlung. Gelegentlich wird es auch als Gehorsamsübung vom Pferd gefordert.
Das Pferd tritt bei klarem Abfußen in diagonaler Fußfolge (Zweitakt) zurück. Das Rückwärtsrichten soll willig und mit gleich bleibender Länge der Tritte erfolgen. Die Hufe werden deutlich vom Boden abgehoben und auf gerader Linie zurückgesetzt.
Da die Fußfolge des Rückwärtsrichtens der des Trabens ähnelt, allerdings ohne Schwebephase, spricht man hier von „Tritten" und nicht von „Schritten".
In der Grundausbildung wird das Rückwärtsrichten um eine bestimmte Strecke (eine Pferdelänge entspricht 3-4 Tritten) und erst bei fortschreitender Ausbildung um eine bestimmte Anzahl von Tritten verlangt. Wird nach dem Rückwärtsrichten das Halten verlangt, so muss der letzte Tritt durch einen leichten Vorwärtsimpuls in der Hilfengebung aufgefangen werden. Nur so kann das Pferd wieder geschlossen stehen.

Der Reiter gibt zum Rückwärtsrichten folgende Hilfen, wobei vorausgesetzt sein muss, dass das Pferd auf gerader Linie gleichmäßig auf allen 4 Beinen geschlossen hält und sicher an den Hilfen steht:

- Mit beidseitig belastenden Gewichtshilfen und vortreibenden Schenkelhilfen gibt der Reiter die gleichen Hilfen wie zum Anreiten.
- Die Unterschenkel des Reiters liegen verwahrend am Pferdeleib und verhindern ein seitliches Ausweichen der Hinterhand.
- In dem Augenblick, in dem das Pferd nach vorn antreten will, wirken beide Zügel leicht annehmend. Bei fortgeschrittener Ausbildung des Pferdes wirken beide Zügel nur durchhaltend und veranlassen das Zurücktreten. Dadurch wird der nach vorn gegebene Bewegungsimpuls nach rückwärts umgeleitet.
- Im Moment der Reaktion des Pferdes nach rückwärts muss der Reiter mit der Hand leicht werden, ohne die Anlehnung am Pferdemaul aufzugeben. Auf keinen Fall darf am Zügel gezogen werden.

Bei Pferden, denen das Rückwärtsrichten noch schwer fällt, kann ein leichtes Entlasten sinnvoll sein. Ein Vornüberneigen des Oberkörpers sollte aber unterbleiben, da der Reiter nur bei aufrechtem Oberkörper jederzeit in der Lage ist, durch „Anspannen des Kreuzes", durch treibende Einwirkung der Schenkel und durch das Vorgehen mit der Hand das Rückwärtsrichten zu beenden oder ein zu eiliges Rückwärtstreten des Pferdes abzufangen.

Hinterhandwendung, Kurzkehrtwendung

Die Hinterhandwendung ist eine versammelnde Übung, die an Pferd und Reiter erhöhte Anforderungen stellt. Das Pferd soll aus dem sicheren Halten heraus, in guter Anlehnung und mit leichter Längsbiegung mit der Vorhand einen Halbkreis um die Hinterhand beschreiben. Der Wendepunkt liegt möglichst nah am inneren Hinterfuß, der dabei im Schrittrhythmus auf- und abfußt. Der äußere Hinterfuß beschreibt einen kleinen Halbkreis um den inneren herum. Die Vorderbeine treten vorwärtsseitwärts und kreuzen. Die Hinterbeine dürfen nicht kreuzen.
Da das Pferd wegen der Lage des Wendepunktes den ursprünglichen Hufschlag um eine Pferdebreite verlässt, muss es zuletzt mit einem vorwärtsseitwärts gerichteten Schritt auf den Hufschlag zurückgeführt werden. Nur während dieses letzten Schrittes darf der äußere Hinterfuß vorwärts-seitwärts übertreten.
Bevor der Reiter mit der Hinterhandwendung beginnt, muss die ganze Parade gut gelungen sein.

Die Hilfengebung ist folgendermaßen:

- Der Reiter belastet vermehrt den inneren Gesäßknochen.
- Das Pferd wird in die Bewegungsrichtung gestellt.
- Der innere Schenkel liegt vortreibend am Gurt. Seine Aufgabe ist es, gemeinsam mit dem in verwahrender Position befindlichen äußeren Schenkel, das Pferd zu biegen und gleichzeitig das taktmäßige Abfußen der Hinterbeine zu veranlassen. Die Hinterbeine werden dabei zu einem leichten Vortreten in Richtung unter den Schwerpunkt angeregt. Der innere Schenkel verhindert gegebenenfalls auch ein seitliches Ausweichen des inneren Hinterbeines nach innen.

- Der äußere Schenkel des Reiters liegt in verwahrender Position. Er darf niemals seitwärts treiben, da sonst die Hinterbeine ungewollt zu kreuzen beginnen beziehungsweise das Pferd mit dem inneren Hinterfuß seitwärts ausweicht.

Der verwahrende Schenkel ist mitverantwortlich für die Vorwärtstendenz während der Wendung.

- Der innere Zügel, der etwas seitwärts weisen kann, leitet die Wendung ein.
- Der äußere Zügel begrenzt die Biegung, gibt aber so viel nach, dass das Pferd sich ungehindert in die Richtung der Wendung bewegen kann.

Für den lernenden Reiter empfiehlt es sich, das Pferd zu Beginn der Wendung ein bis zwei Schritte nach vorn antreten zu lassen, um dann erst die Wendung aus der Vorwärtsbewegung heraus einzuleiten. Ein leichtes Vortreten ist bei der Hinterhandwendung der geringere Fehler. Ein Rückwärtstreten würde bedeuten, dass sich das Pferd den vorwärts treibenden Hilfen entzieht und der Reiter mit den Zügeln falsch einwirkt.

Nach Beendigung der Wendung soll das Pferd, alle vier Beine gleichmäßig belastend, geradeaus gestellt und ruhig auf dem ursprünglichen Hufschlag stehen. Tritt das Pferd nicht willig herum, muss die Wendung noch einmal mit einer deutlicheren Vorwärtstendenz geritten werden. Dabei kann ein Touchieren mit der Gerte an der äußeren Schulter hilfreich sein. Keinesfalls darf der Reiter versuchen, mit dem äußeren Zügel das Pferd herumzudrücken, weil dadurch die Vorwärtsbewegung und die Längsbiegung behindert würden.

Ein Herumeilen des Pferdes kann der Reiter verhindern, indem er mit dem inneren Schenkel und äußeren Zügel das Pferd abfängt. Weiterhin kann die mehrfache Wiederholung von nur 2 bis 3 Schritten und einem darauf folgenden Geradeausreiten helfen, die innere Schenkelhilfe besser zu akzeptieren.

Die Kurzkehrtwendung erfolgt aus dem Mittelschritt oder aus dem Trab, wobei dann das Pferd zunächst in den Schritt pariert werden muss. Die Schrittfolge ist die gleiche wie bei der Wendung um die Hinterhand, ohne dass das Pferd aber vor oder nach der Wendung zum Halten kommt.

Die Hilfengebung gleicht der vorgeschriebenen Hinterhandwendung aus dem Halten. Der Reiter muss das Pferd jedoch in der Vorbereitung verstärkt mit halben Paraden aufmerksam machen. Aus dem Trab heraus erfolgt die Parade zum Schritt. Danach geht das Pferd höchstens einen Schritt vorwärts, wendet um die Hinterhand und trabt sofort, ohne weitere Schritte, wieder an.

Bei Pferden, die seitwärts treibende Hilfen besonders leicht annehmen, empfiehlt es sich, in den letzten Schritten vor der Wendung an Schulterherein zu denken. Die Kurzkehrtwendungen können auch als 60° oder 90° Wendung geübt werden.

Außengalopp

Der Außengalopp, auch Kontagalopp genannt, wird in Dressurprüfungen ab der Klasse L verlangt. Er wird im versammelten Galopp geritten. Die Ecken der Bahn dürfen geringfügig abgerundet werden.

Der Außengalopp

Die Stellung des Pferdes entspricht dem jeweiligen Galopp, das heißt, dass das Pferd auf der rechten Hand im Linksgalopp nach links gestellt ist.
Die Hilfengebung ist genauso wie beim Galoppieren im Handgalopp. Der Reiter muss darauf achten, dass er nicht in der inneren Hüfte einknickt. Er muss besonders gut ausbalanciert im gemeinsamen Gleichgewicht mit dem Pferd sitzen, um präzise aber nicht übertriebene Hilfen zu geben. Mit dem inneren, die Stellung gebenden Zügel, muss er immer wieder leicht werden, damit das innere Hinterbein genügend durchspringen kann. Das Pferd muss auch im Außengalopp an den äußeren Zügel heranspringen.
Die Bezeichnungen „innerer" Zügel beziehungsweise „inneres" Hinterbein beziehen sich jeweils auf den entsprechenden Galopp, dass heißt bei einem Pferd, das auf der rechten Hand im Außengalopp, also links galoppiert, ist die innere Seite links.
Der Reiter sollte sein Pferd an beliebiger Stelle auf relativ leichte Hilfen rechts oder links angaloppieren können. Übergänge innerhalb der Gangart, angaloppieren aus dem Schritt sowie möglichst auch schon der Übergang vom Galopp zum Schritt sollten relativ sicher beherrscht werden. Dabei verbessert der Reiter auch sein Gefühl für den versammelten Galopp.
Als erste Vorübung bietet sich das Reiten einer ganz flachen (ca. 1 m vom Hufschlag) einfachen Schlangenlinie im Handgalopp ohne Galoppwechsel an. Danach kann das Angaloppieren im Außengalopp an der langen Seite geübt werden. Durch das Reiten einer grossen Kehrtvolte oder durch einen Wechsel durch die halbe Bahn wird in der Regel der Außengalopp entwickelt, um dann beispielsweise an der folgenden kurzen Seite mit einem einfachen Wechsel zum Handgalopp zu kommen.
Wird der Außengalopp über längere Strecken geritten, so muss der Reiter besonders auf die Erhaltung des Schwunges beziehungsweise des Durchsprunges achten.

Ein häufiger Fehler im Außengalopp ist das Galoppieren auf zwei Hufschlägen insbesondere in den Ecken. Ein zu starkes Stellen im Hals, besonders mit dem inneren Zügel, führt zu verstärkter Schiefe und meistens auch zu einem verminderten Durchspringen des inneren Hinterbeines. Ein zu starkes Einwirken mit dem äußeren verwahrenden Schenkel führt ebenfalls dazu, dass das Pferd schief wird und sich renversartig einer Lastaufnahme mit dem inneren Hinterbein entzieht.

Zusammenstellung von dressurmäßigen Grundübungen

- Schritt mit hingegebenem und am langen Zügel,
- anschließend lösende Arbeit und lösende Lektionen.

In der Arbeitsphase können je nach Ausbildungsstand unterschiedliche Lektionen/Übungen zu einer verbesserten Durchlässigkeit führen. Als versammelnde Lektionen/Übungen gelten:

- Angaloppieren aus dem Schritt,
- Volten im Trab,
- Parade vom Trab zum Halten,
- Rückwärtsrichten,
- Mitteltrab und Mittelgalopp – im häufigen Wechsel zum Arbeitstempo.

Bei weiter fortgeschrittenen Pferden und Reitern können auch schon weiterführende Lektionen der Klasse L in die Arbeitsphase mit einbezogen werden, wie zum Beispiel:

- Parade vom Galopp zum Schritt,
- Außengalopp,
- Volten im Galopp,
- einfache Galoppwechsel,
- Trab- und Galoppverstärkungen im häufigen Wechsel zum Arbeits- oder versammelten Tempo,
- Hinterhandwendung und Kurzkehrtwendung,
- Erholungsphase.

Abteilungsreiten

Das Abteilungsreiten ist nicht nur eine gemeinschaftliche Ausübung von Dressurlektionen, sondern dient auch der Überprüfung von Ausbildungsfortschritten des Reiters. In der Abteilung muss der Reiter zeigen, dass er sein Pferd genau kontrollieren kann, um Abstand, Gangart und Tempo einhalten zu können. Daher ist das Abteilungsreiten auch für junge Pferde sowohl für die Überprüfung der Rittigkeit und des Gehorsams als auch zur Vorbereitung auf eine Turnierteilnahme besonders wertvoll.

Für Mannschaftsaufgaben und für das Quadrillenreiten ist die Kenntnis der Kommandos und ihrer Ausführungen unabdingbar. Es wird unterschieden zwischen „Ankündigungskommandos" und „Ausführungskommandos". Zwischen beiden legt der Kommandogeber eine kurze Pause ein, um den Reitern ausreichend Zeit zur Vorbereitung zu geben. Das Ausführungskommando wird gegeben, wenn alle Reiter der Abteilung genügend Raum haben und sich an der entsprechenden Stelle des Vierecks befinden.

Das Einhalten gleichmäßiger Zwischenräume – zwischen den Reitern, wenn sie nebeneinander reiten – und Abstände zwischen den Pferden, wenn sie hintereinander gehen –, ist Voraussetzung für eine ordnungsgemäße Durchführung des Abteilungsreitens.

Kehrt-Marsch – Volte-Marsch (alle gleichzeitig)

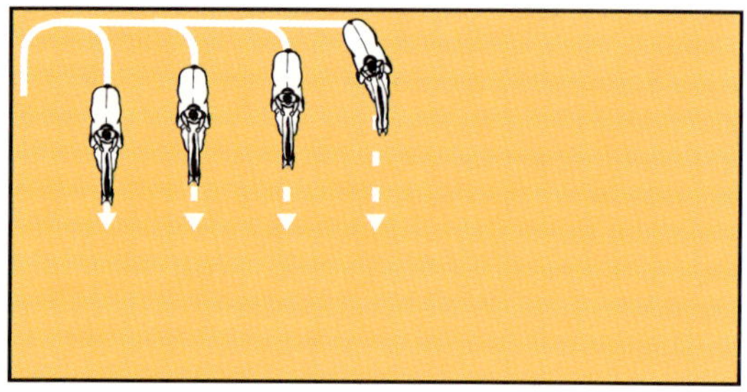

Anfang rechts dreht, links marschiert auf, Anfang Halt (nacheinander)

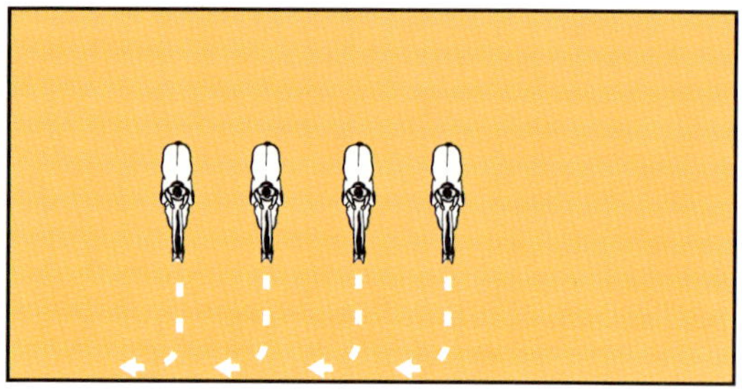

Abteilung Marsch!
Abteilung rechtsum – Marsch!

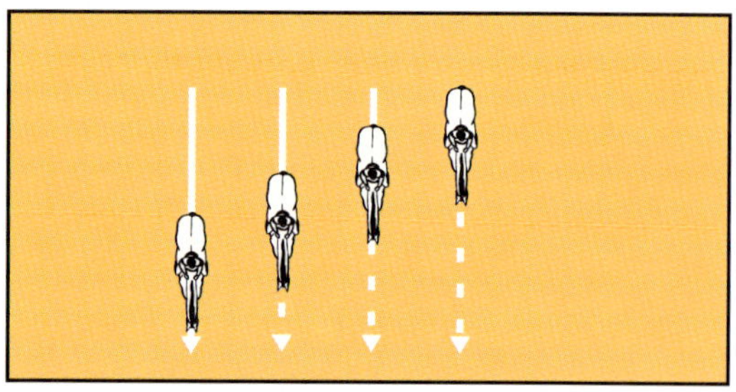

Abteilung zu einem rechts brecht- ab Marsch (mit einer Pferdelänge Abstand)!

Kommando	*Ausführung*	*Anmerkung*
	ABTEILUNG BILDEN	
Auf der rechten (linken) Hand im Schritt (Trab/Galopp) Abteilung bilden. Anfang: X (Name des Anfangreiters).	*Bilden der Abteilung nach dem Durcheinanderreiten. Der aufgerufene Anfangsreiter geht in der angeordneten Gangart auf den Hufschlag, gibt mit der rechten Hand ein Zeichen und ruft: „Anfang hier"! Die übrigen Reiter folgen dann bei vorher festgelegter Reihenfolge selbstständig, sonst auf Aufruf.*	
	GANGART- UND TEMPOWECHSEL	
Abteilung – Marsch	*Übergang vom Halten zum Schritt*	*Das Ausführungskommando wird dann gegeben, wenn sich der Anfangsreiter vor der ersten Ecke einer kurzen Seite befindet, um ein Auseinanderfallen der Abteilung zu vermeiden.*
Abteilung – Schritt, Mittelschritt	*Übergang aus höherer Gangart zum Schritt*	
Abteilung im Arbeitstempo – Trab	*Übergang aus einer anderen Gangart und dem Halten zum Arbeitstrab*	
Abteilung im Arbeitstempo – Galopp – Marsch	*Übergang aus einer anderen Gangart zum Arbeitsgalopp*	
Mitteltrab	*Übergang aus dem Arbeits- und versammelten Trab zum Mitteltrab*	
Im Arbeits- (versammelten) Tempo	*Rückführung des Tempos aus dem Mitteltrab oder Mittelgalopp*	
Abteilung – Halt	*Übergang zum Halten aus den verschiedenen Gangarten*	
Abteilung – eine Pferdelänge rückwärts richten – Marsch	*Rückwärtsrichten aus dem Halten mit anschließendem Halten*	
	AUFMARSCHIEREN	
Anfang rechts dreht – links marschiert auf – Marsch, Anfang – Halt (3 Schritt Zwischenraum)	*Die Abteilung ist auf der rechten Hand. Auf „Marsch" wendet der erste Reiter von der langen Seite rechtwinklig in die Bahn und reitet senkrecht auf die gegenüberliegende Seite zu. Die folgenden Reiter reiten eine Pferdelänge über den Punkt, an dem ihr Vorderreiter in die Bahn abgewendet ist, hinaus und wenden dann ebenfalls ab. Auf „Anfang – Halt" pariert der erste Reiter sein Pferd durch und stellt es senkrecht zur gegenüberliegenden Seite auf. Die übrigen Reiter reiten in unverändertem Tempo bis in die Höhe der Kruppe ihres rechten Nebenpferdes und reiten dann im Schritt bis auf Höhe des Anfangreiters.*	*Der Anfangsreiter wird auch als Tetenreiter bezeichnet, der Schlussreiter auch als Queuereiter.*
Abteilung links um – Marsch, Abteilung – Halt	*Die Abteilung befindet sich auf der linken Hand. Auf „Marsch" wenden alle Reiter gleichzeitig im rechten Winkel von der langen Seite ab. Auf „Halt" parieren alle gleichzeitig durch. Die Pferde stehen senkrecht zur gegenüberliegenden Seite auf gleicher Höhe.*	

Kommando	Ausführung	Anmerkung
ANREITEN NACH DEM AUFMARSCHIEREN		
Abteilung zu einem rechts brecht ab-Marsch	*Die Abteilung steht aufmarschiert mit Front zu einer langen oder auch zur kurzen Seite, die Stirnlinie der Pferde befindet sich an der Mittellinie.*	*Eine durch die Vorderhufe der Pferde gedachte Linie wird als Grundlinie bezeichnet.*
	Der rechte Flügelreiter (1. Reiter) reitet im Schritt geradeaus an; der 2. Reiter folgt, sobald der 1. Reiter mit der Kruppe seines Pferdes eine Pferdelänge über den Kopf des Pferdes des 2. Reiters vorgerückt ist. Alle Reiter reiten geradeaus. Drei Schritt vor dem Hufschlag wendet jeder Reiter in einer Viertelvolte rechts und folgt dem Vorderreiter. Jeder Reiter hat dann einen Abstand von zwei Pferdelängen von seinem Vorderreiter.	*Beim Anreiten aus dem Aufmarschieren ohne Zwischenraum ergibt sich nur eine Pferdelänge Abstand.*
RICHTUNGS- UND HANDWECHSEL, HUFSCHLAGFIGUREN		
Rechts-(links) um-Marsch	*Gleichzeitiges um 90° nach rechts Abwenden aller Reiter der Abteilung.*	
Durch die ganze (halbe) Bahn wechseln		*Kommando erfolgt, bevor der erste Reiter auf der kurzen Seite an die Ecke kommt.*
Durch die Länge der Bahn wechseln		*Kommando erfolgt, wenn der erste Reiter sich der zweiten Ecke der langen Seite nähert.*
Halbe Bahn *Ganze Bahn* *Auf dem Zirkel geritten*	*Ausführung der entsprechenden Hufschlagfiguren durch alle Reiter der Abteilung.*	
Auf zwei Zirkeln geritten	*Der erste Reiter wendet vom nächsten Zirkelpunkt auf die Zirkellinie ab, die übrigen Reiter folgen an derselben Stelle. Der erste Reiter des zweiten Zirkels und die nachfolgenden Reiter gehen auf den zweiten Zirkel und gleichen die Richtung aus, sodass beide Anfangsreiter vis-à-vis sind.* (gegenüber)... Gesicht a. Gesicht	*Der erste Reiter für den zweiten Zirkel muss vorher bestimmt sein.*
Aus dem Zirkel (den Zirkeln) wechseln	*Beim Reiten auf zwei Zirkeln weichen sich die Reiter von der rechten Hand kommend nach rechts, von der linken Hand kommend nach links aus.*	
Durch den (die) Zirkel wechseln	*Der Tetenreiter wendet bei Erreichen des Zirkelpunktes vor der offenen Zirkelseite ab und reitet im flachen Bogen durch die Mitte des Zirkels. Der Hufschlag wird wieder am Zirkelpunkt vor der offenen Zirkelseite erreicht.*	

Kommando	*Ausführung*	*Anmerkung*
RICHTUNGS- UND HANDWECHSEL, HUFSCHLAGFIGUREN		
Anfang einfache (doppelte) Schlangenlinie an der langen Seite *Anfang Schlangenlinie durch die Bahn ... Bogen*	*Der erste Reiter beginnt die Schlangenlinie nach dem Durchreiten der ersten Ecke der langen Seite. Umstellen erfolgt beim Eingehen in jeden neuen Bogen.*	*Die Kommandos werden vor der ersten Ecke der langen Seite gegeben. Die Zahl der Bogen richtet sich nach der Größe der Bahn und dem Ausbildungsgrad von Reiter und Pferd.*
Volte – Marsch	*Auf „Marsch" wenden alle Reiter vom Hufschlag zur Volte ab und kehren am Punkt des Abwendens auf den Hufschlag zurück.*	
Abteilung kehrt – Marsch	*Alle Reiter wenden gleichzeitig auf einer halben Volte in die Bahn und reiten dann zu einem Punkt des Hufschlages zurück, der bei 10-m-Volten 15 m hinter dem Abwendepunkt liegt.*	*Das Ausführungskommando in der Abteilung erfolgt zweckmäßigerweise so, dass der erste Reiter die Volte oder die Kehrtwendung in die erste Ecke der kurzen Seite legen kann.*
Anfang aus der Ecke kehrt	*Die Kehrtwendung wird hintereinander ausgeführt.*	*Kommando erfolgt vor der ersten Ecke der kurzen Seite.*
Auf der Vorhand rechts (links) um (um kehrt) – Marsch	*Gleichzeitig Wendung auf der Vorhand (stets aus dem Halten), bei „um" = 90°, bei „um kehrt" = 180°.*	*In einer geschlossenen Reitbahn muss dazu stets auf dem zweiten Hufschlag (ein Schritt neben dem 1. Hufschlag) gehalten werden. Kommando: „Auf dem zweiten Hufschlag geritten".*
Auf der Hinterhand rechts (links) um (um kehrt) – Marsch	*Gleichzeitige Wendung auf der Hinterhand (aus dem Halten), 90° beziehungsweise 180°.*	
Kurzkehrt – Marsch	*Gleichzeitige Wendung auf der Hinterhand aus der Bewegung.*	
Die Pferde an der (Bezeichnung: z.B. „nächsten") langen Seite eine halbe Seite dem rechten (linken) Schenkel weichen lassen	*Jeder Reiter beginnt mit dem Schenkelweichen an der Stelle, wo der erste Reiter begonnen hat, und jeder Reiter beendet die Lektion dort, wo ebenfalls der Reiter, der diese Lektion begonnen hat, diese auch wieder beendet.*	*Als Kommando, wenn das Schenkelweichen – auch vorzeitig – abgebrochen werden soll, alle Reiter beenden gleichzeitig.*
Viereck verkleinern – vergrößern	*Nacheinander jeweils auf dem Weg, den der Vorreiter nimmt. Auf der Höhe des HB-Punktes etwa 5 m Entfernung vom Hufschlag.*	

5.3 Grundübungen im Springreiten

Bevor der Reiter mit der Grundausbildung im Reiten über Hindernisse beginnt, müssen bestimmte Voraussetzungen gegeben sein, um das Springen sicher und unfallfrei erlernen zu können:

- Neben der geeigneten Ausrüstung (u.a. Reitkappe, Spring- oder Vielseitigkeitssattel) kann bei den ersten Übungen ein zusätzlicher Halsriemen dem Springanfänger eine gewisse Sicherheit bieten.
- Aus dem Grundsitz heraus muss der Reiter den leichten Sitz mit seinen verschiedenen Ausprägungen der Entlastung gelernt haben und dabei im Gleichgewicht sitzen.
- Er muss in der Lage sein, das Pferd auch im leichten Sitz an den Hilfen zu halten.

Der leichte Sitz kann sowohl an der Longe, in der Reitbahn als auch im Gelände geübt werden. Insbesondere das Bergauf- und Bergabreiten schult das Gleichgewicht, das geschmeidige Einknicken in der Hüfte und das Mitgehen mit der Pferdebewegung. Sind die Grundlagen geschaffen, entwickelt sich aus dem elastischen und ausbalancierten leichten Sitz heraus das geschmeidige Mitgehen des Reiters im Sprung.

Springreiter im Gleichgewicht

Bodenricks

Das Reiten über Bodenricks (auch Cavaletti genannt) dient als Vorbereitung zum Springen. Es ist sowohl für den Reiter als auch für das Pferd eine ausgezeichnete Gymnastizierung. Bodenricks sind 2,50 bis 3,50 m lange Stangen, die an beiden Enden auf 40 cm hohen, sägebockartigen Ständern befestigt sind. Je nach Drehung der Ständer können sie tief (Stange fast auf dem Boden), halbhoch (Stange zirka 25 cm), und hoch (Stange zirka 40 cm) aufgestellt werden.

Es wird erst im Schritt, dann im Trab über einzelne oder mehrere hintereinander liegende Bodenricks geritten. Der Reiter nimmt den leichten Sitz ein und entlastet den Pferderücken etwas. Das Grundtempo bleibt vor, über und nach den Bodenricks gleichmäßig. Die Hand des Reiters gibt über den Stangen so weit nach, dass dem Pferdehals die notwendige Vorwärts-Abwärts-Dehnung möglich ist. Der Reiter bleibt mehr oder weniger passiv und fängt den erhöhten Schwung durch federnde Hüft-, Knie- und Fußgelenke ab, wobei er beson-

Reiten von Cavaletti im Trab

Cavalettireihe im Galopp

ders die vermehrte Rückentätigkeit des Pferdes erfühlen kann.
Mit zunehmender Sicherheit können hoch aufgestellte Bodenricks auch im ruhigen Galopptempo überwunden werden, erst einzeln und dann in einer Folge. Bleibt der Reiter auch dabei in einem geschmeidigen und ausbalancierten leichten Sitz, kann mit dem Springen begonnen werden.

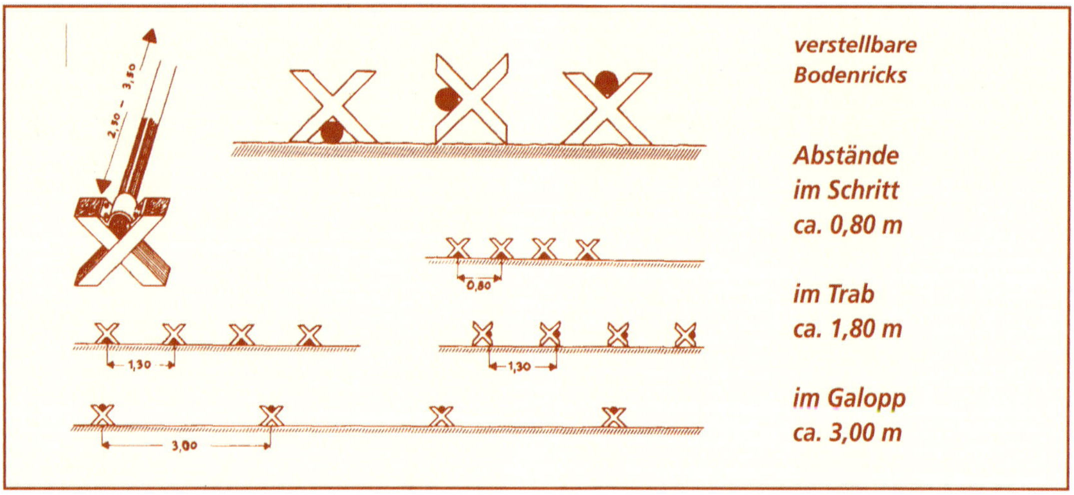

Merke:

Nur aus dem richtigen leichten Sitz heraus ist das Mitgehen mit der Pferdebewegung vor, über und nach dem Sprung genügend gewährleistet.

Einzelne, kleine Hindernisse werden eventuell mit einer vorgelegten Stange aus dem Trab angeritten. Der Abstand der Stange zum Hindernis beträgt etwa 2,00–2,20 m. Dadurch wird für den Springanfänger das Finden des richtigen Absprungs erleichtert und er kann sich auf seinen Sitz konzentrieren.

In dieser Ausbildungsphase sollte darauf geachtet werden, dass:

- die Hindernisse nur so hoch sind, wie es sich der Reiter zutraut und es seinem Ausbildungsstand entspricht,
- die Hindernisse mit Fängen versehen sind, um ein Ausbrechen zu verhindern,
- die Hindernisse gerade und in der Mitte angeritten werden,
- in einem gleichmäßigen Tempo angeritten wird,
- die Kontrolle des Pferdes nach dem Hindernis geübt wird.

Harmonisches Mitgehen des Reiters in einer Springreihe.

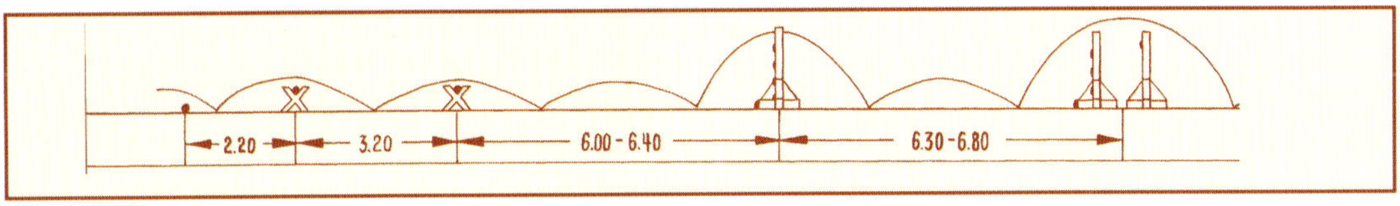

Als Beispiel 2 Springreihen

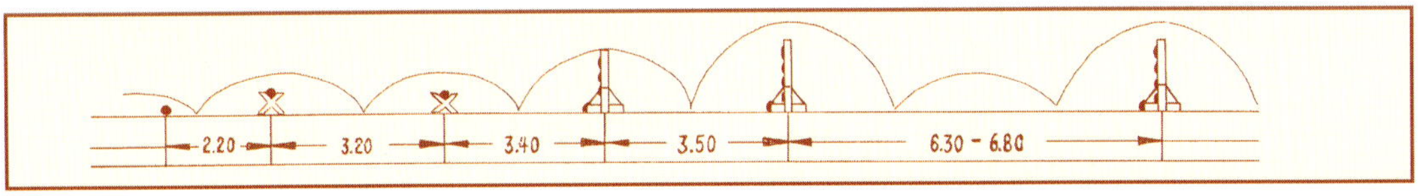

Springreihen

Nach einigen Übungsstunden kann mit einer Folge von Sprüngen begonnen werden. Das Einzelhindernis mit vorgelegter Trabstange wird allmählich zu einer Springreihe weiterentwickelt. Dabei werden zwei, später auch drei oder mehrere niedrige Hindernisse hintereinander in genau passenden Abständen aufgebaut. Der Reiter braucht sich nicht zu sehr auf das Anreiten zu konzentrieren und lernt daher leichter, sich elastisch den wechselnden Flugphasen des Pferdes anzupassen. Die Geschmeidigkeit und Geschicklichkeit werden ebenso gefördert wie der feste Knie- und Schenkelschluss. Springreihen erhöhen das Vertrauen des Reiters und verbessern das Rhythmusgefühl.

Ludger Beerbaum · Internationaler erfolgreicher Springreiter

„Gutes Springreiten erfordert zwei Kriterien: Einen Reiter, der ausbalanciert auf dem Pferd sitzt, und ein Pferd, das nach den Grundsätzen der Ausbildungsskala ausgebildet ist. Ein korrekt ausgebildetes Pferd ist einfacher über den Parcours zu reiten und erleichtert das Leben in der täglichen Arbeit und im Wettkampf wesentlich."

Im weiteren Verlauf der Ausbildung können die Reihen durch verschiedene Abstände, Abmessungen und Variationen der Hindernisse lehrreich und abwechslungsreich aufgebaut werden. Dabei ist das Reiten von In-Outs eine weitere Übung, um die Geschicklichkeit und Geschmeidigkeit des Reiters zu erhöhen. In-Outs können auch innerhalb einer Springreihe aufgebaut werden. Sie bestehen aus zwei Hindernissen, die so aufgebaut werden, dass das Pferd keinen Galoppsprung dazwischen macht, sondern sofort nach dem Landen wieder energisch abspringt.

Einzelne Sprünge

Gelingt das Reiten von Springreihen sicher, kann mit dem Springen von Einzelhindernissen aus dem Galopp begonnen werden. Diese Hindernisse müssen fair und einladend aufgebaut werden und sollten mit Fängen versehen sein.
Als Vorübung werden die Einzelhindernisse mit vorgelegter Stange aus dem Trab angeritten. Danach wird ein halbhoch oder hochgestelltes Bodenrick zirka 6 m (je nach Größe und Galoppsprung des Pferdes) vor dem Hindernis aufgestellt, um den passenden Absprung aus dem Galopp heraus zu finden.

Anreiten eines Einzelsprunges

Das Hindernis wird in einem gleichmäßigen Tempo angeritten. Der Reiter hält das Pferd im leichten Sitz vor den treibenden Hilfen und lässt es rhythmisch galoppieren. Ein zu starkes Treiben vor dem Sprung oder ein zu starkes Aufnehmen sind fehlerhaft und stören das harmonische Springen aus einem gleichmäßigen Grundtempo heraus.

Neben dem Sitz im Sprung ist das Erlernen des Anreitens grundlegend für die weiteren Fortschritte des Reitschülers. Der Ausbilder muss entscheiden, ab wann der Reiter über genügend Sicherheit ver-

fügt, um ein einzelnes Hindernis aus dem Galopp heraus anzureiten.

Bei allen Übungen muss darauf geachtet werden, dass der Reiter das Pferd an den Hilfen behält und auch nach dem Sprung auf gerader oder vorgegebener Linie weiterreitet. Übungen nach dem Hindernis, die die Durchlässigkeit des Pferdes und damit auch die Geschicklichkeit des Reiters fördern, sind beispielsweisedas Reiten von vorher festgelegten Wendungen und Übergängen. Springgymnastische Übungen können auch während oder am Ende einer dressurmäßigen Reitstunde mit einbezogen werden. Dieses Vorgehen sorgt für Abwechslung und für die Selbstverständlichkeit des Springreitens.

Während der Springstunde ist nicht die Anzahl der Sprünge, sondern sind die richtige Vorbereitung und die wohlüberlegten Leistungsanforderungen entscheidend. Die Ausbildung muss immer so gestaltet werden, dass Reiter und Pferd nicht überfordert werden, sondern Freude und Sicherheit erhalten bleiben.

Kombinationen und Hindernisfolgen

Das Reiten von Kombinationen ist ein weiterer Schritt der Ausbildung. Als Kombination werden zwei oder drei Hindernisse bezeichnet, zwischen denen das Pferd ein oder zwei Galoppsprünge macht. Der Abstand zwischen zwei Hindernissen beträgt bei einem Galoppsprung zirka 7-8 m, bei zwei Galoppsprüngen zirka 10-11 m.

Anreiten eines Einzelsprunges mit vorgelegter Stange

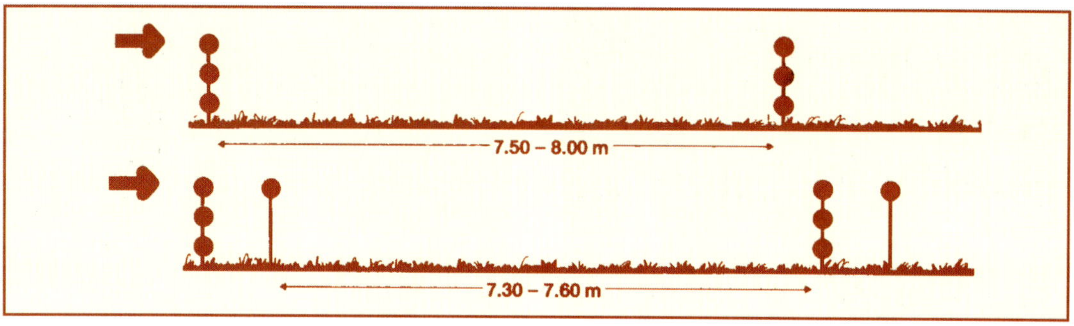

Zweifache Kombination – 1 Galoppsprung

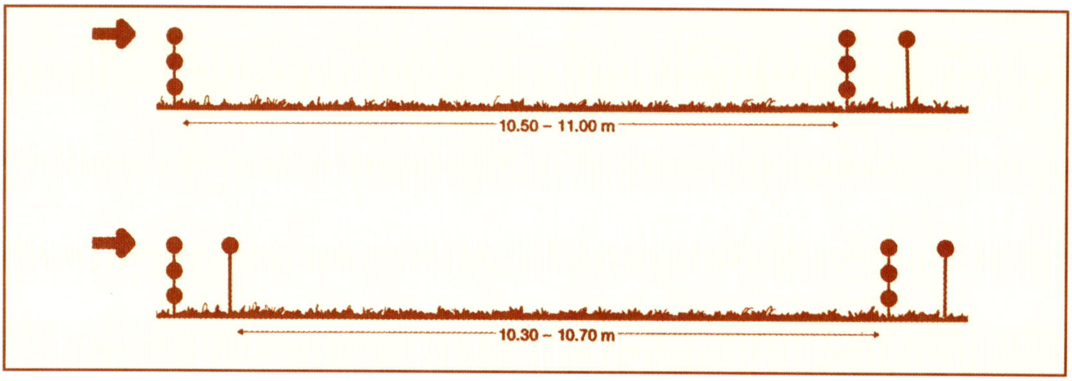

Zweifache Kombination – 2 Galoppsprünge

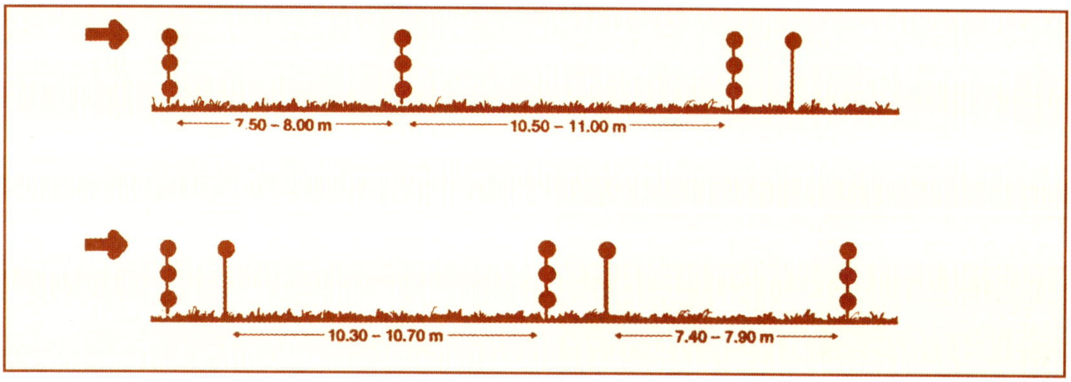

Dreifache Kombination

Der Abstand wird am Boden gemessen, und zwar vom Fuß des einen Hindernisses (Landeseite) bis zum Fuß des folgenden Hindernisses (Absprungseite). Weitere Abstände zwischen Hinderniskombinationen können den FN-Lehrtafeln entnommen werden. Bei Kombinationen müssen Tempo und Absprung so gewählt werden, dass auch der Abstand zum nachfolgenden Hindernis passend bleibt. Allerdings muss der Reiter wissen, dass bestimmte Gegebenheiten die Kombination (und auch Hindernisfolgen) enger oder weiter erscheinen lassen können:

- Auf einem Außenplatz galoppieren Pferde etwas fleißiger und raumgreifender als in der Halle.
- Steht eine Sprungfolge Richtung Ausgang beziehungsweise Stall, so galoppieren die meisten Pferde mit mehr Bodengewinn als in die Gegenrichtung.
- Bei festeren, elastischeren Bodenverhältnissen galoppieren die Pferde raumgreifender; bei tieferem Boden, besonders bei losem Sand, bringt der einzelne Galoppsprung weniger Bodengewinn.
- Bei Außenplätzen muss mit einer eventuell vorhandenen Geländeneigung gerechnet werden. Bergauf galoppieren die Pferde nicht so raumgreifend wie bergab.

Absprung- und Landepunkt richten sich auch nach der Höhe der Hindernisse. Zusätzlich bedingen unterschiedliche Hindernisprofile unterschiedliche Flugkurven. Werden Kombinationen mit kleinen Hindernissen problemlos bewältigt, können die Anforderungen allmählich erhöht werden.

Als Hindernisfolgen werden zwei Hindernisse bezeichnet, zwischen denen das Pferd jeweils drei, vier, fünf oder sechs Galoppsprünge benötigt. Der Weg zwischen den beiden Hindernissen ist die Distanz.

Es ergeben sich folgende Abstände für

- 3 Galoppsprünge: zirka 14 bis 15 m,
- 4 Galoppsprünge: zirka 17,50 bis 18,50 m,
- 5 Galoppsprünge: zirka 21 bis 22 m,
- 6 Galoppsprünge: zirka 24,50 bis 25,50 m.

Eine Hindernisfolge kann auf gerader oder auf gebogener Linie stehen. Für den noch nicht so erfahrenen Reiter ist die gerade Linie einfacher zu reiten. Für den routinierten Reiter hat die gebogene Linie den Vorteil, dass er je nach Pferd oder Situation den Weg etwas knapper oder größer wählen kann.

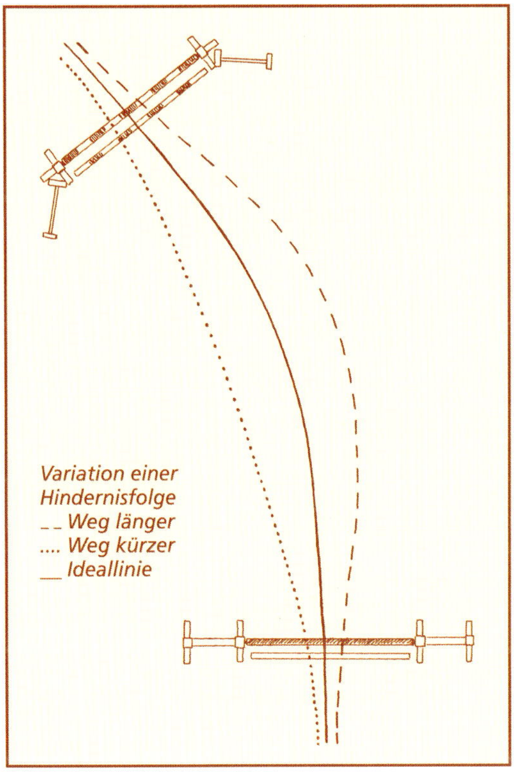

Hindernisfolgen müssen im gleichmäßigen Grundtempo geritten werden, ohne dass der Reiter das Pferd verstärkt aufnimmt oder übermäßig treibt. Selbstverständlich muss der Reiter das Pferd vor den treibenden Hilfen behalten und, falls nötig, zum energischen Galoppieren veranlassen.

Die Variation von Hindernisfolgen kann eine hervorragende Übung für Reiter und Pferd sein, vorausgesetzt, dass der Reiter die Länge des Galoppsprunges auf ebenem Boden kontrolliert reiten kann und das Pferd dabei sicher an den Hilfen behält.

Folgende Variationen können zum Beispiel geübt werden:

- durch vermehrtes Aufnehmen nach dem ersten Sprung ein zusätzlicher Galoppsprung,
- durch verstärktes Treiben nach dem ersten Sprung ein Galoppsprung weniger,

- auf gebogenen Linien die Wendungen größer reiten, wodurch sich bei gleichmäßigem Tempo die Anzahl der Galoppsprünge erhöht,
- auf gebogenen Linien die Wendungen enger reiten, wodurch sich bei gleichmäßigem Tempo die Anzahl der Galoppsprünge verringert.

Durch das Reiten von Hindernisfolgen werden die Koordination der Hilfengebung und das Reaktionsvermögen geschult. Außerdem wird das Gefühl für das Grundtempo und den Galopprhythmus verbessert. Der Reiter lernt, auf geraden und gebogenen Linien präzise Wege mit einer bestimmten Anzahl von Galoppsprüngen zu reiten. Um am Anfang die Anzahl der Galoppsprünge selbst bestimmen zu können, kann das Mitzählen zwischen den einzelnen Hindernissen eine Hilfe sein.

Parcoursspringen

Sind die vorbeschriebenen Grundlagen im Springen geschaffen, können einzelne Parcoursausschnitte geübt werden. Dazu eignen sich insbesondere die Aufgaben der Stilspringprüfungen mit Standardanforderungen.
In diesen festgelegten Parcours wird neben dem Springen von Einzelhindernissen, Hindernisfolgen mit festgelegten Distanzen und Kombinationen das Reiten von Wendungen, Handwechseln und Übergängen verlangt. Dazwischen geschaltete Bodenrickreihen, die im Trab geritten werden, fördern die Durchlässigkeit des Pferdes und helfen zusätzlich, Ruhe und Sicherheit in den Ritt zu bringen.

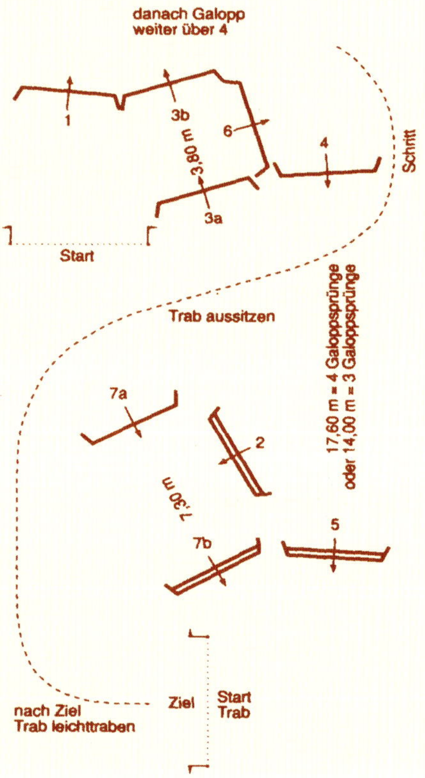

Parcours 4*
Pferde
Stilspringprüfung mit Standardanforderungen

20 x 40 m
Halle (Mindestmaß)
Empfohlen für:
Turnier- und Sonderprüfungen

Standardanforderungen
Nach Hindernis 2 an vorgegebener Stelle Übergang zum Trab (leichttraben, Anreitephase zu 3a, aussitzen, leichter Sitz).
Nach Hindernis 3b im Rechtsgalopp weiter über Hindernis 4 und danach Parcours fortsetzen.
Bei Durchreiten der Ziellinie Übergang zum Trab (leichttraben) und auf vorgegebenem Weg (gestrichelte Linie) durch die Bahn wechseln, aussitzen, Übergang zum Schritt und Zügel-aus-der-Hand-kauen-lassen.

** aus dem FN-Handbuch Pferdesport.*

Bürste

Planken

Elefantenrolle

Triplebarre

Gatter

überbauter Wassergraben

Mauer

Wassergraben

Das kontrollierte Reiten vor und nach den Sprüngen im leichten Sitz, das Zusammenwirken der Hilfen und die durchlässige Reaktion des Pferdes sind die entscheidenden Kriterien für einen harmonischen Parcours.

Dabei gelten unter anderem folgende Anforderungen:

- Das Anreiten der Hindernisse geschieht aus einem richtig gewählten, also dem jeweiligen Pferd angemessenen gleichmäßigen Grundtempo heraus, aus dem die richtige Absprungdistanz gewählt wurde. Das Pferd überspringt rhythmisch galoppierend die Mitte des Hindernisses und landet gerade.
- Beim Reiten von Hindernisfolgen mit festgelegten Distanzen ist das rhythmische Reiten der vorgeschriebenen Galoppsprungzahl einzuhalten. Dabei muss der Reiter die Fähigkeit haben, bei Pferden mit kleinerem Raumgriff die Galoppsprünge zu verlängern beziehungsweise bei Pferden mit großem Raumgriff die Galoppsprünge zu verkürzen, ohne den Rhythmus zu verlieren. Die vorgeschriebene Zahl der Galoppsprünge muss dabei eingehalten werden.
- Beim Reiten von Kombinationen muss das erste Hindernis passend angeritten werden, und ein flüssiges und harmonisches Weiterreiten in der vorgeschriebenen Zahl der Galoppsprünge erfolgen.

Wendungen werden im Handgalopp und im gleichmäßigen Tempo geritten. Der Reiter belastet dabei vermehrt das innere Knie und den inneren Gesäßknochen. In Wendungen kommt den äußeren Hilfen, also dem verwahrenden äußeren Schenkel und dem äußeren Zügel, eine wichtige Aufgabe zu, da sie das äußere Hinterbein und die äußere Schulter begrenzen.

Beherrscht das Pferd den ***fliegenden Galoppwechsel***, so wird der Reitschüler recht schnell lernen, dass durch Umlegen der Schenkel zum neuen Galopp das Pferd willig umspringt. Der Galoppwechsel darf aber keinesfalls durch Herumwerfen des Oberkörpers erzwungen werden. Durch diese falsche Hilfengebung wird zumeist eine gegenteilige Reaktion des Pferdes entstehen, und es wird im Außengalopp oder Kreuzgalopp weitergaloppieren.
Bereitet der fliegende Galoppwechsel sowohl dem Reiter als auch dem Pferd noch Schwierigkeiten, so sollte zunächst der Galoppwechsel über den Trab ausgeführt werden. In der Grundausbildung ist ein durchlässiger Wechsel über Trab richtiger als ein erzwungener fliegender Wechsel, der nur Verspannungen beim Pferd herbeiführt.

Das Üben von Parcoursausschnitten und später auch von komplett aufgebauten Parcours darf dem Reiter nicht nur im Wettkampf geboten werden. Erst wenn komplett aufgebaute Springparcours im Training sicher überwunden werden, sollte der Reiter an die Teilnahme von Turnieren denken.

In diesem Zusammenhang muss noch einmal davor gewarnt werden, den Springanfänger vor zu hohe Aufgaben zu stellen. Nicht das Überwinden von einzelnen hohen Sprüngen ist Ziel der Springausbildung, sondern

- das Einhalten eines gleichmäßigen Grundtempos,
- das rhythmische Galoppieren,
- das Anreiten der Hindernisse in der Mitte,
- das passende Anreiten der Hindernisse,
- das gerade Landen und flüssige, harmonische Weiterreiten in der vorgeschriebenen Zahl der Galoppsprünge.

Zusammenstellung von Grundübungen im Springreiten

- Schritt mit hingegebenem oder am langen Zügel,
- Lösende Arbeit im Trab und Galopp auf geraden und gebogenen Linien.

Zur Verbesserung der Geschmeidigkeit und Balance des Reiters im leichten Sitz:

- Sitzübungen,
- Reiten von Übergängen und Tempounterschieden mit verkürzten Bügeln,
- Bodenrickarbeit im Schritt, Trab, Galopp.

Dem jeweiligen Ausbildungsstand und Ausbildungsziel entsprechend können schrittweise folgen:

- Reiten von einzelnen Sprüngen aus dem Trab oder Galopp mit und ohne vorgelegte Stange, der schrittweise Aufbau einer Springreihe,
- Reiten von Kombinationen,
- Reiten von Hindernisfolgen auf gerader und gebogener Linie,
- Variation der Hindernisfolgen,
- Springen von unterschiedlichen Hindernissen,
- Parcoursausschnitte,
- Erholungsphase.

Martin Plewa · Bundestrainer Vielseitigkeit

„Reiten lernen heißt zu lernen, sich stets mit dem Pferd im gemeinsamen Gleichgewicht zu befinden und daraus auf das Pferd so einwirken zu können, das es sich willig und kontrolliert in jeder Situation reiten läßt. Dies kann der Reiter nur lernen, wenn er alle nur denkbaren Bewegungen des Pferdes kennengelernt, sie erfühlt und sich mit ihnen vertraut gemacht hat. Wer nicht ausbalanciert Springen gelernt hat, wird den ersten Bocksprung seines Pferdes nicht aussitzen können; wer nicht einmal das berauschende Gefühl eines flotten Renngalopps über eine Wiese oder ein Stoppelfeld erfahren hat, wird beim ersten „Durchgehen" seines Pferdes Panik bekommen. Daher wird nur der Reiter im losgelassenen Balancesitz Gefühl für das Pferd entwickeln und sich in jeder Situation sicher fühlen, der vom Anfang seiner Reitausbildung an alle Möglichkeiten der Schulung auf und mit seinem Pferd erfahren hat, was vielseitige Grundausbildung bedeutet. Sie ist nicht nur abwechslungsreicher und macht mehr Spaß als eine monotone Spezialausbildung, sondern man wird dabei vor allem auch lernen, dass die Grundregeln der Ausbildung, wie auch die Skala der Ausbildung des Pferdes, für jede reiterliche Tätigkeit gelten, ob im Gelände, auf dem Viereck oder im Springparcours. Diese vielseitigen Erfahrungen kommen dem Reiter auch für eine eventuell spätere Spezialisierung zugute und er kann sie für die Ergänzung und Abwechslung seiner Spezialausbildung nutzen.

Daher ist es nicht verwunderlich, dass alle bedeutenden Reiterpersönlichkeiten die Reitsportgeschichte geschrieben haben, bis hin zu den erfolgreichsten Olympioniken Dr. Reiner Klimke und Hans-Günter Winkler, eines gemeinsam haben: Sie haben eine umfassende vielseitige Ausbildung erfahren, die sie befähigte, in allen Sätteln, auch in der Vielseitigkeit, erfolgreich zu sein, bevor sie sich auf eine Spezialdisziplin konzentrierten."

5.4 Grundübungen im Geländereiten

Das Reiten im Gelände ist ein wichtiger Teil der Grundausbildung. Es ist besonders lehrreich, da die Natur selbst vielfältige Anforderungen stellt. Dabei werden die Geschicklichkeit und Geschmeidigkeit des Reiters sowie das Vertrauen und die Losgelassenheit des Pferdes gefördert. Das Reiten in der freien Natur wirkt auf Reiter und Pferd belebend und erfrischend und ist eine Belohnung für die Bemühungen des Reitenlernens. So können unter anderem Freude und Motivation für die weitere Ausbildung geschaffen werden. Die Ausbildung im Gelände sollte neben der Dressur- und Springausbildung regelmäßig ermöglicht werden. Das Verhalten des Pferdes in der Natur, das Reiten über verschiedene Geländeformen und bei unterschiedlichen Bodenbeschaffenheiten sowie das Überwinden von Naturhindernissen müssen vom Reiter schrittweise erlernt werden. Durch eine regelmäßige, systematische Geländeausbildung wird der Reiter die Anforderungen, die sich bei Ausritten, Wanderritten, Jagden und auch Vielseitigkeitsprüfungen ergeben, sicher bewältigen können.

In der Grundausbildung des Reiters ist die Verfügbarkeit geeigneter Pferde auch im Gelände eine Vorbedingung. Die Zweckmäßigkeit der Ausrüstung und bestimmte Sicherheitsvorkehrungen können Seite 142 entnommen werden.

Merke:
Erst wenn der Reiter sein Pferd in jedem Gelände beherrscht, dann beherrscht er es ganz.

Reiter und Pferd im Gleichgewicht

Mit dem Reiten im Gelände sollte frühzeitig begonnen werden. Eine sichere Sitzgrundlage sowohl im Dressursitz als auch im leichten Sitz ist Voraussetzung. Der Sitz muss so weit gefestigt sein, dass der Reiter auch bei unvorhergesehenen Situationen im Sattel bleibt. Im

Gelände ist die Balance des Reiters besonders wichtig, da er sich jederzeit dynamisch den unterschiedlichen Veränderungen der Schwerpunktlage anpassen muss.
Auf besonders ruhigen Pferden kann ein Ausritt im Schritt mit gelegentlichen Trabreprisen auch schon etwas früher in der Grundausbildung durchgeführt werden. Es obliegt dem verantwortungsvollen Ausbilder, inwieweit er bei seinen örtlichen Gegebenheiten dazu in der Lage ist.

Als Vorbereitung für die Ausbildung im Gelände wird zunächst auf einem großen freien Platz in den drei Grundgangarten geritten. Dabei kann die Kontrolle über das Tempo geübt werden. Der Reiter muss das Pferd sicher an den Hilfen behalten und jederzeit mit den treibenden und verhaltenden Hilfen einwirken können. Die Hände sind, entsprechend dem etwas weiteren Rahmen des Pferdes, tiefer gestellt und geben aufgrund von losgelassenen Schulter- und Ellenbogengelenken nach, wenn sich der Pferdehals etwas mehr dehnen muss. Eine stete und weiche Anlehnung muss auch im Gelände gegeben sein.

Mit zunehmender Sicherheit des Reiters wird über Bodenunebenheiten und leichte Hangneigungen möglichst im gleichmäßigen Takt und Tempo geritten. Der Reiter muss lernen, seinen Schwerpunkt stets in Übereinstimmung mit dem des Pferdes zu behalten, da sich die Schwerpunktlage des Pferdes besonders auf unebenem Boden ständig ändert. Der leichte Sitz mit seinen verschiedenen Ausprägungen der Entlastung wird dadurch weiter verbessert und gefestigt.

Der schon sicher im Gleichgewicht sitzende Reiter kann über leichte Hangneigungen und welliges Gelände auch im Galopp reiten, wobei das Pferd gleichmäßig galoppieren soll.

Bergauf- und Bergabreiten

Beim Bergauf- wie beim Bergabreiten wird bei vorgeneigtem Oberkörper der Pferderücken entlastet. Je stärker die Hangneigung beim Bergaufreiten, desto mehr muss der Oberkörper nach vorne geneigt werden. Beim Bergabreiten wird, bei stärkerer Hangneigung, der Oberkörper etwas zurückgenommen, bleibt dabei aber entlastend. Bestehen noch Unsicherheiten in der Balance, kann ein Halsriemen oder auch die Zügelbrücke eine Stütze bieten. Insbesondere das Bergabreiten erfordert ein gutes Gleichgewichtsgefühl des Reiters.

In der weiteren Ausbildung wird das Klettern im Gelände geübt. Kletterstellen werden im Schritt und stets entlang der Falllinie (also senkrecht) überwunden. Für den Reiter ist ein festes Fundament durch Knieschluss, Wade am Gurt und einen nach vorwärts-abwärts durchfedernden Absatz dabei besonders wichtig. Nur so kann er im Gleichgewicht bleiben und nicht am Zügel hängen.
Das Bergauf- und Bergabgaloppieren sollte nur an dafür geeigneten Hängen mit entsprechender Bodenbeschaffenheit erfolgen. Der Reiter muss das Pferd dabei sicher an den Hilfen behalten und in einem gleichmäßigen Tempo reiten.

Bergaufreiten

Bergabreiten

Asphaltierte Straßen dürfen nur im Schritt oder im ruhigen Trab auf gerader Linie überritten werden. Auf glattem oder vereistem Boden muss der Reiter absitzen und das Pferd führen. Dabei sollten nur große Wendungen genommen werden, da sonst die Gefahr des Ausrutschens besteht.

Verschiedene Geländeformen

Bei auftretenden Bodenveränderungen muss der Reiter bestimmte Sicherheits- und Verhaltensregeln beachten. Auf sehr tiefem oder sumpfigem Boden werden der Rücken und die Hinterhand des Pferdes entlastet, indem der Reiter bei festem Knieschluss den Oberkörper nach vorne neigt und die Zügel gegebenenfalls verlängert. Bei tieferem Einsinken muss der Reiter abspringen und das Pferd am langen Zügel führen.

Das Durchreiten von Wasser erfolgt zunächst an flachen Stellen, die einen bekannten, festen Untergrund und einen niedrigen Wasserstand haben. Die Pferde müssen an allen Stellen auf den Grund fußen können. Bei den ersten Übungen im Wasser sollte ein erfahrener Reiter mit einem entsprechenden Führpferd vorausgehen, sodass der junge Reiter genügend Vertrauen zu dieser neuen Aufgabe gewinnt.

Wassereinsprung

Durchreiten eines Wasserhindernisses

Besonders in flachen Gewässern müssen die Reiter darauf achten, dass sich ihre Pferde nicht wälzen. Schwitzende Pferde, die an Wasser gewöhnt sind, legen sich gerne hin und kündigen dies durch Scharren auf der Stelle mit den Vorderbeinen an. Der Reiter muss die Zügel sofort aufnehmen und das Pferd energisch vorwärts reiten. Nach einigen gelungenen Übungen im Schritt können geeignete Wasserstellen im ruhigen Trab, später auch im Galopp, durchritten werden.

An einem steileren Ufer müssen die Pferde zum vorsichtigen Einstieg veranlasst werden, wobei sich der Reiter genauso verhält wie beim Bergabreiten. Beim Durchreiten von tieferen Wasserstellen wird der Pferderücken ebenfalls entlastet. Ein fester Knieschluss mit den Unterschenkeln am Gurt ist besonders wichtig. Die Zügel gewähren dem Pferd die erforderliche Freiheit für die Halsdehnung.

Tempogefühl

In der weiteren Geländeausbildung muss das Tempogefühl des Reiters geschult werden. Dies ist sowohl für Wanderritte als auch für Wettkämpfe im Springparcours und im Gelände wichtig und beugt gleichzeitig einer Überforderung der Pferde aus Unkenntnis vor.

Es werden Übungen auf vorher festgelegten Strecken durchgeführt, die idealerweise auch Streckenmarkierungen als Anhaltspunkte für das Tempo enthalten. Zunächst ist darauf zu achten, dass in einem gleichmäßigen Tempo und Rhythmus geritten wird. Dies ist eine Hauptvoraussetzung für schonendes Reiten über längere Strecken. Die Kondition des Pferdes wird dadurch wesentlich verbessert.

Der nächste Schritt wäre, ein vorgegebenes Tempo einhalten zu können. Für das Normaltempo ergeben sich:
Im Schritt – zirka 100 bis 125 m pro Minute.
Im Arbeitstrab – zirka 220 bis 250 m pro Minute.

Baumstamm

Im Arbeitsgalopp – zirka 330 bis 400 m pro Minute. (Man braucht also im Schritt für 1 km ungefähr 8 bis 10 Minuten, im Trab 4 bis 5 Minuten und im Galopp 2,5 bis 3 Minuten.)

Anhand der Streckenmarkierungen und durch das Tragen einer Uhr muss der Reiter das Gefühl für das Normaltempo erwerben. Die Werte für die einzelnen Gangarten, besonders aber für den Galopp, können in den weiteren Übungsstunden differenziert werden, sodass der Reiter lernt, noch andere Geschwindigkeiten einzuschätzen.

In Vielseitigkeitsprüfungen der Klasse A wird ein Grundtempo von 500 m/pro Minute gefordert.

Geländehindernisse

Überwinden Reiter und Pferd in der Halle oder auf dem Platz Bodenricks und niedrige Sprünge sicher, so kann mit der Ausbildung im Reiten über Naturhindernisse begonnen werden. Dazu bieten sich zunächst kleinere Hindernisse (Baumstämme, kleine Steinwälle und schmale Gräben) an. Sie eignen sich auch als Vorübungen und Ergänzungen zu den Springaufgaben auf dem Reitplatz. Die Höhen und Abmessungen der Geländehindernisse sollten auf keinen Fall schwerer sein als die zu diesem Zeitpunkt auf dem Springplatz geübten Hindernisse.

Naturgegebenermaßen haben Reiter vor festen Hindernissen, wie sie im Gelände auftauchen, eine innere Scheu. Auf alle Fälle aber sind im Gelände feste Hindernisse den losen oder so genannten halbfesten Hindernissen unbedingt vorzuziehen. Feste Hindernisse nötigen dem Pferd mehr Achtung ab und sind daher gefahrloser.

Die ersten Geländehindernisse des Reitschülers sollten eine natürliche seitliche Begrenzung haben (z.B. Anlehnung an Büsche, Einbau in Hohlwege, Waldschneisen usw.), um ein Vorbeilaufen des Pferdes zu verhindern.

Der Aufbau von transportablen Geländehindernissen, die allerdings standfest, massiv und achtunggebietend sein müssen, hat sich vielerorts als praktikabel und zweckmäßig erwiesen.

In der fortgeschrittenen Ausbildung sind die Möglichkeiten der Kombinationen von Ricks, Hängen, Mulden, Wällen, Gräben usw. besonders vielseitig und lehrreich.

Das Anreiten von Geländehindernissen erfolgt genauso wie das Anreiten von Hindernissen auf dem Springplatz. Der Reiter muss auf gerader Linie das für den Sprung passende Grundtempo wählen.

Zunächst werden die Hindernisse aus dem Trab, nach einigen Übungen auch aus dem Galopp geritten. Der Reiter behält das Pferd vor den treibenden Hilfen, um den Rhythmus und die Balance sicherzustellen. Ein zu starkes Zulegen ist ebenso falsch wie ein zu starkes Aufnehmen. Allerdings sollte, genau wie beim Springreiten, auch gegen den einfachsten Sprung nicht gleichgültig oder sorglos geritten werden. Dadurch wird das Pferd verunsichert und die Gefahr des Stehenbleibens vergrößert. Der Reiter muss fest entschlossen sein, das Hindernis überwinden zu wollen, ohne jedoch das Pferd durch übermäßigen Druck aus einem überhöhten Tempo gegen den Sprung zu reiten.

Aus dem angemessenen Tempo heraus lässt der Reiter das Pferd die Absprungstelle mehr oder weniger selber finden. Erfahrene Geländepferde haben gelernt, sich bei Bedarf selber zu helfen und je nach Art und Höhe des Hindernisses weitgehend selbstständig zu taxieren. Dadurch bleiben sie auch in schwierigen Situationen geschickt und sicher.

Bei Hindernissen gegen den Hang beziehungsweise auf Sprüngen wird der Oberkörper mit entsprechend weiter nachgebendem Zügelmaß etwas mehr nach vorne geneigt. Die Flugkurve dieser Sprünge ist steiler. Der Reiter muss besonders auf einen festen Knieschluss und eine sichere Lage der Unterschenkel am Gurt achten. Diese Hindernisse werden in einem etwas erhöhten Tempo mit vermehrtem Schwung angeritten, wobei die Pferde aber sicher an den Hilfen bleiben müssen und nicht „auseinander fallen" dürfen.

Transportables Hindernis

Tiefsprung

Ingrid Klimke · Internationale erfolgreiche Vielseitigkeitsreiterin

„Die Vielseitigkeit hat mich von Kindesbeinen an fasziniert, wenn mein Vater von seinen Erlebnissen der Olympischen Spiele in Rom und dem Weg dorthin erzählt hat. Aber auch die Schilderungen von Fritz Ligges, der ja über die Vielseitigkeit zum Springsport gekommen ist und bei dem ich häufig zur Springausbildung war, haben mich stets gefesselt."

Beim Anreiten von Absprüngen und Tiefsprüngen muss das Tempo vermindert werden. Das Aufnehmen der Galoppsprünge erfolgt durch vermehrtes „Platznehmen" im Sattel, wobei der Reiter das Pferd vor den treibenden Hilfen behält. Absprünge ohne Hindernis können auch im Trab (aussitzen) oder sogar im Schritt angeritten werden.

Bei allen Tiefsprüngen ist eine sichere Anlehnung, ein fester Knieschluss und das harmonische Mitgehen mit der Bewegung entscheidend, um das Pferd in der Landephase nicht im Rücken zu stören. Ein verstärktes Durchtreten des Absatzes nach vorne bietet dem Reiter in der Landephase eine Stütze.

Gräben sind Naturhindernisse, die im Gelände häufig vorkommen. Am Anfang werden kleine, trockene Gräben ausgewählt, um das Vertrauen des Reiters zu festigen. Das ruhige Anreiten zunächst aus dem Trab und später auch aus dem

Galopp, mit bestimmt treibenden Hilfen und der vorgehenden Hand, werden das Pferd zum Sprung veranlassen.
Bei einem erfahrenen Pferd stellt das Springen von Gräben zumeist kein Problem dar. Allerdings kann es geschehen, dass auch diese Pferde einmal stehen bleiben und den Graben begucken. Dies ist nicht sogleich ein Grund zur Beunruhigung oder gar zum Strafen. Vielmehr sollte der Reiter darauf gefasst sein, insbesondere wenn das Führpferd schon auf der anderen Seite des Grabens ist, dass sein Pferd nach kurzer Gewöhnung plötzlich zum Sprung abdrückt. Der Reiter muss notfalls in den Halsriemen greifen, um das Pferd während des Sprunges nicht im Maul zu stören.

Wie auch in der Dressur- und Springausbildung darf der Reiter im Gelände niemals die Geduld verlieren, sondern muss mit Ruhe und richtig eingesetzten Hilfen auf das Pferd einwirken.

Bei Wassereinsprüngen bremst das Wasser den Schwung des Pferdes. Der Reiter muss dem Pferd genügend Halsfreiheit gewähren, sodass es sich gut ausbalancieren kann. Auch in der Landephase bleibt der Oberkörper des Reiters nach vorne geneigt. Durch den festen Knieschluss und den nach vorn durchgetretenen Absatz muss der Reiter auf den Schwungverlust im Wasser eingestellt sein. Ein zu frühes Zurücknehmen des Oberkörpers während der Flugphase bringt Pferd und Reiter aus dem Gleichgewicht und kann bei einem Rumpler eher zum Sturz führen als ein harmonisches Mitgehen in die Bewegung.

Merke:
Nicht das durch Zufall und Mutproben geprägte Überwinden von Hindernissen ist das Ziel der vielseitigen Grundausbildung, sondern das harmonische, sichere und risikolose Bewältigen der naturgegebenen Aufgaben.

Während der Grundausbildung im Gelände sollte auf die Hilfestellung und Anweisung eines erfahrenen Ausbilders niemals verzichtet werden.
Er kann am besten entscheiden, vor welche Anforderungen das Pferd und der Reiter gestellt werden können.

Zusammenstellung von Grundübungen im Geländereiten:

- Schritt mit hingegebenem Zügel oder am langen Zügel,
- lösende Arbeit im Trab und Galopp auf geraden und gebogenen Linien.

Zur Verbesserung der Geschmeidigkeit und der Balance des Reiters im leichten Sitz:
- Arbeitstrab im Leichttraben mit verkürzten Bügeln,
- Arbeitsgalopp im leichten Sitz,
- kontrolliertes Reiten von Tempounterschieden und Wendungen.

Dem jeweiligen Ausbildungsstand und Ausbildungsziel entsprechend können schrittweise folgen:
- Reiten in unterschiedlichen Geländeformen,
- Reiten von Bodenunebenheiten und welligem Gelände,
- Bergauf- und Bergabreiten,
- Temporitte, mit Streckenmarkierungen zur Schulung des Tempogefühls,
- Klettern,
- Springen von niedrigen Naturhindernissen,
- Springen von Naturhindernissen, kombiniert mit steigendem oder fallendem Gelände,
- Springen von Gräben,
- Springen von Auf- und Absprüngen, Tiefsprüngen, Wassereinsprüngen.
- Erholungsphase.

Koppelrick

Dachsprung

Aufsprung/Absprung

überbauter Graben

Holzstoß

Strohballen

5.5 Wanderritte

Wander- oder Dauerritte, die sich über mehrere Tage erstrecken, müssen gründlich vorbereitet sein. Wochenendritte werden in der Regel den Reiter nur etwa 50 km im Umkreis seines heimatlichen Stalles wegführen, während Streckenritte (Dauerritte) über einen größeren Zeitraum und eine wesentlich längere Gesamtstrecke durchgeführt werden.

Die Vorbereitungen müssen sich auf Reiter und Pferd erstrecken. Außergewöhnliche Leistungen erfordern eine systematische Vorbereitung.
Der Reiter sollte seinen Körper unter anderem durch ausgedehntes Reiten und lange Trabreprisen genügend vorbereiten und konditionieren. Ein müder Reiter belastet das Pferd in erhöhtem Maße. Da eine zeitweise Entlastung des Pferderückens die Leistungsfähigkeit des Pferdes bedeutend erhöht, muss der Reiter auch in der Lage sein, größere Wegstrecken zu Fuß zurückzulegen. Das Führen gewährt nicht nur dem Pferd, sondern auch dem Reiter Erholung. Da die Überwindung einer Steigung gegenüber der Fortbewegung in der Ebene das Vielfache an Kraft erfordert, ist es eine besondere Erleichterung für das Pferd, wenn es starke Steigungen ohne Reiter überwinden kann. Ebenso empfiehlt es sich, bei längeren Abstiegen das Pferd zu führen.

Merke:
Die beste Grundlage für Dauerleistungen ist eine gute Reitausbildung und eine gute Kondition von Reiter und Pferd.

Auf die Ausrüstung des Pferdes muss besondere Sorgfalt verwandt werden, da bei Streckenritten in der Regel auch einiges Gepäck, am Sattel angeschnallt, mitgeführt wird. Das zweckmäßige Verpacken und Anschnallen der verschiedenen Gegenstände am Sattel muss geübt werden.

Während der Vorbereitungszeit für einen Streckenritt muss der Gesundheits- und Pflegezustand des Pferdes genau kontrolliert werden (PAT-Werte).*

Der Hufbeschlag, bei unbeschlagenen Pferden die Beschaffenheit des Hufhornes, müssen in einwandfreiem Zustand sein. Pferde mit schlechten Hufen sollten bei Dauerritten nicht eingesetzt werden. Ein neuer Beschlag ist mindestens acht Tage vor Beginn einer Leistung aufzulegen.

Die richtige Planung und Einteilung der einzelnen Streckenabschnitte** ist maßgebend für das Gelingen eines Rittes. Kurze Strecken, unüberlegt geritten, können Reiter und Pferd mehr anstrengen als eine lange Strecke, bei der Gangart, Tempo und Ruhepausen überlegt aufgeteilt sind.

Die beste Marschordnung ist die Kolonne zu zweien. Die Bestimmungen der Straßenverkehrsordnung sind strikt einzuhalten. Bei Ritten in der Dunkelheit sind die Reitergruppen durch Lampen zu beleuchten, vorne weiß, hinten rot.

Die Nahrungsaufnahme von Reiter und Pferd muss der Arbeit entsprechen. Häufig kleinere Mengen Nahrung sind besser als in längeren Abständen größere Mengen auf einmal. Die Herstellung von Notstallungen für kurzfristige Übernachtungen muss eingehend besprochen und geübt werden.

---

* *PAT-Werte: Puls – Atmung – Temperatur*

** *Es ist dringend erforderlich, sich vor Planung eines Wanderrittes genau über die besonderen Bedingungen der in den Bundesländern unterschiedlichen Forst- und Landschaftsschutzgesetze zu informieren.*

5.6 *Jagdreiten*

Die Teilnahme an Reitjagden ist ein herrliches reiterliches Vergnügen und zugleich von hohem erzieherischem Wert. Übereinstimmung von Reiter und Pferd, mutiges Vorwärtsreiten in unbekanntem Gelände, Ausdauer und Entschlusskraft werden hier verlangt. Es geht nicht um Preise und Ehrungen, sondern nur um die Freude am gemeinsamen Galoppieren über die herbstlichen Fluren.

Jeder Reit- und Fahrverein sollte die Durchführung einiger Reitjagden alljährlich im Herbst ermöglichen.

Eine Teilnahme von Reiter und Pferd ohne systematische Vorbereitung ist aber abzulehnen. Dem Training dienen einzuplanende Lehrveranstaltungen. Mit dem Jagdaufbau ist eine erfahrene Persönlichkeit zu betrauen. Auf die Anlage genügend breiter, fester, in die Natur eingebetteter Hindernisse ist dabei besonderer Wert zu legen.

Durch die Einteilung in verschiedene „Felder" kann auf das unterschiedliche Können der Teilnehmer Rücksicht genommen werden. Streckenweise sollte im freien Jagdgalopp geritten, dafür in der Gesamtlänge im Interesse der Schonung der Pferde Maß gehalten werden.

Das Reiten hinter der Meute, die das Tempo angibt, ist heute nur noch in wenigen Vereinen möglich. So wird im Allgemeinen ein vorausreitender „Fuchs" den Weg und das Tempo weisen und der

Jagdreiten hinter der Meute

Jagdfeld heraus. Verweigert ein Pferd den Gehorsam, soll der Reiter schnellstens darauf bedacht sein, den anderen Reitern nicht den Weg zu verlegen. Stürzt das Pferd, so versucht der Reiter seitwärts loszukommen und über die Schulter zu rollen, ohne den Zügel loszulassen. Dadurch nimmt er Rücksicht auf das Jagdfeld, das nicht durch sein herrenloses Pferd gefährdet wird und er wahrt die Möglichkeit weiterzureiten.

Rechtzeitiges Erscheinen mit trockenem Pferd am „Stelldichein", nochmaliges Überprüfen des Sattelzeuges, Herumführen des warmen Pferdes am „Halali", schonendes Heimreiten und sorgfältiges Abwarten sind selbstverständliche Pflichten des Jagdreiters seinem Pferd gegenüber.

„Master" beziehungsweise der „Jagdherr" den Abstand des Jagdfeldes regeln. An ihm darf unter keinen Umständen vorbeigeritten werden. Der Reiter wählt, weit vorwärts sehend, seinen „Strich" und reitet gleichmäßiges Tempo. Er vermeidet es, andere Reiter zu kreuzen oder, besonders vor Hindernissen, an sie heranzudrängen. (Daher die Notwendigkeit von Hindernissen mit breiter Front.)

Der Reiter reitet nicht von hinten in schnellem Tempo an anderen Pferden vorbei, sondern hält seinen einmal eingenommenen Platz während der ganzen Jagd. Er reitet niemals dicht auf den Vordermann auf, sondern auf Lücke, um ihn im Fall eines Sturzes nicht zu gefährden. Heftig und unsicher springende Pferde reitet er auf den Flügeln. Verliert er die Herrschaft über das Pferd, so begibt er sich in großem Bogen nach außen aus dem

Die bei manchen Vereinen bestehende Sitte des Ausreitens eines Fuchsschwanzes nach der Jagd ist zwar eine Belustigung für die Zuschauer, jedoch vom reitsportlichen Standpunkt her abzulehnen. Am Ende der Jagd verfügen Pferd und Reiter möglicherweise nicht mehr über eine ausreichende Kondition, sodass es leicht zu Verletzungen und Unfällen kommen kann.

An den alten, schönen Bräuchen des Jagdreitens wie Tragen des roten Rocks, Hornsignale, Ausziehen des rechten Handschuhes beim Eintreffen am Halali, Verteilung der Brüche durch eine Dame oder den Jagdherrn und anderen Überlieferungen sollte nach Möglichkeit festgehalten werden. ■

KAPITEL 6

Hinweise zum wettkampforientierten Reiten

Merke:
Geübt wird zu Hause und nicht auf dem Turnierplatz.

Der Besuch von Turnieren und die Teilnahme an Wettbewerben muss sorgfältig geplant werden. Für das junge Pferd ergeben sich auf dem Turnierplatz ungewohnte Situationen wie zum Beispiel Musik, Zuschauer und viele andere ablenkende Umstände. Es wird also auch neben der Leistungsüberprüfung einer Belastungsprobe unterzogen, die dem Reiter wichtige Hinweise für die weitere Arbeit zu Hause gibt.

Der junge Reiter ohne Turniererfahrung muss ebenfalls durch planmäßiges Training auf seinen Start vorbereitet werden. Das Verhalten des Pferdes, seine eigene Nervosität und das öffentliche Zeigen seiner Leistung kann auf dem Turnierplatz zu Unsicherheiten führen.

Die Auswahl des richtigen Turnierplatzes und der passenden Prüfung ist daher von entscheidender Bedeutung. Bei dem ersten Start muss, insbesondere zwischen dem Eintreffen auf dem Turnierplatz und der eigentlichen Wettkampfvorbereitung, genügend Zeit und Ruhe vorhanden sein.

Das ordentliche Herausbringen des Pferdes und des Reiters ist für alle Wettbewerbe und Prüfungen eine Selbstverständlichkeit (siehe LPO). Die Turnierteilnahme kann auch ohne Sieg zum Erfolg werden, wenn die zu reitenden Aufgaben, dem Ausbildungsstand von Reiter und Pferd entsprechend, weitestgehend korrekt und harmonisch bewältigt wurden. Daher müssen die auf dem Turnier verlangten Anforderungen zu Hause geübt werden, um keine allzu großen Überraschungen im Wettkampf zu erleben. Es hat sich als richtig erwiesen, zunächst in einer Klasse tiefer zu starten, als es dem eigentlichen Ausbildungsstand entspricht. Dadurch wirken die Aufgaben auf dem Turnier einfach und es wird kein zusätzlicher Leistungsdruck erzeugt.

Ein Sieg oder eine Plazierung sind ein schöner Erfolg. Eine Turnierteilnahme sollte vor allem aber auch zur Überprüfung des Ausbildungsstandes von Reiter und Pferd genutzt werden.

6.1 Reiten von Dressurprüfungen

Vor einer Dressurprüfung wird das Lösen und Vorbereiten genauso durchgeführt wie im Training. Eine genügend lange Schrittphase mit hingegebenem Zügel, lösende Arbeit und dazwischen geschaltete Verschnaufpausen bringen das Pferd zur Losgelassenheit und Leistungsbereitschaft. Andererseits darf die Vorbereitung auf den Start auch nicht zu lange ausgedehnt werden, da sonst unter Umständen die Kondition, Aufmerksamkeit und Konzentration von Pferd und Reiter erschöpft sind. Einzelne Lektionen und Übergänge aus der zu reitenden Aufgabe werden Pferd und Reiter auf bevorstehende Wettbewerbe oder Prüfungen vorbereiten. Die Aufgaben und gestellten Anforderungen an das Reiten in Dressurprüfungen sind im Aufgabenheft, gem. LPO § 405, festgehalten. Die für die jeweiligen Klassen und Kategorien gültigen Regeln sind in den §§ 400 ff. der LPO aufgeführt. Im Viereck werden von Pferd und Reiter volle Konzentration verlangt. Mit zunehmender Erfahrung wird das richtige taktische Verhalten gesteigert.

Auf Turnieren wird das Ergebnis des täglichen Trainings überprüft. Beim beurteilenden Richtverfahren überprüfen die Richter unter anderem, ob Pferd und Reiter ausbildungsmäßig auf dem richtigen Weg sind. Die Protokolle dienen als Hinweise zur weiteren Vervollkommnung der Leistungen von Reiter und Pferd.

6.2 Reiten von Springprüfungen

Vor einer Springprüfung muss der Reiter den Parcours besichtigen. Dadurch wird er mit den Hindernissen, Kombinationen und Distanzen vertraut und kann so den richtigen und günstigsten Weg planen. Für den noch unerfahrenen Turnierreiter ist das Abgehen der Springbahn gemeinsam mit dem Ausbilder unerlässlich. Die Tipps und Hinweise erleichtern dem jungen Reiter das Bewältigen der bevorstehenden Aufgabe.

Die Vorbereitung beginnt mit lösenden Übungen, um das Pferd sicher an die Hilfen zu stellen. Je nach Temperament, Springfreudigkeit und Verhalten des Pferdes werden dann einige niedrige Probesprünge durchgeführt. Mit dazwischengeschalteten Erholungsphasen können die Anforderungen allmählich gesteigert werden, um zum Schluss einige Hindernisse in den nachfolgenden Parcoursabmessungen zu springen. Wie viele Sprünge auf dem Vorbereitungsplatz überwunden werden wird je nach Situation entschieden. Keinesfalls darf das Pferd durch zu häufiges Springen überfordert werden, da sonst die notwendigen Kraftreserven für den Parcours verbraucht sind.

Das Einreiten in den Parcours erfolgt im Trab. Nachdem der Reiter unmittelbar vor den Richtern im Halten gegrüßt hat (als Zeichen der Anerkennung der Wettkampfbedingungen), erfolgt das Startzeichen. Danach geht der Reiter auf einem größeren Zirkel in den Galopp, nimmt den leichten Sitz ein und reitet über die Startlinie im für das erste Hindernis eingeschlagenen Handgalopp. Das flüssige und gleichmäßige Tempo soll während des ganzen Parcours beibehalten werden. Kommt es zu Unstimmigkeiten zwischen Reiter und Pferd vor oder zwischen den Sprüngen, so ist entscheidend, dass der Reiter die Ruhe bewahrt. Hektik, Unruhe oder unüberlegtes Strafen führen niemals zum Erfolg. Eine besonders schlechte Angewohnheit ist das Umschauen nach dem Sprung, um zu sehen, ob eine Stange gefallen ist. Wichtiger als das Wissen um diesen Fehler ist das konzentrierte Reiten auf den nächsten Sprung zu.

Fehler, Verweigerungen und das Verhalten nach einer dreimaligen Verweigerung sind, ebenso wie die Anforderungen an Springprüfungen, in der LPO §§ 500 ff. geregelt.

Das Loben nach jeder erbrachten Leistung ist eine Selbstverständlichkeit. Beim Ausscheiden nach dreimaligem Verweigern ist ein Korrektursprung gestattet. Es ist aber unreiterlich, nach einem misslungenen Parcours das Pferd auf dem Vorbereitungsplatz mit harten Methoden zu korrigieren. Diese zeitlich verspätete Strafe hat keine erzieherische Wirkung und ist nutzlos. Vielmehr sollten diese Hinweise für Reiter und Ausbilder auf Versäumnise oder Fehlverhalten im Training sein, welche nur durch weitere systematische Schulung zu bewältigen sind.

6.3 Reiten von Geländeprüfungen

Die Turnierteilnahme von Vielseitigkeitsprüfungen muss langfristig und systematisch vorbereitet werden, um Pferd und Reiter entsprechend zu konditionieren. Unter der Voraussetzung, dass das Pferd über eine gute Grundkondition verfügt und eine vielseitige Ausbildung durchlaufen hat, gelten als Faustregel für Vielseitigkeitsprüfungen der Klasse A oder L sechs bis acht Wochen systematische Vorbereitung.

Karin Rehbein · Internationale erfolgreiche Dressurreiterin

„Auf jeden Wettkampf muss sich der Reiter konzentriert vorbereiten. Das gilt im A- und L-Bereich genauso wie im Leistungssport. Für mich bedeutet das, genau zu planen, auf welchem Turnier und in welcher Klasse ich meine Pferde vorstellen möchte. Ich achte immer darauf, dass die Pferde nur in solchen Prüfungen eingesetzt werden, dessen Anforderungen sie auch sicher im Training beherrschen. Eine Überforderung auf dem Turnier macht die Pferde unsicher, Fehler schleichen sich ein, und der Erfolg bleibt meistens aus."

Vor dem ersten Start in einer Vielseitigkeitsprüfung sollten Turnierbesuche in Dressur- und Springprüfungen gegebenenfalls in Geländepferdeprüfungen stattgefunden haben. Die dadurch gewonnene Erfahrung wird sich positiv auf die Leistungsbereitschaft beim ersten Geländeritt auswirken.

Die Anforderungen und Durchführungsmaßnahmen einer Vielseitigkeits- und Geländeprüfung werden in der LPO §§ 600 ff. beschrieben; die Aufgaben der Teilprüfung Dressur können dem Aufgabenheft entnommen werden.

Die Vorbereitung auf die Dressur erfolgt nach den gleichen Grundsätzen wie im Training. Bei einer Vielseitigkeitsprüfung muss allerdings überlegt werden, wie intensiv das Pferd auf die jeweilige Teilprüfung vorzubereiten ist. Je nach Temperament, Nervenstärke und Kondition und je nach Zeiteinteilung der Prüfung (Dressurprüfung am gleichen Tag wie die Geländeprüfung oder Dressurprüfung am Tag vor der Geländeprüfung) muss der Reiter entscheiden, wie lange er braucht, um sein Pferd zur Losgelassenheit zu bringen. Im Normalfall ist das ruhige und lange Abreiten mit vielen Schrittpausen das richtige Mittel, um das Pferd zu entspannen und auf die Dressurlektionen vorzubereiten.

Zur Vorbereitung der Teilprüfung „Gelände" muss die Geländestrecke besichtigt werden. Eine genaue Planung des Weges muss für jedes Hindernis, für eventuelle Alternativwege, Wendeflaggen und unter Berücksichtigung der Bodenverhältnisse erfolgen und eingeprägt werden. Bei weiteren Besichtigungen der Geländestrecke können die Anforderungen noch einmal verinnerlicht werden.
Vor der Geländeprüfung ist zu berücksichtigen, dass zwischen Startzeit und der letzten reduzierten Futterration ausreichend Zeit zur Verdauung (etwa 3 bis 4 Stunden) verbleibt.

Die Vorbereitung des Geländerittes bei Kurzprüfungen entspricht etwa dem Abreiten vor einer Springprüfung, bei großen Vielseitigkeiten reicht in der Regel die erste Wegestrecke zum Aufwärmen vor der Rennbahn aus.

Zur taktischen Planung des Geländerittes gehört auch die Einteilung des Tempos, insbesondere wenn bei einer großen Vielseitigkeitsprüfung mehrere Teilstrecken zu absolvieren sind. Je nach Individualität des Pferdes ist zu überlegen, in welchem Tempo die verschiedenen Abschnitte geritten werden sollten, um die Kondition und Kraft des Pferdes richtig einzuteilen. Auch für die Geländestrecke sollte überlegt werden, an welchen Stellen ein höheres oder ein niedrigeres Tempo richtig sein wird, um gegen Ende die Kraftreserven des Pferdes nicht schon verbraucht zu haben.

Das Pferd soll in einem gleichmäßigen Rhythmus galoppiert werden, um die Kräfte optimal zu nutzen, insbesondere weil das Pferd versucht, seine Atmung dem Galopprhythmus anzupassen.

In der 10-minütigen Zwangspause zwischen der zweiten Wegestrecke und der Querfeldeinstrecke wird das Pferd dem Tierarzt und den Richtern zur Verfassungsprüfung vorgestellt. Anschließend soll es gut geführt und warm gehalten, je nach Witterung auch eingedeckt werden. Vor dem Start zur Querfeldeinstrecke ist rechtzeitig wieder aufzusitzen, um das Pferd für den Hauptteil der Geländeprüfung vorzubereiten. Ein Probesprung in der Zwangspause ist allerdings nicht zulässig.

Nach Absolvierung der Geländeprüfung wird das Pferd zunächst ausreichend geführt, damit Puls und Atmung sich langsam beruhigen können. Danach wird es intensiv pflegerisch versorgt und in kleinen Portionen werden Wasser und Futter gereicht.

Der in der Teilprüfung Springen zu bewältigende Parcours ist in der Regel keine Schwierigkeit. Aufgrund der Anstrengungen des Geländerittes ist es aber eine Konditionsprüfung, die der Reiter entsprechend planen muss.

Nach dem Bestehen der Verfassungsprüfung, bei der die Pferde ebenfalls gepflegt und ordentlich herausgebracht vorgestellt werden, ist eine ruhige Vorbereitung auf das Springen wichtig. Verspannungen, Muskelkater oder Steifheiten vom Geländeritt müssen durch lösende, dressurmäßige Arbeit abgebaut werden, ohne die Pferde jedoch zu stark anzustrengen. Nach einigen gymnastizierenden Probesprüngen werden einige wenige Sprünge bis zur Parcourshöhe überwunden. Das Springen erfolgt nach den gleichen Grundsätzen und Regeln wie oben beschrieben. ■

Stichwortverzeichnis

* Die so gekennzeichneten Begriffe kommen im Text auf Grund ihrer Bedeutung häufig vor. Es sind hier nur die wichtigsten Seiten angegeben.

Stichwortverzeichnis

1. Regelwerke

- Richtlinien für Reiten und Fahren. Deutsche Reiterliche Vereinigung (Hrsg.):
- Bd. 1: Grundausbildung für Reiter und Pferd, 26. Aufl. 1994.
- Bd. 2: Ausbildung für Fortgeschrittene, 12. Aufl. 1997.
- Bd. 3: Grundausbildung für Voltigierer und Pferd, 11. Aufl. 2000;
  Wettkampfbestimmungen und Kürübungen integriert in der LPO 2000 bzw. für Voltigierer als Anhang zur LPO 2000 lieferbar.
- Bd. 4: Haltung, Fütterung, Gesundheit und Zucht, 10. Aufl. 1999.
- Bd. 5: Fahren, 7. Aufl. 2000.
- Bd. 6: Longieren, 7. Aufl. 1999.
- APO – Ausbildungs- und Prüfungs-Ordnung 2000. Deutsche Reiterliche Vereinigung (Hrsg.), 1. Aufl. 1999.
- LPO – Leistungs-Prüfungs-Ordnung 2000. Deutsche Reiterliche Vereinigung (Hrsg.), 3. Aufl. 2000.
- Aufgabenheft 2000 – Reiten – Nationale Aufgaben gem. LPO 2000. Deutsche Reiterliche Vereinigung (Hrsg.), 1. Aufl. 1999.
- Inhalt Aufgabenheft 2000 – Reiten – Internationale Aufgaben gem. LPO 2000. Deutsche Reiterliche Vereinigung (Hrsg.), 1. Aufl. 1999.
- Aufgabenheft 2000 – Fahren – gem. LPO 2000. Deutsche Reiterliche Vereinigung (Hrsg.), 1. Aufl. 1999.
- Die Reitabzeichen der Deutschen Reiterlichen Vereinigung. Deutsche Reiterliche Vereinigung (Hrsg.) / Otte-Habenicht, Michaela, 1. Aufl. 2000.
- Deutsches Reiter-Abzeichen – Fragen und Antworten zum Kleinen Reiterabzeichen / Reiterabzeichen Bronze / Reiterabzeichen Silber. Donner, Heinz-Dieter / Wallner, Konrad / Deutsche Reiterliche Vereinigung (Hrsg.), 7. Aufl. 1997.
- Reiter-Paß-Fibel. Deutsche Reiterliche Vereinigung (Hrsg.), 13. Aufl. 1999.
- Deutscher Reit-Pass – Fragen und Antworten. Deutsche Reiterliche Vereinigung (Hrsg.), 5. Aufl. 2000.
- Kleines Hufeisen – Großes Hufeisen – Kombiniertes Hufeisen. So klappt die Prüfung. Das offizielle Prüfungsbuch der Deutschen Reiterlichen Vereinigung. Geschrieben von Isabelle von Neumann-Cosel, illustriert von Jeanne Kloepfer, 2. Aufl. 2000.
- Kleines Hufeisen – Frage- und Antwortspiel. Gast, Ulrike / Rüsing-Brüggemann, Britta, 4. Aufl. 1999.

2. Lehrbücher und Ratgeber

- Die Deutsche Reitlehre – Teil 1: Der Reiter. Deutsche Reiterliche Vereinigung, 1. Aufl. 2000.
- Die Brücke zwischen Mensch und Pferd. Verständigung • Auseinandersetzung • Zusammenarbeit. Pourtavaf, Ariane / Meyer, Herbert, 1. Aufl. 1998.
- Das Pferdebuch für junge Reiter. Neumann-Cosel, Isabelle von, gezeichnet von Jeanne Kloepfer, fotografiert von Jean Christen, völlige Neuaufl. 1999. Von der Deutschen Reiterlichen Vereinigung empfohlene Kinder- und Jugendreitlehre. Enthält den gesamten Unterrichts- und Prüfungsstoff für die Abzeichen „Kleines Hufeisen“, „Großes Hufeisen“ und „Reitpass“.

Edition*pferd*

- Handbuch „Jagdreiten“. Ein Leitfaden für „Schleppjagd“ und „Reitjagd ohne Hunde“. Meutekatalog, Jagdordnung, Organisation, Brauchtum. Stegmann, Hubert / Dörken, Günther. 1. Aufl. 1999.
- Physiotherapie für Pferde. Beobachtung, Massage, Dehnung, Anatomie. Kleven, Helle Katrine, 1. Aufl. 2000. Auch als Video lieferbar!
- Erfolgreicher Reiten mit mentalem Training. Praktische Anleitungen, Konzentrationsübungen, Entwicklung mentaler Fähigkeiten. Schinke, Beverley u. Robert, 1. Aufl. 1999.
- Doppellonge – eine klassische Ausbildungsmethode. Grundtechnik, Einsatzmöglichkeiten, Leistungsverbesserung. Gehrmann, Wilfried, 1. Aufl. 1998. Auch als Video lieferbar!
- Pferdekauf heute. Kauf und Vertrag, Beurteilung, Gesundheit, Recht. Rahn, Dr. Antje / Fellmer, Eberhard, 1. Aufl. 1996.
- Fahren lernen leicht gemacht mit mentalem Training. Grundlagen, Methodik, Ausrüstung, Wettbewerb. Hölzel, Dr. Petra und Dr. Wolfgang, 1. Aufl. 1997.

- Balance in der Bewegung. Dietze, Susanne von, 3. Aufl. 1999.
- Am Pulsschlag der Reitkunst. Seunig, Waldemar, 2. Aufl. 1988.
- Quadrillenreiten. Idee, Gestaltung, Präsentation. Oese, Erich, Musikteil von Grillo, Gabriela, 1. Aufl. 1992.
- Gymnasium des Pferdes. Steinbrecht, Gustav, Reprint der Ausgabe von 1884, 15. Aufl. 1993.
- Wörterbuch der Reiterei und des Fahrsports / Dictionary of Equitation and Carriage Driving. Simon-Schön, Bianca, 4. Aufl. 1999.
- Urlaub im Sattel, Freizeit in FN-anerkannten Ausbildungsstätten. Deutsche Reiterliche Vereinigung / Klimke, Dr. Reiner (Hrsg.), Neuaufl. 1998.
- Die Fahrlehre. Lamparter, Christian, 8. Aufl. 1996.
- Anspannen und Fahren. Achenbach, Benno von, Reprint der Ausgabe von 1922, 7. Aufl. 1995.
- FN-Handbuch Schulsport. Reiten und Voltigieren in der Schule. Deutsche Reiterliche Vereinigung (Hrsg.), 1. Aufl. 1997.
- Voltigieren lernen – lehren. Gast, Ulrike / Rüsing-Brüggemann, Britta, 2. Aufl. 1994.
- Sportlehre – Lernen, Lehren und Trainieren im Pferdesport. Deutsche Reiterliche Vereinigung (Hrsg.), 2. Aufl. 1998.
- Pferdesportler fit gemacht. Chmiel, Claus, 2. Aufl. 1997.
- Das Heilpädagogische Voltigieren und Reiten mit geistig behinderten Menschen. Kaune, Wilhelm, 3. Aufl. 1999.
- Partnerschaftlich miteinander umgehen. Erfahrungen und Anregungen für Lehrer, Eltern, Reiter, Voltigierer sowie allen Fachleuten in Pädagogik und Therapie mit dem Pferd. Kröger, Antonius u.a., 1. Aufl. 1997.
- Betriebswirtschaftslehre für Reitbetriebe, Reit- und Fahrvereine und Reit- und Fahrschulen. Deutsche Reiterliche Vereinigung (Hrsg.), 5. Aufl. 1998.
- Die Beurteilung des Warmblutpferdes. Rau, Gustav, 4. Aufl. 1999.
- Hinweise zum Konditionstraining der Military-Pferde. Springorum, Dr. Bernd, 3. Aufl. 1996.
- Leitfaden für Notfallmedizin im Pferdesport. Ein Handbuch für Tierärzte. Dyson, Sue, 1. Aufl. 1998.
- Anatomie des Pferdes. Dieses Buch vermittelt in einfacher Form notwendiges Wissen um den Körperbau, die Lebensfunktionen und die Bewegungsabläufe bei Pferden. Hertsch, Prof. Dr. Bodo, 2. Aufl. 1992.

Dokumentationen / Bild- und Geschenkbände

- Geschichte des Reitens von der Antike bis zur Neuzeit. Otte, Michaela / Deutsche Reiterliche Vereinigung, 1. Aufl. 1994.
- Reitende Studenten – Studierende Reiter. Kirchner, Hans, 1. Aufl. 1992.
- Im starken Trab. Neckermann, Josef, 2. Aufl. 1992.
- Göttinger Pferdetage '99. Bruns, Prof. Erich u.a., 1. Aufl. 1999
- Aachen – Weltfest des Pferdesports 1898-1998. Aachen-Laurensberger Rennverein e.V. / Mielke, Rita / Stein, Wilhelm. 1. Aufl. 1998.
- Die Kavallerieschule Hannover. Mossdorf, Carl Friedrich, 3. Aufl. 1989.
- Unsere Pferde in der Freiheit. Ernst, Werner / Isenbart, Hans-Heinrich, 1. Aufl. 1995.
- Faszination Fahren. Hermann, Erich / Bischof, Waltraut E., 1. Aufl. 1995.
- Das Pferd im 20. Jahrhundert. 100 Jahre in 100 Interviews. Leeuwen, J.B.F. van.
- L'Année Hippique Das Intern. Pferdesportjahr 1999
- Die Bilder der Deutschen Reitschule. Ausgewählte Biographien zur Geschichte der deutschen Berufsreiterei.

3. Lehrmaterial für Ausbilder

- Folienmappe*. Lehren und Lernen rund ums Pferd. Praktische Hilfen für den theoretischen Unterricht vom Kleinen Hufeisen bis zum Silbernen Reitabzeichen. Deutsche Reiterliche Vereinigung (Hrsg.), 3. Aufl. 1999.
- FN-Handbuch Pferdesport*. Ratgeber für Vereine, Betriebe, Veranstalter und Ausbilder. Deutsche Reiterliche Vereinigung (Hrsg.), 4. Aufl. 2000.
- FN-Ausbildervideos*. Ausbilden • Betreuen • Coachen im Pferdesport. Der Ausbilder erhält Anregungen und Hilfestellungen für die tägliche Arbeit eigenes Können und Erfahrungen situationsgerecht, individuell und pädagogisch an die Reitschüler weitergeben zu können. Teil 1: Der Ausbilder. Teil 2: Unterrichtspraxis. Teil 3: Prüfung und Wettkampf. Deutsche Reiterliche Vereinigung (Hrsg.), VHS-System, je ca. 22 Min.
- Ausbilden • Betreuen • Coachen im Pferdesport – Die Broschüre. Gast, Ulrike / Ahsbahs, Björn / Deutsche Reiterliche Vereinigung (Hrsg.), 1. Aufl. 1999.
- Karteikasten. Reitenlehren Lernen. Hilfreiche Ideensammlung mit über 100 praktischen Unterrichtsvorschlägen. Gast, Ulrike u. Christiane / Rüsing-Brüggemann, Britta, 2. Aufl. 1999.

* wird direkt von der FN geliefert, nicht über den Handel erhältlich.

4. Zucht / Haltung

- Deutsche Pferdezucht. Geschichte – Zuchtziele. Stenglin, Christian Frhr. von / Deutsche Reiterliche Vereinigung, 2. Aufl. 1994.
- Jahrbuch Zucht. Deutsche Reiterliche Vereinigung (Hrsg.), jährlich 2 Bände.
- Züchterische Nutzung der Turniersportprüfung für Reitpferde. Meinardus, Dr. Heiko, 2. Aufl. 1991.
- Aktuelle Aspekte der Ethologie in der Pferdehaltung. Deutsche Reiterliche Vereinigung/ Zeeb, Dr. Klaus, 1. Aufl. 1981.
- Pferdehaltung in Gruppen. Deutsche Reiterliche Vepreinigung (Hrsg.), 2. überarb. Aufl. 1989.
- Orientierungshilfen Reitanlagen- und Stallbau. Deutsche Reiterliche Vereinigung (Hrsg.), 9. Aufl. 1999.
- Kennzeichnung von Pferden. FEI, 4. Aufl. 1999.
- Der Huf und sein nagelloser Hufschutz. Hertsch, Prof. Dr. Bodo / Höppner, Stefanie / Dallmer, Helmuth, 1. Aufl. 1997.
- WBSFH International Breeding Guide 1999/2000.
- Felduntersuchung während der Weideperiode zur Ernährung von Fohlenstuten und Saugfohlen sowie zum Wachstumsverlauf der Fohlen – Wissenschaftliche Publikation 17, Finkler-Schade, Christa, 1. Aufl. 1999.

- Praxisorientierte Untersuchungen zur Fütterung und zum Wachstum von Warmblutfohlen nach dem Absetzen während der Stallhaltung – Wissenschaftliche Publikation 18, Hackländer, Rainer, 1. Aufl. 1998.
- Integrierte Zuchtwertschätzung für Zuchtpferde – Wissenschaftliche Publikation 19, Velsen-Zerweck, Astrid von, 1. Aufl. 1999.
- Entwicklung einer Eigenleistungsprüfung im Feld für Hengste unter Berücksichtigung der Turniersportprüfung – Wissenschaftliche Publikation 20, Brockmann, Axel, 1. Aufl. 1999.
- Einfluß eines Trainings auf den Glykogengehalt und Glykogenverbrauch im M. glutaeus medius von Pferden – Wissenschaftliche Publikation 21, Kissenbeck, Silke, 1. Aufl. 1999.

5. Lehrtafeln

- FN-Lehrtafeln, im Großformat 100 x 70 cm mit Aufhängevorrichtung. Deutsche Reiterliche Vereinigung (Hrsg.). 20 Tafeln mit den Themen: Für Pferde giftige Pflanzen • Hufschlagfiguren • Zäumungen • Der Sitz des Reiters • Farben und Abzeichen • Lage erkennbarer Veränderungen • Exterieur • Vordergliedmaße/Hintergliedmaße • Eingeweide • Zahnalterbestimmungen • Auge und Sehvermögen • Skelett • Muskulatur • Hufe • Kreislauf • Atmungsorgane • Voltigieren/Pflichtübungen • Hindernisarten/Hindernistypen • Zweifache Kombinationen • Dreifache Kombinationen • Distanzen • Einspänner-Brustblattgeschirr • Einspänner-Kumtgeschirr • Zweispänner-Brustblattgeschirr • Zweispänner-Kumtgeschirr • Achenbachleine • Anspannungsarten • Verkehrssicherheit des Wagens

Die FN-Lehrtafeln sind auch als FN-Pferdetafeln DIN-A4-Mappen, Set 1, 2 und 3 (Format 29,7 x 21 cm) erhältlich.

6. Videos / FN-Lehrfilmserie

- Teil 1: Der Sitz des Reiters
  Dieser Lehrfilm zeigt die vielfältigen Kriterien des Sitzes sowie die Sitzarten der verschiedenen Disziplinen und weist deutlich auf Fehlerquellen hin. VHS-System, ca. 33 Min.
- Teil 2: Der Weg zum richtigen Sitz
  Jedem Reitanfänger und allen Fortgeschrittenen werden in diesem Film die wichtigen Kriterien für Gleichgewicht, Losgelassenheit, Rhythmusgefühl, Freude an der Bewegungsharmonie und Sicherheit vermittelt. VHS-System, ca. 28 Min.
- Teil 3: Grundausbildung des Reiters im dressurmäßigen Reiten
  Die Grundlagen im dressurmäßigen Reiten werden ausführlich dargestellt und alle Kriterien zur Hilfengebung, sowie zur sicheren Verständigung zwischen Reiter und Pferd geschildert. VHS-System, ca. 26 Min.
- Teil 4: Grundausbildung des Reiters im Springreiten
  Dieser Film zeigt, wie das Springen sicher und unfallfrei erlernt und ausgeübt werden kann. Der Sitz mit seinen verschiedenen Ausprägungen der Entlastung wird erläutert, um jederzeit im Gleichgewicht zu sitzen und das Pferd an den Hilfen halten zu können. VHS-System, ca. 20 Min.
- Teil 5: Grundausbildung des Reiters im Geländereiten
  Das Reiten im Gelände bei verschiedenen Geländeformen, unterschiedlichen Bodenbeschaffenheiten, Überwinden von Naturhindernissen und das Verhalten des Pferdes in der Natur werden schrittweise und klar verständlich erläutert. VHS-System, ca. 29 Min.
- Teil 6: Fortgeschrittene Ausbildung im Springreiten
  Dieser Film erläutert Trainingsvoraussetzungen, dressurmäßige Grundlagen und Springgymnastik. Das Überwinden von Einzelhindernissen, Kombinationen und Hindernisfolgen wird leicht verständlich und anschaulich in Verbindung mit der Springtechnik erklärt. VHS-System, ca. 30 Min.

Diese Reihe wird fortgesetzt!

- Faszination Geländereiten
  Erfolg durch vielseitige Ausbildung. FN-Video der Deutschen Reiterlichen Vereinigung und des Bundestrainers der Vielseitigkeitsreiter, Martin Plewa. VHS-System, ca. 45 Min.
- FN-Lehrfilm Voltigieren
  Aufbauend auf den Richtlinien Band 3, Voltigieren werden besonders die Grund- und Pflichtübungen dargestellt. VHS-System, ca. 45 Min.
- Spielend reiten lernen – Anfängerausbildung für Kinder
  Dieser Lehrfilm spürt den Erwartungen und Wünschen der Kinder bei ihrer Begegnung mit dem Pferd nach und zeigt praktische Unterrichtsmodelle für die Altersgruppe der Reitanfänger zwischen 5 und 10 Jahren. FN-Video von Isabelle von Neumann-Cosel-Nebe. VHS-System, ca. 35 Min.
- In allen Sätteln gerecht – Grundausbildung für Kinder und Jugendliche
  Diese Fortsetzung zum Lehrfilm „Spielend reiten lernen" verfolgt konsequent die weitere Ausbildungspraxis, vom Anfänger- bis zum Fortgeschrittenenunterricht. Der Grundgedanke, dass Reiten Spaß machen soll, zieht sich als roter Faden auch durch diesen Lehrfilm. FN-Video von Isabelle von Neumann-Cosel-Nebe. VHS-System, ca. 45 Min.
- Rund ums Pferd mit Nicole Uphoff
  Nicole Uphoff stellt ihre Pferde persönlich vor. Sie erleben sie mit Grand Gilbert im Gelände, mit Rembrandt Borbet auf einer Grand-Prix-Prüfung und mit ihrem ersten eigenen Fohlen auf einer Fohlenschau. VHS-System, ca. 45 Min.
- Faszination Pferd
  Dieser Film will dem Menschen das Wesen, den Adel, den Stolz und die Schönheit des Pferdes näherbringen. Hauptthema ist deshalb nicht der Pferdesport, nicht Höchstleistungen unter dem Sattel, sondern die Freude, die der Umgang mit Pferden in der Freizeit vermittelt. Isenbart, Hans-Heinrich, VHS-System, ca. 45 Min.
- Doppellonge
  Ein unverzichtbarer Lehrfilm über die Ausbildung an der Doppellonge von Dressur-, Spring- und Fahrpferden. Die Arbeit an der Doppellonge ist eine wertvolle Hilfe bei der Grundausbildung jüngerer Pferde, ihrer Förderung im höheren Bereich und zur Korrektur verschiedener Schwierigkeiten. Gehrmann, Wilfried, VHS-System, ca. 50 Min.
- Physiotherapie für Pferde – Praktische Anleitung zur Massage und Dehnung
  In einfachen Schritten wird ein Überblick über die Pferdeanatomie und die Grundlagen im Bewegungsablauf der Pferde gezeigt. Das Video gibt praktische Anleitungen für Massage- und Dehnungsübungen für die Extremitäten und den Nacken- und Rückenbereich, die jeder Reiter selber durchführen kann. Kleven, Helle Katrine, VHS-System, ca. 45 Min.
- Balance in der Bewegung
  Ein guter Sitz ist der Schlüssel zur harmonischen Verständigung mit dem Pferd – Der Reitlehrer gibt Richtlinien für den korrekten Sitz vor. Aber gemessen an diesen anspruchsvollen Idealen sind perfekte Momente im Sattel rar. Dieser Film zeigt, wie Sitzprobleme entstehen, wo ihre Ursachen liegen und welche Möglichkeiten es zur Abhilfe gibt. Ein ausführlicher Abschnitt bietet Reitern aller Disziplinen auf jedem Ausbildungsstand eine Fülle von praktischen Anregungen zur Sitzschulung. Dietze, Susanne von, VHS-System, ca. 45 Min.

7. Kinderbücher

Neu: Hufeisensachbücher für das Lesealter sowie für fortgeschrittene Leser!

- Kleines Hufeisen, Großes Hufeisen, Kombiniertes Hufeisen. So klappt die Prüfung
  Das offizielle Prüfungsbuch der Deutschen Reiterlichen Vereinigung. Geschrieben von Isabelle von Neumann-Cosel, illustriert von Jeanne Kloepfer, 2. Aufl. 2000.
- Pferde – meine besten Freunde
  Geschrieben von Isabelle von Neumann-Cosel, illustriert von Jeanne Kloepfer, 1. Aufl. 1997.
- In der Reitschule
  Geschrieben von Susanne Kappmeier, illustriert von Jeanne Kloepfer, 1. Aufl. 1997.
- Pferdepflege macht Spaß
  Geschrieben von Isabelle von Neumann-Cosel, illustriert von Jeanne Kloepfer, 1. Aufl. 1998.
- Kleine Ponys – große Pferde
  Geschrieben von Susanne Kappmeier, illustriert von Jeanne Kloepfer, 1. Aufl. 1998.
- Im Stall und auf der Weide
  Geschrieben von Isabelle von Neumann-Cosel, illustriert von Jeanne Kloepfer, 1. Aufl. 1998.
- Reiterferien sind ein Traum
  Geschrieben von Susanne Kappmeier, illustriert von Silke Ehrenberger, 1. Aufl. 1998.

Neu: Sachbilderbücher zum Vorlesen und für Erstleser!

- Das Pferdebuch für Kinder
  Geschrieben von Isabelle von Neumann-Cosel, illustriert von Theora Krummel, 2. Aufl. 1999.
- Das Ponybuch für Kinder
  Geschrieben von Isabelle von Neumann-Cosel, illustriert von Theora Krummel, 1. Aufl. 1996.
- Das Buch vom Pferdepflegen für Kinder
  Geschrieben von Isabelle von Neumann-Cosel, illustriert von Theora Krummel, 1. Aufl. 1997.
- Das Buch vom Pferdestall für Kinder
  Geschrieben von Isabelle von Neumann-Cosel, illustriert von Theora Krummel, 1. Aufl. 1997.
- Das Buch vom Reiten lernen für Kinder
  Geschrieben von Isabelle von Neumann-Cosel, illustriert von Jeanne Kloepfer, 1. Aufl. 1997.
- Das Buch v. Voltigieren für Kinder
  Geschrieben von Ulrike Rieder, illustriert von Silke Ehrenberger.

Beide Reihen werden fortgesetzt!

- **Neu:** Das Pferdebuch für junge Reiter. Neumann-Cosel, Isabelle von, gezeichnet von Jeanne Kloepfer, fotografiert von Jean Christen, völlige Neuaufl. 1999.

Fordern Sie das neue Gesamtverzeichnis beim **FN***verlag*, Postfach 11 03 63, 48205 Warendorf, Telefon (0 25 81) 63 62-154 an!